目　录

订 阅 启 事

《国际汉语教育》一年两辑，每辑均可单独订阅，也可按年度订阅。每本定价 30 元，邮资另付。需订阅者请填写以下回执并寄回外语教学与研究出版社汉语分社。非常感谢您的支持。

《国际汉语教育》订阅回执

<table>
<tr><td>订户单位</td><td></td><td>联系人</td><td></td></tr>
<tr><td rowspan="3">通讯地址</td><td rowspan="3"></td><td>邮　编</td><td></td></tr>
<tr><td>电　话</td><td></td></tr>
<tr><td>E-mail</td><td></td></tr>
<tr><td>年份、辑数</td><td>201 ____年度　第____至____辑</td><td>套数（全年订阅免邮费；单辑购买加收 20%邮费）</td><td></td></tr>
<tr><td>总金额</td><td colspan="3">RMB(大写)______万______仟______佰______拾______元</td></tr>
<tr><td>备　注</td><td colspan="3">联系与汇款方式：
北京市西三环北路 19 号　外语教学与研究出版社　汉语分社
邮编：100089
传真：0086-10-88819401
电话：88819629
E-mail：litingliu@fltrp. com
联系人：柳立婷</td></tr>
</table>

北京外国语大学 编 CNKI中国知网全文收录

International Chinese Language Education

国际汉语教育

2013 第二辑

总第41辑

外语教学与研究出版社
FOREIGN LANGUAGE TEACHING AND RESEARCH PRESS
北京 BEIJING

图书在版编目（CIP）数据

国际汉语教育．2013．第2辑 / 北京外国语大学编．— 北京：外语教学与研究出版社，2014.2
ISBN 978-7-5135-4089-6

Ⅰ．①国… Ⅱ．①北… Ⅲ．①汉语-对外汉语教学-丛刊 Ⅳ．①H195-55

中国版本图书馆 CIP 数据核字（2014）第 028431 号

出 版 人　蔡剑峰
责任编辑　刘虹艳　向凤菲
封面设计　张　峰
出版发行　外语教学与研究出版社
社　　址　北京市西三环北路 19 号（100089）
网　　址　http://www.fltrp.com
印　　刷　北京京科印刷有限公司
开　　本　787×1092　1/16
印　　张　12
版　　次　2014 年 3 月第 1 版　2014 年 3 月第 1 次印刷
书　　号　ISBN 978-7-5135-4089-6
定　　价　30.00 元

购书咨询：（010）88819929　电子邮箱：club@fltrp.com
外研书店：http://www.fltrpstore.com
凡印刷、装订质量问题，请联系我社印制部
联系电话：（010）61207896　电子邮箱：zhijian@fltrp.com
凡侵权、盗版书籍线索，请联系我社法律事务部
举报电话：（010）88817519　电子邮箱：banquan@fltrp.com
法律顾问：立方律师事务所　刘旭东律师
　　　　　中咨律师事务所　殷　斌律师
物料号：240890001

Contents

开 卷 语

秋意渐浓，提示着收获季节的来临。在本辑，编辑部也要和读者分享一个好消息：《国际汉语教育》已正式被 CNKI 中国知网收录，自 2002 年以来的全部过刊也将在 2014 年初登录知网。在互联网的平台上，读者可以更加便利地查阅刊物信息，作者的研究成果也将在更大的范围内传播和推广。

然而，要谈收获，似乎为时尚早。信息和技术的几何级增长，给现代社会的发展装上了加速器，美国《时代周刊》一周的信息量，相当于 18 世纪的人一生的资讯量。新兴行业不断涌现，旧行业更新换代的速度史无前例。在这场与未来的赛跑中，几乎没有一个行业可以幸免，稍不留神便会被远远地抛在时代后面。学术刊物做久了，对于研究数据都十分有兴趣。在此，我们也想同读者分享几组数据。

2005 年 7 月，我刊的前身——《国际汉语教学动态与研究》2005 年第三辑刊登了中央政治局常委李长春及国务委员陈至立在世界汉语大会上的讲话稿，其中首次提到了“孔子学院”一词，这是目前在中国知网上能够检索到的有关孔子学院最早的文章；2007 年第二辑刊登了首篇有关孔子学院研究的论文——《德国杜塞尔多夫孔子学院简介》（作者李雪涛），对这所建立较早的孔子学院的成立过程、组织结构、主要任务、课程设置和前景等做了详尽的介绍，孔子学院从一个新生的概念，至此方以一个完整的形象出现在学界同仁的视野中。如今，汉语国际教育与推广和孔子学院已然成为学界研究的热点，以《国际汉语教育》2009—2013 年登载的有关孔子学院研究的文章占全部文章的百分比为例，我们可以清晰地看到对孔子学院研究的轨迹：

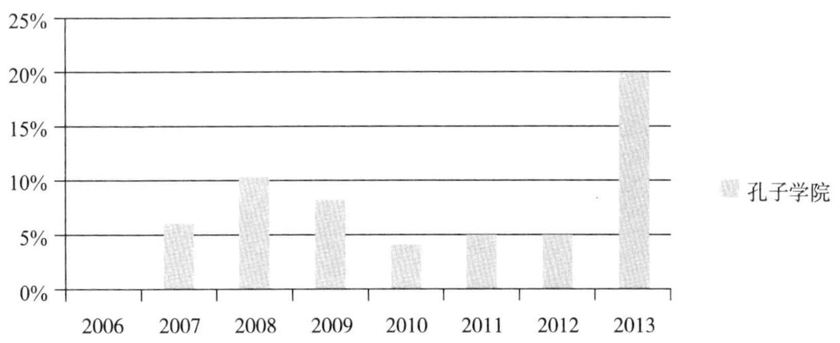

除了孔子学院研究，近年来关于汉语国际教育师资队伍建设的研究异军突起，受到广泛关注，与大量教师和志愿者外派孔子学院同步升温，更与“汉语国际教育”专业硕士学位的建立和发展有着至深的联系。我刊近年师资培养专栏中这类文章数量激增，而这些课题在 2009 年之

前很少有人触及。

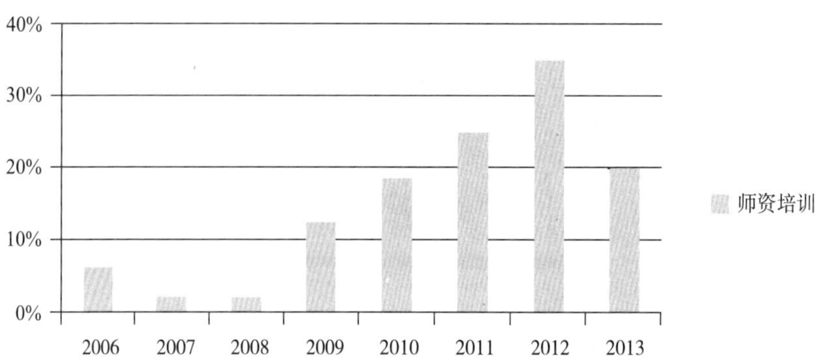

想必读者已经了解我们所要表达的意思。以当今社会发展和信息更新的速度，短短三五年，天地便可大不相同。我们可能无法预测，未来的三五年，学界会产生什么样的新动向、新课题，作为国际汉语推广事业的一分子，我们是否准备好了应对这个多样且多变的时代？每思及此，一种危机感和紧迫感便油然而生。

信息纷繁，而大道至简。如何在知识更新和自然之道中间求得一个平衡点，是我们当下需要思考的问题。梳理历史，不是为了堆砌成绩，而是要总结规律，发现趋势。这是一个来不及模仿的时代，唯有尊重规律、抓住机遇、努力创新、引领趋势，才能立于不败之地。这道理，对于我们这本小小的学术刊物是如此，对于汉语国际推广的大事业，同样是如此。

谨以此与各位学界同仁共勉。

《国际汉语教育》编辑部

2013 年 10 月

汉语国际教育专业硕士能力的培养

——专业硕士培养模式的可持续发展

朱志平

提　要　21世纪的人才培养应把能力培养放在首位，二语教师的培养也当如此。要实现汉语国际教育硕士的9个能力培养目标，目前的培养模式还需要进一步完善，使之具有可持续性。现有培养模式的三个环节需要重新整合，培养课程要围绕海外实习分三类开设并分三阶段设置，以兼顾全局；学位论文撰写及相关职业能力培养要通过海外指导和后实习课程来落实。

关键词　能力培养　海外实习　培养课程

一、21世纪人才培养的目标与模式

20世纪60年代以后，随着计算机技术的迅速发展，传统的以知识传递为主要方式的人才培养模式迅速向能力培养模式转化。这在二语教学理念的变革上表现得尤为突出，也是当时交际教学法迅速发展的主要动因。尽管交际法在理论上主要是由功能语言学来支撑的，但是它在受到科学技术和社会思潮的影响方面是与计算机技术的广泛传播和应用密不可分的。侧重语言学理论的教学法与侧重心理学理论的教学法在上个世纪末的合流（朱志平，2008）进一步强化了这一培养理念，并在上个世纪末与本世纪初形成一种强烈的呼声，呼吁第二语言人才的培养由语言文化等知识的直接传递转向主要培养综合使用这些知识的交际能力。翻开一些国家上个世纪末与本世纪初颁布的21世纪二语教学文件，我们会看到这种理念的直接表述。比如《全美中小学中文学习目标》（Standards for Chinese Language Learning），在称之为"5C"的5个教学原则中，居于首位的就是"交际能力（Communication）"。无独有偶，在加拿大、澳大利亚、泰国等国的二语教学原则中，我们也可以看到"交际能力"被放在了首位[①]。这些文件的内容虽主要论及中小学生，但却体现出一种趋势，因为中小学生将是未来成人二语教学的主要对象。事实上，放眼各国大学的二语课堂，我们会发现，目的语能力的培养也早已在实践之中[②]。可以说，以能力培养为主要目标已经成为信息社会教育教学模式最为主要的特征。

与此相应，在二语人才培养目标转向的同时，二语师资培养在目标与模式上也应当转化为以培养语言教学能力为主。更何况，我们正在培养的汉语国际教育专业硕士即将赴海外中小学任教，对他们的培养更应当以能力为首要目标。有鉴于此，我们有必要讨论以下几点：第一，汉语国际教育硕士需要哪些能力；第二，这些能力应当如何培养，即培养的模式；第三，培养模

式的可持续发展，因为从长远看，科学的培养模式应当是具有可持续性的。

二、汉语国际教育专业硕士所需能力

汉语国际教育硕士的培养目标主要是海外非汉语环境下汉语作为第二语言或外语教学的中小学教师。前文谈及的各国二语教学的培养目标首先决定了这类人才的培养要把能力放在首位。那么，这类人才应当具有哪些能力呢？本文认为，从可持续发展的角度看，以下 9 个方面的能力是不可或缺的。

1. 海外生存生活能力

目前汉语国际教育硕士的生源主要有两类，一类是海外某个国家或地区成长起来的本地人，一类是中国国内培养的大学生。前者获得学位后回到自己的国家或地区进行汉语教学，应当很适应当地生活，可以说，这类硕士生已经具备海外生存生活能力。但后者就不一定具备这种能力，而需要加以培养。而且，后者在培养数量上远远超过前者。以北京师范大学为例，2006 年以来汉语国际教育专业硕士培养总数已超过 360 人[3]，而其中前一类生源仅 60 人左右，占六分之一。

中国国内培养的大学生主要是在国内社会环境中成长起来的，受到的教育也是中国传统文化影响下的中小学及大学教育。从他们的成长环境与受教育过程看，适应海外生存生活至少要增强三方面的能力：一是语言沟通能力，二是人际交往能力，三是直面困难并克服困难的能力。这里所说的“语言沟通能力”有两层，一层是懂某种语言，另一层是会利用有限的语言知识和能力扩展交际范围。这两层都是需要的，后一层尤为重要。汉语国际教育硕士中有外语专业毕业生，但为数有限，而且包括外语专业生在内，绝大多数硕士生的外语是英语，而他们毕业后赴任的地区并不一定通行英语，因此，要使他们在一定程度上具备目的国官方语言的沟通能力，特别是后一层能力；就 2009 年以来培养的这些国际汉语教育硕士看，除了少数在职生，大多数脱产生是从学校到学校，拥有社会工作经验的不多，这些硕士生在人际交往方面的能力也有待培养和增强；此外，这些硕士生基本上都是 1978 年中国实行计划生育政策以来出生的，也就是说，他们绝大多数是独生子女，在进入社会以前一般都备受家庭呵护，不少人面对困难时的心理承受能力和解决困难的能力有限，亟待加强。因此，汉语国际教育硕士海外生存生活能力的培养需要首先考虑。

2. 跨文化交际能力

“跨文化交际”是一个较为宽泛的概念，根据不同研究者对这个概念的认识和阐释，随着衡量文化的标尺的变化，跨文化交际既可能存在于两个国家或民族的人之间，也可能存在于隶属于不同文化群体的人之间（胡文仲，1999：2—8）。而且，人们认为，跨文化交际之所以应当被关注主要是由于我们生活在一个瞬息万变的世界里，我们熟悉的东西很快地让位于全新的不同的事物，事物的变化使得人群之间的文化差异迅速产生，从而需要不断的沟通来增进理解并消除误解（Larry A. Samovar 等，2000：3）。后一观点与本文前述的有关信息社会的观点是一致的。由这些观点我们得出两点认识：其一，只要存在文化差异，必定需要跨文化交际；其二，跨文化交际是信息社会不可或缺的。

很显然，由于汉语国际教育专业硕士，特别是在中国成长起来的这些硕士，其未来所要面对的教学环境与教学对象都属于另一种文化，一旦赴海外从事汉语教学，他们必将面临着在另一种文化的社会中生存并与另一种文化的人群打交道，因此，在需要具备海外生存生活能力的同时，他们也需要获得跨越自身文化与另一文化的人群交际的能力。这一能力既有赖于实践过程中的锻炼与提升，更需要在培养模式中通过有意识、有计划地培养来建立。

3. 一般的语言课堂组织教学的能力

这一能力是所有语言教师应当具备的，不论在什么条件下，也不论教什么语言，一名语言教师首先应当对所要教的语言有一定的了解，知道先教什么，后教什么；其次是对语言学习的规律有一定的了解，留给学习者消化吸收的空间；第三是对语言课堂教学的规律有一定程度的了解，知道怎样帮助学习者掌握目的语；第四是会营造课堂学习气氛，能将不同的学习者组织起来，融入课堂，等等。显然，作为未来的中小学二语教师，这一能力必不可缺。

这部分能力曾经被看作对外汉语教师最基本的能力，但在汉语国际教育专业硕士的培养中，由于海外特定需求的凸显，它被淡化了，应当重新重视起来，与其他能力并重。

4. 非汉语文化条件下的教学适应能力

第四种能力与前三种能力都密切相关，但又不完全相同。汉语国际教育专业硕士既然要跨入另一种文化，其所在的环境必然是非汉语的，这就要求他们还应当具备非汉语文化条件下的汉语教学能力。

并非具备了汉语教学能力的人都能适应非汉语文化条件下的汉语教学。也就是说，具备了“一般语言课堂组织教学的能力”的教师未必都能适应海外的汉语教学。举例而言，不少来华留学的零起点水平的学生，他们掌握的许多目的语能力并不都是在课堂里面获得的。比如，坐出租车前往某地，与出租司机打交道，说明目的地地址；再比如，在自由市场购物，与小贩讨价还价，并沟通购物总价与找头，等等。而这些能力，海外学习者只能通过课堂教学来获得。

从这个角度看，在非汉语文化环境下从事汉语教学与汉语环境相比至少会有以下几点差异：一是教学内容的差异，在汉语环境下，学生每天都在接触目的语，比如“结账”一词，学生在中国生活的第一天就会听到，可能第三天他（她）就学会了，但实际上，这个词会在课本的第十二课（比如《汉语纵横精读课本 0》第二版）才出现。因此，对外汉语教学的汉语课本生词表的“生词”尽管很多，但不一定每个词对学生都是生词。与此相应的第二点就是教学进度有差异，由于在非汉语环境下每一个生词都会成为学习者面对的新内容，教学进度就会大大放缓。相应的第三点是学习方式上的差异，由于没有外在的大语言环境，课堂就成为消化汉语文化知识、掌握交际能力的主要场所，因此，学习方式也会与汉语环境下的有很大差异。与此相应的第四点，那就是教师的教学方法也要有所变化。所以，专业硕士即便在汉语环境下已经对汉语二语课堂教学进行了观摩甚至实践，面对海外汉语教学，依然需要适应。因此，非汉语环境下这种适应性的教学能力是不可缺少的。

5. 青少年语言课堂的控制能力

汉语国际教育硕士的培养目标，主要是解决海外中小学汉语师资匮乏的问题。因此，在这类专业硕士应当具备的能力中，除了上述四种以外，很重要的就是还必须能够针对青少年展开语言教学，而要做到这一点，就必须要有控制青少年语言课堂的能力。

青少年是一个特殊的学习者人群，在年龄、心理等方面都具有一定的特殊性。这里面至少需要关注三点：一是青少年二语学习与他们年龄的相关性，二是青少年二语学习的目的性，三是青少年二语学习与他们受教育的义务性。

儿童出生以后开始接触第一语言，绝大多数儿童 5 岁左右第一语言的系统开始形成，到 10 岁左右基本成熟（靳洪刚，1997：42），12 岁时儿童对第一语言的文字系统的正字法可与 18 岁的青年相当（彭聃龄主编，1997：117）。除此之外，12—18 岁又是青春期，这个阶段儿童逐渐向少年、青年过渡（朱志平，2008）。

中小学生是一批年龄约在 5—18 岁之间的学习者，二语学习的过程既是他们大脑以及逻辑思维成熟的过程，也是他们掌握第一语言的过程，还是他们发育成熟的过程。这使得他们的二语学习风格不同于成年人。这个年龄的学习者自主意识较弱，学习的主动性、目的性不强，同时也缺乏逻辑归纳能力。这就需要教师在精心设计教学内容的基础上既能营造课堂气氛，建立课堂秩序，又能控制课堂，使课堂秩序向有利于目的语习得的方向发展。此外，这个年龄的学习者还处于接受义务教育的阶段，因此，教师还要结合所在国家或者民族的义务教育政策进行教学。汉语国际教育专业硕士必须了解青少年教学的这些特点，并且知道用什么方法吸引学生，建立有效的汉语课堂教学秩序。

6. 汉语教学内容的分析与选择能力

汉语国际教育硕士将要把汉语作为第二语言来教，他们必须能够对自己将要教的语言进行理性的和一定程度的理论分析。比如，他们应当知道汉语交际中“打招呼”所需要的几种表述方式的使用条件和难易程度，知道什么时候教“你好”，什么时候教“您好”，什么时候教“大家好”；也应当知道“现在几点”与“现在几点了”由于添加了助词“了”所发生的语用差异；还应当知道使用“把”字句所需要的语言结构和语义语用条件，等等。他们还要能够根据海外某个学校及其学生的需求设计一堂课或者一个学期甚至一学年的课程，必要时，也能根据需要改编教材或编写简单适用的教材。所以，对教学内容的分析与选择能力是必备的。

7. 与同行在工作上的协调能力

这一能力的培养过去重视不够，不少人把这类能力看成是与生俱来的，与个性相关，因为在日常生活中人们发现，一起工作的同事，有的容易合作，有的难合作。这并非没有道理。但是，这种能力其实也是可以培养的。

在对一些专业硕士实习生的观察中我们发现，有的实习生教学非常认真，学生对其评价也很高，但是在与同行的交往中却屡屡发生问题。比如，有的实习生下课以后继续在教室与学生交谈，并不关注下一节课的上课时间已经到了，下一位任课教师已经等在教室门口；有的实习生听取学生对其他课程的抱怨后，竟然当着学生向这门课程的教师反馈学生的意见，而想不到采用课后单独交流的方式与该课程教师沟通；还有的实习生与自己的学生在教学楼里高声谈话、开玩笑，完全忽略了自己的身份，等等。不过，在指导教师采用个别交谈、沟通告诫的方式进行处理以后，上述现象不再发生。这些实习生与同行、学生的沟通方式都有很大的改观，在更加尊重同事的同时，也更加注意自己作为教师在与学生相处时的分寸。显然，这种能力是可教的，我们可以通过一定的课程来培养这样的能力。我们相信，关注这一能力的培养对于培养模式的完善和硕士生本人的发展都将是有百益而无一害的。

8. 语言教学研究能力

这个能力与"一般语言课堂组织教学的能力"和"汉语教学内容的分析与选择能力"密切相关，是二者的基础。这里单独讨论，既着眼于重申对这一能力的重视，也是从人才职业发展的长远目的考虑，与该专业的可持续发展有关。

汉语国际教育专业硕士的培养目标是海外中小学二语教师，但不应该仅限于此，如果他们已经具备前述两种能力，他们在一定程度上就具备了成为一般的汉语二语教师的潜质，如果在此基础上重视教学研究能力的培养，既可以完善他们作为二语教师的能力，又可以提升他们作为研究生的研究能力，一举两得。

就眼前看，这些硕士生以资毕业的学位必须通过一定的论文答辩才能获得，尽管根据《汉语国际教育硕士专业学位研究生指导性培养方案》，全国汉语国际教育硕士专业学位教育指导委员会已经颁布了有关文件，对这类硕士论文的形式做了一定的规范，比如"调研报告""教学实验报告""案例分析""教学设计"等等④，使论文形式本身不同于科学硕士的"学术型论文"，但依旧需要硕士生通过一定的教学研究来完成。

从长远讲，作为一名在海外独立工作的汉语教师，也应当具备独立进行教学研究的能力。既应当能够审视教学内容，也应当会评价教材，更应当会分析课堂教学过程，研究语言测评方法，以及分析某地某国教育政策，等等。

9. 一般社会求职能力

必须承认，并不是每个汉语国际教育专业硕士都将终身从事海外中小学汉语教学的工作。他们中的一些人，有可能留在国内从事对外汉语教学工作，也有可能去从事一些其他方面的工作，诸如对外文化交流之类。反观这类硕士的培养初衷，我们不难发现，这类硕士的培养机制本身有应急特点，即应海外中小学汉语二语教师匮乏之急。在我们培养的这类硕士中，目前已经有一定数量的本土硕士，随着本土教师队伍的逐渐壮大，中国国内成长起来的国际汉语教育硕士赴海外直接从事中小学汉语第二语言教学的人数会逐渐下降。那时，我们就会面临这样的问题：这类硕士的培养规模是否要缩小甚至终止？这显然是可持续发展的问题。事实上，由于择业的自主性，这类硕士目前也并不是每个人都在毕业以后选择赴海外从教。就这一点而言，培养单位也必须在完善培养机制方面有所考虑。

三、汉语国际教育硕士能力培养的模式

汉语国际教育专业硕士是新生事物，在培养模式上还有很多值得探讨的地方。当目标定位在能力培养上时，培养环节及其关系必然有所不同。这里欲集中讨论培养过程的各个环节及其相互关系以及它们与培养目标之间的关系。

汉语国际教育硕士培养有三个环节：培养课程、海外实习、论文撰写，在三者中，“培养课程”环节更多的是在为“海外实习”环节服务（朱志平，2012）。海外实习是个特殊的培养环节，对专业硕士来说，这既是一个学习过程，又是一个实战过程；对培养单位来说，海外实习既有培养性质，又有实战性质。因为专业硕士一旦奔赴海外，就在一定意义上已经成为一名教师或准教师。所以必须保证专业硕士在读期间赴海外上岗即能基本满足当地汉语教学要求。这种实战性质使得多数培养单位在设置培养课程时往往全力以赴为海外实习做准备。

然而，从学理上讲，培养课程并不应该只为海外实习而设置，否则它很难独立地作为培养模式的组成部分，而成为海外实习的一部分。目前不少院校培养课程的这种“备战”性质是海外实习的实战性质重要性不断提升的结果。可以说，海外实习的实战性，对培养课程设置产生了一种导向：为海外实习备战。这种导向一方面使培养课程成为直接为海外实习而设置的服务性课程，具有鲜明的针对性，能在一定程度上解决前文提到的一些能力的培养问题；但在另一方面，它也窄化了培养课程的覆盖面，使课程仅限于解决专业硕士们海外实习可能遇到的问题，而不是针对专业硕士人才的整体培养。这是目前培养模式存在的第一个问题，即海外实习的实战化与培养课程的备战化。

目前培养模式存在的第二个问题是培养课程内容的“不完整性”与它的“现实目的性”。“不完整性”可以从两个层面看，一是从汉语国际教育专业硕士能力的全面培养来看，有些能力在目前的培养课程中没有得到关注；二是与能力相关的课程结构的不完整性，能力是建立在对一定的知识的掌握和对一定的理论的理解基础上的，因此，完整的课程结构应当既涵盖知识理论传递又涵盖能力培养。

这里说的“现实目的性”指的是课程设置更关注眼前急需解决的问题，而较少关注长远利益。也可以从两个层面来看，一个是课程设置较少考虑研究能力的培养，也较少考虑能力的基础，这与“不完整性”相关，因为研究能力的培养以及能力的基础是不能与知识和理论完全剥离开来的；另一层则与目光不够长远有关，只考虑专业硕士作为海外二语教师这一层，而没有为他们更为广阔的就业前景着想。

总的来看，我们认为，培养前文所述的 9 个能力至少需要三类课程，第一类是基础理论课，比如汉语语言学、基础教育教育学、比较教育学、青少年及儿童心理学、社会学、跨文化交际理论、二语教学法、二语教师文化定位的认知等；第二类是知识博览课，比如，世界自然地理、世界各国历史文化概况、海外教学条件介绍等；第三类是模拟训练课，比如，海外生存模拟训练、跨文化交际模拟训练、课堂教学实践训练、非汉语条件教学模拟训练、青少年语言课堂模拟训练、职场模拟训练等。如果把上述三类课程跟相关的能力加以比对，我们可以列表如下。

表 1 汉语国际教育专业硕士所需能力与培养所需的理论、知识及训练对照表

专业硕士所需能力	相关能力所需理论及训练
1. 海外生存生活能力	世界自然地理
	世界各国历史文化概况
	海外生存模拟训练
2. 跨文化交际能力	跨文化交际理论
	中外文化对比
	跨文化交际模拟训练
3. 一般的语言课堂组织教学的能力	二语课堂教学法
	汉语课堂教学实践训练
4. 非汉语文化条件下教学适应能力	海外教学条件概览
	二语教师文化定位认知
	非汉语条件汉语教学模拟训练
5. 青少年语言课堂的控制能力	青少年及儿童心理学
	基础教育教育学
	比较教育学
	青少年语言课堂模拟训练
6. 汉语教学内容的分析与选择能力	汉语语言学
	中华历史文化与中外文化对比
	汉语教学设计
7. 与同行在工作上的协调能力	社会学与社会心理学
	职场模拟训练
8. 语言教学研究能力	语言教学的研究方法
	研究设计实践
9. 一般社会求职能力	职业需求发展趋势与求职须知
	面试模拟训练

表 1 右栏所示并非课程名称，而是培养某种能力所需要的基本知识、理论及相关训练。这里也并不是主张每个内容项都开设一门课程，而是主张在上述三类课程的框架下结合这些内容来搭建汉语国际教育专业硕士培养模式中的课程结构。

不可否认，早在三年前，汉语国际教育硕士的课程已经与对外汉语教学科学硕士的课程有了很大不同，比较突出的一个变化就是理论类课程的比例下降一倍，而实践类课程比例上升一倍（朱志平，2010）。到 2012 年，我们发现，汉语国际教育专业硕士的培养课程已经很难再用对外汉语教学科学硕士的培养课程分类来概括，课程结构已经开始显示出“基本理论 + 基础知识”叠加复合的趋势，有了一定的“技能化”特点（朱志平，2013）。但从能力培养需求看，现有的

课程结构依然有其局限性，最主要的原因就是，课程一般不是按照能力结构来设置的。比如，在应对“海外生存生活能力”培养的需要方面，虽然不少院校开设了“中外国情”“中外文化对比”以及“汉语国际教育概论”之类的课程，但却没有将这些课程跟这一能力培养直接相关的“海外生存模拟训练”关联起来；还有的院校干脆用硕士生作为“汉语教师志愿者”派出前的强化训练来代替“海外生存模拟训练”，或者完全依靠硕士生自己去海外实习现场“自我培训”。从培养机制的完善来要求，这显然是不妥当的。

“学位论文撰写”作为三个环节之一，与学位的获得直接相关，本来是培养重心。由于海外实习的实战性与培养课程的备战性，形成培养重心偏移，导致“论文撰写”处于与前两个环节脱节的状态。而且由于多数专业硕士是在海外实习期间开始准备毕业论文、搜集研究资料、进行论文开题的，因此无论是论文写作的指导还是论文质量的管理都处在一种缺乏控制与有效指导的状态下，更遑论这类能力的培养。

我们认为，要解决三个环节不平衡的现状，真正实现专业硕士能力的培养，必须正视培养模式可持续发展的问题。

四、培养模式的可持续发展

目前汉语国际教育专业硕士培养课程的备战性质是导致课程内容与结构不完整，过于关注现实目的的主要原因。由于急用先行，缺乏长远规划，因而也就在一定程度上缺乏可持续性，难以支撑对这类人才能力的全面培养。

我们认为，应当以能力为纲来组织“基础理论课”“知识博览课”和“模拟训练课”这三类课程。首先，各种能力的模拟训练课程不可或缺，因为在这些课程中汉语国际教育专业硕士的能力可以得到检验。同时，理论与知识这两类课程又是“模拟训练”的基础，否则，硕士生们不知道为何要做这样的训练，而且，作为一门研究生课程，只强调训练，它与某些强化培训就没有区别，这样一来，极有可能将专业硕士的培养等同于志愿者教师的岗前培训。但是，这三类课程也不宜分别开设，否则就会产生我们曾经努力避免的问题：要么空洞地阐释一些理论，要么枯燥无味地传递一些知识，还需要学生自己去整合不同课程的内容。所以这里涉及三个问题，一个是三类课程的关系，一个是三类课程的开设方法，还有一个是三类课程的教学方法。我们认为，这三类课程的关系应当是复合叠加的。可以用图1来表示。

图1　三类课程关系图

“复合叠加”是强调三者既不是各自为阵也不是简单相接。我们认为，基础理论课不能没有，但是要精简，以能力培养为目标选取教学内容；在理论阐释的基础上给硕士生开设知识博览的书单或者应当博览的方面，通过任务检查来考核“博览”的情况，在此基础上再进入“模拟训练”，在训练中考核理论与知识结合的情况，并用“反思”来深化硕士生对理论的理解以及对知识的掌握。

根据三类课程的关系，这三类课程的开设方法应当是连贯的，而不是分离的，要把研究能力和实践能力结合起来培养。有时候，三类课程可以用一门课来连贯。比如，跨文化交际能力的培养，就可以把“跨文化交际理论”“中外文化对比”和“跨文化交际模拟训练”的内容打通，作为一门课来开设。

至于这三类课程的教学方法，我们主张以一门课为主线，相关内容分类交替教学，比如“汉语教学内容的分析与选择能力”的培养，要涉及“汉语语言学”“中华历史文化与中外文化对比”“汉语教学设计”，可以以教学设计为核心，围绕教学设计关注语言理论与语言要素、文化理论与文化知识的教学应用，而不是漫谈语音、语法、词汇、文字以及文化的教学。通过教学设计和教学试讲来考察硕士生对语言要素掌握的情况及其文化博览的程度。

就各个培养环节的关系而言，培养课程与海外实习是相辅相成的关系，而不是服务关系或者包含关系，因此不应该将它们截然分为两段，前一段上课，后一段实习。由于“海外实习”事实上具有专业硕士未来职场预演的特点，它就应该跟培养课程和学位论文研究整合起来，在这个基础上各司其职。

围绕海外实习，培养课程可分为：前实习课程、实习课程、后实习课程。“前实习课程”是培养课程的主体，主要针对人才培养总体目标设置，包括海外实习和实习过程中研究能力提升的准备；“实习课程”承担对人才的现场指导，包括培养方和用人方合作建立起来的观摩课、实践课，导师小组前往实习地巡视指导课，论文研究或毕业设计，包括资料搜集的现场指导，等等；“后实习课程”则应在硕士生完成海外实习之后开设，承担起“与同行在工作上的协调能力”“语言教学研究能力”“一般社会求职能力”等能力培养的功能。在课程设置上，后实习课程并不一定是另外几门课，可以是前实习课程或实习课程的延续，比如，“语言教学研究能力”需要在“一般的语言课堂组织教学的能力”“汉语教学内容的分析与选择能力”“青少年语言课堂的控制能力”等能力培养的基础上发展。可以在前实习课程中结合学位论文布置“实习思考作业”或者要求学生制定资料搜集方案，在实习结束以后安排学生讨论，交流成果。所以，培养课程只是在理论上、时间上分为三个阶段，并不一定是截然不同的课，同一门课可能从实习前延续到实习中或者实习后。比如像“与同行在工作上的协调能力”的培养就有可能从实习前一直延续到实习后，这类课程可能并不需要按照周次来上课，而是可以以作业布置、阶段讨论、定期报告等形式来完成。

“汉语国际教育”是一个新兴的专业，其培养模式还有待进一步完善，但是，以能力为培养目标的总体趋势，是其发展的必然趋势，这一点毋庸置疑。因此，围绕能力的培养来完善它的培养模式则是它能否持续发展的必要条件。

附注

① 加拿大哥伦比亚省教育厅 1998 年颁布的文件 *Mandarin Chinese 5 to 12* 指出汉语课程首先重视“Communicating（交际能力）”；澳大利亚维多利亚省 2005 年颁布的文件 *Discipline-based Learning Strand*，*Languages other than English* 提出两条衡量外语教学的标准，第一条就是“Communicating in a Language other than English”；此外，泰国教育部 2008 年颁布的文件也主张首先重视“交际能力”的培养（董诗碧，2012）。

② 请参朱志平《语言教学的质量与语言测评机制》(2012 年北京师范大学与美国达慕思大学 30 周年学术研讨会论文)。

③ 北京师范大学从 2006 年开始作为试点单位在全国大专院校中首次招收汉语国际教育专业硕士生。

④ 参看《汉语国际教育硕士专业学位论文撰写指导性意见》(试行)。

参考文献

[1] 朱志平.应用语言学——汉语第二语言教学理论概要.北京:北京大学出版社,2008.

[2] 董诗碧.泰国曼谷三所学校汉语教学调查研究.北京师范大学硕士论文,2012.

[3] 胡文仲.跨文化交际学概论. 北京:外语教学与研究出版社,1999.

[4] Larry A. Samovar & Richard E. Porter & Lisa A. Stefani. *Communication between Cultures*(跨文化交际).北京:外语教学与研究出版社,2000.

[5] 马燕华编著.汉语纵横精读课本 0(第二版).北京:北京语言大学出版社,2011.

[6] 靳洪刚.语言获得理论研究.北京:中国社会科学出版社,1997.

[7] 彭聃龄主编.汉语认知研究.济南:山东教育出版社,1997.

[8] 朱志平.论国际汉语教育硕士培养模式的转型.第三届国际汉语教育硕士培养论坛文集,2012.

[9] 朱志平.汉语国际教育专业硕士培养的若干问题.国际汉语教育 2012 第一辑.

[10] 朱志平.汉语国际教育教师的素质与师资培养课程的建设. 汉语国际教育"三教"问题——第六届对外汉语学术研讨会论文集.北京:外语教学与研究出版社,2010.

[11] 朱志平,赵宏勃.汉语教学的国际化进程.北京师范大学学报,2013(2).

(作者简介:朱志平,汉语言文字学博士,北京师范大学汉语文化学院教授、博士生导师,主要研究方向为汉语第二语言教学理论、汉语词汇语义学。)

"案例教学"模式应用探索①
——外籍汉教硕士"语言对比与偏误分析"课程反思

彭宗平

提　要　案例教学是一种利用典型案例进行教学的方法。通过对具有代表性的实例的分析、讨论和研究,帮助学生更好地理解和掌握理论教学中的概念和原理,并在此基础上培养学生发现问题、分析问题和解决问题的能力。面对外籍准汉语教师的培养和培训任务,根据教学目的要求、教学对象需求和"语言对比与偏误分析"课程的特点,尝试将"案例教学"模式应用于本课程,力争取得好于传统教学模式的实际效果。本文对这一课程模式的应用进行了较为全面的反思。

关键词　案例教学　教学模式　外籍汉语教师　培养和培训　课程反思

一、情况与思路

"语言对比与偏误分析"是攻读汉语国际教育硕士学位的孔子学院奖学金生第二学期的必修课,课程涉及中介语理论、对比分析及偏误分析理论、第二语言教学与习得理论以及语言学、心理语言学、人类文化学等多学科的研究成果,具有跨学科综合性和理论与实践相结合的特点,是一门既有理论含量又有较强实践性的课程。要求主讲教师从培养国际汉语教师的实际需要出发,紧密结合汉语偏误分析实际,不仅要向学生介绍当今第二语言教学理论及中介语理论、对比分析及偏误分析理论,指导学生掌握语言偏误分析的相关理念、原则和方法,而且要系统介绍汉语偏误类型、汉语偏误分析方法,以及如何在教学中帮助学习者避免偏误的原则、方法和技巧,并在此基础上探索快捷有效的汉语教学模式。

2013年春季学期的外籍学生共18名,亚洲14人,其中9个为越南人,北非(突尼斯)1人,俄罗斯2人,其它欧洲国家1人。今后打算当汉语教师的12人,打算当翻译的3人,打算当记者、做生意的各1人,目的尚不明确的2人。学习汉语的时间从2到20年不等,以3至4年的居多。第一次偏误分析摸底实践给人的感觉是,约三成学生语感不错,但还是有相当一部分人不同程度地存在汉语语感欠缺、相关理论基础薄弱的情况。如果按照一般理论课程的方法讲授,不仅难以培养学生创造性的语言教学思想和方法,也不利于学生汉语本体知识的提高,甚至会出现"夹生饭"现象。

面对即将成为海外汉语教育大军中的重要力量，考虑到面对的学生既是“准汉语教师”，又是汉语学习者的特殊身份，我们把本课程的教学目标定位为：以“基于案例进行教学”的理念为主导，让学生在归纳事例和提升理论的过程中，发现语言对比的思路和汉语偏误分析的方法，逐渐建立有理论依据和检验标准的分析观念，提高对语言偏误现象的辨别意识和分析能力；在掌握语言对比与偏误分析的一般理论的同时，熟练运用汉语偏误的分辨、解释、重建等具体技巧。

将案例教学模式应用于语言对比与偏误分析教学中，教师即可根据教学目的的要求，引入大量各类汉语偏误实例并指导学生进行分析，使学生在较短的时间内，在接受相关理论的同时，接触真实的汉语学习者的各类偏误实例，并在教师的指导下讨论、分析，模拟真实教学、辅导过程，而接下来的归纳、整理，又为其理念的提升奠定了基础。与此同时，教师也能够及时了解学生的问题和需求，适当调整教学内容和方法，进而提高这门课程的教学质量。

二、案例教学的三大环节

1. 案例提供与呈现

本课所用的案例均为带有各类偏误的汉语学习者的书面输出材料，基本上来自于教师本人多年来的对外汉语教学实践。案例类型分为两种：以句子为单位和以语篇为单位。选择什么样的案例，在什么时候、以何种方式提供给学生，则是根据不同章节的教学目的、讲授内容和课程进度决定的。

不同的案例采用不同的呈现方式。以句子为单位的案例一般随课程内容的推进随机展示；以语篇为单位的案例或利用相对集中的时间，印发书面材料，组织学生进行讨论，教师给予适时的引导与指导，或作为课程作业的分析语料下发，要求学生结合汉语本体知识，对其中的偏误进行分析，并对比学生本人母语，结合未来的教师岗位需求，思考如何讲授相关汉语知识。

在十六周教学过程中，教师从一万八千余字的各类偏误案例中，精选出语段（句子）偏误案例245条、成篇习作（语篇）案例4件、教师本人实践1例用于本课程教学。为获得最佳效果，案例呈现一般放在每一节相关理论知识讲授之后，以便学生更好地结合实际理解理论，也方便其以理论知识指导案例分析实践。

以中介语理论教学为例。

面对即将教授汉语的准教师，中介语理论教学的重点，是要学生了解语言学习者语言系统的动态性。在介绍了学习者的中介语的三个阶段后，逐一给出各个阶段的学习者偏误实例：第一个是母语迁移（mother language transfer）阶段，学习者在使用刚刚学习的目的语时，往往会因为母语的负迁移（negative transfer）干扰出现偏误。日韩学生常常造出SOV的句子：

？从那个桃子里面一个男孩出现了。（日）

？原来3个人，昨天一个女学生再加。（韩）

母语或官方语言（official language）为英语的学生可能造出：

？我可以跟他们谈一谈用汉语。（美）

？我觉得汉语以后很有名在世界上。（印度）

第二个阶段是目的语规则泛化(rules generalization)阶段。学习者学习了一种语法规则,就以为在别的地方也可以这样用,于是出现了泛化现象。如表示概数的"多"和"年月"的用法:

三公斤多 →? 三十公斤多

一个月 →? 一个年

第三个阶段是学习者最终掌握了目的语的规则,学会了正确使用的方法,一般不会再错了。我们以母语为英语、越南语的一些学习者为例:

第一阶段:? 多三公斤、? 多三十公斤

more than 3 kilograms / ho'n (多) ba (三) cân (公斤)

over 30 kilograms / ho'n (多) ba (三) mu'o'I (十) cân (公斤)

第二阶段:三公斤多、? 三十公斤多

第三阶段:三公斤多、三十多公斤

案例的分析、讲解帮助准汉语教师进一步认识到自己的责任,即:教师应正确讲授汉语使用规则,帮助学习者尽可能避免、减少母语的负面影响,推动学习者持续学习,促使其中介语不断变化,逐步向目的语靠近,最终学会正确使用目的语言项目,掌握目的语。

2. 案例讨论与分析

这是案例教学的重要环节。与一般案例讨论不同,汉语偏误案例,无论是以句子为单位的,还是以语篇为单位的,分析和讨论都是围绕偏误语料展开的。由于语料是完全自然的,现实存在的,同时又是精选的,具有典型意义的,因此,分析讨论的过程不仅是了解、认识偏误的过程,也是学习汉语本体知识,提升汉语语感的过程。

学生人数不多保证了这一环节可以在全班范围进行。自由发言与教师引导相结合,使得讨论热烈而有序。特别是可能存在不同看法的案例,聚焦于某个语言点的正确与否、得体与否、在交流中能否使用,往往出现不止一种见解。在团队激励、群体推动氛围中的个体参与,所收获的自然远远大于教师的"独唱"。

如何在案例分析的过程中体现针对性、实现有效性至关重要。根据学生多来自亚洲的特点,在讨论中将分析重点放在该地区汉语学习者的常见问题上。特别是汉语学到一定阶段的学习者,母语影响逐渐降低,出现的问题趋向类型化。如,语序偏误和虚词使用偏误在日、韩、朝、越、印尼等学生群体中普遍存在。

? ……但我还是想念乱七八糟的以前的宿舍。

? 有一天,学校举行了比赛,个个班必须有一个人(　　)代表。

? 发短信还是写信的时候没关系,可是在外面见朋友时有点心里过意不去。

? 以后有一个机会。朋友们一起喝酒的。

? 当然你出生的时候,父母已经决定了一个名字他们觉得是最合适。

在分析讨论中还使用过这样的方法:印发留学生的书面作业原文,把该生刚刚学过就用到表达里的词语标注出来,在分析讨论其他偏误的同时,也请学生特别留意这些表达是否得当,如果用得不够好,问题在哪里,原因是什么,如何纠正。下面是供分析用的成篇作业中的一段:

虽然在零下几十多度的哈尔滨,人们的生活何等艰难,但是哈尔滨民毫不冷淡,相反,他们是我这一辈子见过最热情的市民。哈尔滨人彬彬有礼，而且特客气。如果你跟一个哈尔滨人交个朋友，你们就容易称兄道弟，会经常请你到他们家玩，一起吃饭，等等。

成篇的案例材料给出了语境，讨论对错有了上下文基础，参与讨论者就更能把握语境中语言的使用规则，再加上学习者“刚学就用”的吸引力，课堂讨论尤其热烈。经过探讨、磨合、反复验证，最终得出恰当表达，参加讨论者得到的不仅是纠偏、重建的经验和方法，更重要的是巩固了汉语的语感——词汇感、语法感，二者均为其今后做汉语老师打下了宝贵的基础。

3. 案例评价与总结

在充分讨论、形成共识的基础上，教师要适时地进行评价和总结。由于案例是教师在教学实践中亲自采集来的，而且绝大部分是在课堂上给学生讲解过的真实材料，因此可以有效掌控课堂讨论并给予有效引导。而经过一番讨论甚至争论的学生，也十分迫切地想听到带有指导性的意见。

本课程的做法是：评价和总结随机进行。在课堂讨论的进程中，教师随时就案例讨论情况进行评价，提示一些关键性问题，引发学生的关注，引导讨论的深入。同时，对分析和讨论中的出色表现给予及时的肯定，对存在问题及时予以纠偏，并在知识和方法上进行补充性和提高性讲解。

“汉语的特点对汉语使用的影响”是本课程的重点内容，教师首先从对外汉语的角度，分别对汉语词汇的特点、汉语语法的特点加以说明。每一节说明之后，均列举若干汉语学习者的使用偏误供课堂分析讨论，然后由教师做总结。而其中学生认为收获最大的，是教师对于讨论中的未尽之处即时给出的补充讲解。

汉语虚词个性强，其含义和用法需要一个一个地学，一个一个地记。虚词不易掌握，往往到了高级阶段常用虚词还会出错，学了多年的汉语准教师也不例外。在讲到汉语语法两个重要内容之一的虚词时，教师提供了大量虚词使用偏误供分析讨论，一类为基础的常用的，另一类为不太常见常用的。

？安养在首尔的南边，从首尔很近。

？每个周末她们常常回家吗？

？最忙的一天就是元旦，各各家大概有一百个贺年信。

？第二天老虎再出来看那头驴。

？为了我的出生地、爱好，我是外向型的人。

？你们错了，这不是柱子、扇子，就是一堵墙。

？这个压力不仅是由学习方面，而且由生活方面、自己的经济情况等等。

？我从横滨坐火车，通过东京去成田。

？他总是说到做到，简直言行一致。

？与其做天葬，宁可做火葬。

一般情况下，分析讨论不会中断在偏误辨别、修改重建阶段，而是在回归本体知识时，面对“这究竟是什么”“应该如何使用”“怎么给学习者讲解”的问题，学生常常表现出不确定、不自信。此时需要教师给予细致的讲解，除了讲“是什么”“怎么用”，也要讲“怎么给学习者解释”。

如“常常”“再”“由”等常用虚词，侧重通过与相近虚词的对比来讲解；而“简直”“与其”“宁可”等学生较为生疏的词，则重点讲清其语义功能和使用环境。

课后作业是课堂讨论的延伸，是总结的另一种形式。在群体讨论、教师补充的基础上，要求学生以书面形式整理出来作为作业上交，以此加深学生对问题分析、讨论结果的印象。这样的活动在本课程的进行中安排两次，效果不错。本课程结课作业是一篇3000字的“三合一”，教师提供偏误语料，要求学生完成：

1)对三组偏误句进行分析，指出错在什么地方，并给出重建句；

2)结合三组偏误句，分别论述现代汉语动态助词“着”“了”“过”的语法功能和使用中应该注意的地方；

3)说一说作为老师，如何给跟你母语相同的学生讲解这三个词。

由于学生能够运用已有的知识，结合汉语和母语的对比，站在职业需求的角度实际操练，作业普遍完成得很好。仅以匈牙利学生的作业片段[②]为例：

“了”的用法之四：表示动作对事物产生某种结果。一般结构是：动词 + “了” + 名词。譬如：

中文：我朋友不小心打破了一个茶杯。

匈牙利语：A barátom nem figyelt oda és eltört egy teás csészét.

这个句子很容易翻译成匈牙利语，但是其语法很难解释。虽然以上建议把“了”看成“过去分词”的相对应词，但是匈牙利语的过去分词形式承担不了“表示动作对事物产生某种结果”这个语法功能。在教学过程中，让学生掌握汉语“了”的这个特别的功能必须强调情况变化这个概念，让他们注意“了”也是“变化”的标志。

三、案例教学的基本条件

案例教学法（case-based teaching）是一种以实际案例为基础的教学法，其使用目的是，能够让学习者通过对案例分析过程的研究来进行学习，在必要的时候回忆并应用这些知识与技能。因此非常适合于开发分析、综合及评估等高级智力技能。自然，这种教学法是需要条件的。

1. 案例的条件

案例要求真实、典型、多样化。案例的真实可信是充当分析对象的首要条件。案例必须来自实际而非主观臆造，这样才有可能帮助分析者了解实际情况，提升实践能力。典型性则是案例分析真正有助于学生理解相对应的理论知识的有力保证。多样化可以使学习者尽可能地多接触各类实际案例，更好地激发其探寻最佳解决方案的积极性。

2. 教师的条件

案例教学这种双向的教学形式无疑对教师提出了更高的要求，教师不仅需要加深思考，也要准备随时补充新的教学内容。因此，教师首先要具备丰富的理论知识、丰富的实践经验和开放的心态；其次要吃透学生情况，了解课程的出发点和要达到的的目标，注重培养学生的能力；另外还要掌控课堂分析讨论的进程与方向，确保分析讨论活动达到预期的目的。

3. 学生的条件

身处"准职业技能培训"过程的准汉语教师处于不仅要提高汉语知识和理论水平，而且需要开掘发现问题、分析问题、解释与解决问题等综合性高端能力的培训阶段。迫切希望将所学知识转化为技能，面临职业选择的压力，这些学生更加渴望在这两方面同时取得收获。基于案例的教学方法同时为其下一步的教学实践提供了及时有用的预指导。

四、案例教学的效果与不足

1. 效果

首先是改变了传统教学目的之重理论传授，轻实际运用的理念，强调第一手材料的重要意义和作用，引导学生在相关理论指导下，善于发现问题，正确分析问题，熟练解决问题，把着眼点放在将所学知识和理论转化为实际的能力之上。在对外汉语教学中，"生手"变"熟手"比其他知识的教学更需要实践的磨炼，案例教学模式提供的材料和方法可视为准教师的教学实操，大大缩短了从课堂情境到实际教学情境的距离。

其次，更新了传统教学方式与师生关系。"教师讲学生听"变成了师生共同参与探讨，教师不是理论的灌输者，而是问题探讨的引导者、推动者。鲜活的案例取代了传统教学里一成不变的教科书，代之以有针对性的理论介绍和真实的案例材料。区别于汉语国际教育专业的中国学生，本课程中研读的八篇参考论文均在教师的课堂导读下进行，效果很好。

再次，改变了学生在传统教学中的地位。James A. Erskine 认为："案例教学的重要目标之一是学生参与度的最大化，它是决定案例讨论质量和案例教学效果的重要因素。"[③] 大部分外籍学生喜思辨，善表达，好争论，案例教学模式为其发表意见、提出问题、表达质疑、展开争论提供了平台，其积极主动性和创造能力得到了充分发挥，某些分析和重建甚至超出教师的预期。

经过十六周的教学实践，这门课程取得了良好的教学效果。课程结束听取学生的反馈时，好评基本集中在"老师带领下的案例分析"上。特别是因为案例分析时教师提供的材料类别很细，针对性强，学生普遍认为，不仅学到了正确有效的分析方法，而且见识了不同类型的偏误实例，受益匪浅。他们说，很快就要回国教汉语了，老师给的偏误例子以及手把手传授的分析方法，真是太有用了！

2. 不足

尽管教师收集的案例是不同国别、不同水平的留学生的书面练习，但因不可能覆盖所有层次、所有类型，因此不能完全满足学生的实践需求。而且由于教师收集偏误的渠道有限，有些案例可能不完全符合学生将来要面对的现实情况。如部分学生将来面对的是本国中小学生，碰到的偏误类型会不一样。

另外，案例讨论固然有益，但学生水平不一，难免收获各异，因此不能完全以课上的分析讨论代替一切。要真正推动学生提升自我,还要以其他方式做补充,如,给出包含偏误的语料,要求指出偏误所在,分析其类型,给出重建句,假设面对与自己母语相同的学习者,讲解其中的语言点,而这样的练习还是太少了。

附注

① 本文曾在第三届国际汉语教师培养论坛(2013 年 7 月 12—13 日,北京)分论坛宣读。
② 学生的原文如此,未加改动。
③ 转引自尹忠泽文,2013 年 3 月。

参考文献

[1] 百度百科·案例教学法. http://baike.baidu.com/view/703601.htm,2013-7-2.
[2] 威廉·埃利特(William Ellet). 案例学习指南:阅读、分析、讨论案例和撰写案例报告. 刘刚、钱成,译. 北京:中国人民大学出版社,2009.
[3] 尹忠泽. "案例教学"模式的应用探索. 国际教育交流,2013.

(作者简介:彭宗平,博士,中国传媒大学对外汉语教育学院教授,硕士生导师,主要研究方向为对外汉语教学、社会语言学和语言应用。)

非华裔汉语教师语法教学观念分析

丁安琪

提　要　随着汉语国际推广的不断发展，实现海外汉语教学的本土化已经成为一种必然的趋势。汉语教学的本土化，意味着教师的本土化。但目前我们对海外非华裔汉语教师情况的了解还非常少。本研究以海外非华裔汉语教师为调查对象，研究了他们的汉语语法教学观念的特点。结果表明：1）海外非华裔汉语教师较为认可语法教学的重要性，认为语法教学中讲解与操练都非常重要，对语法错误有较为适中的容忍度；2）他们不排斥在语法教学中使用母语，但更主张使用汉语；3）他们对归纳式讲解的认可度高于演绎式教学；对归纳法的态度与对交际性练习的态度正相关；对演绎法的态度与对机械性练习的态度正相关；4）他们对发现错误马上纠正的认可度较高；对要纠正全部错误的认可度较为适中。基于这些发现，本文讨论了其对海外本土汉语教师培训的启示。

关键词　语法教学观念　非华裔汉语教师　教师培训

一、引言

近年来，随着汉语国际推广的不断发展，海外汉语教学规模越来越大，汉语教师的需求量激增，在全球各地均出现了程度不同的汉语师资短缺问题。越来越多的专家学者意识到，加强师资本土化建设是汉语国际教育发展的必经之路（宛新政，2009；袁礼，2010；王瑛，2010；马玲，2011；邓亮等，2012；郭风岚，2012）。尽管专家学者开始不断地呼吁要加强对海外本土教师的培养，但纵观汉语国际教育领域的研究我们会发现，关于国外本土汉语教师的研究寥若晨星。如何增强对本土汉语教师特点及需求的了解，寻找适合本土汉语教师特点及需求的培训方式，是我们所必须面对的问题。

孙德坤（2010）指出，要培训教师，我们必须考虑其教学观念，触及其认知层面，否则培训结果将只是我们的一厢情愿，受训者依然会我行我素。教师的教学观念不但会影响其教学行为，而且可以预测教师的教学效果（Borg，2001；Pajares，1992）。因此对海外汉语本土教师的教学观念进行考察，是我们了解其教学行为及效果，并据此制定出有效培训方案的重要途径。本文拟从语法教学的视角，探讨非华裔汉语教师的教学观念，并据此提出对本土汉语教师培训的一些看法。

二、相关研究综述

第二语言教学领域对教师认知的研究始于20世纪90年代，我国外语教学界从21世纪初也开始关注教师的教学观念与教学行为（如夏纪梅，2002；王乐，2002；郑新民等，2005；楼荷英等，2005；陈冰冰等，2008）。在国际汉语教育研究领域，关于教师认知与教师观念的研究成果并不多见（如吕玉兰，2004；孙德坤，2008；江新等，2010；郭胜春，2012）。

语法教学是一种展示语法和解释语法的行为（Ur，1996），它是语言教学中至关重要的一个组成部分（Ellis，2006）。关于汉语语法教学观念，就笔者所掌握的材料来看，目前仅有两篇文章（汲传波等，2012；曲福治，2012）对其进行过相关研究。两篇文章均借鉴高强（2007）的调查问卷，将具体问题归纳为形式观念、意义观念、归纳观念、演绎观念、句型观念、术语观念等不同的类别，所不同的是前者研究的是职前汉语教师的语法教学观念，发现职前教师既接受交际语法教学的原则，又肯定传统语法教学的价值，不同性别的职前教师在某些信念上存在显著差异；后者则以海外来华参加教师培训的本土教师为研究对象，对其语法教学观念的特点进行了考察，结果表明本土汉语教师的整体观念内核趋同，只有部分观念存在显著差异，其中华裔与非华裔教师之间的观念差异较大。曲福治（2012）的研究虽然部分内容涉及非华裔教师，但由于人数较少，作者并未对其具体特点做深入分析。我们目前尚未发现关于本土非华裔汉语教师的语法教学观念的研究。

三、研究设计

1. 研究对象

本研究的对象为海外从事汉语教学的非华裔教师，计84人。他们都曾经参加过中国国家汉办组织的各种面向海外本土教师的教学培训，其具体信息如表1所示：

表1 被试具体信息分布（单位：人）

性别		年龄（岁）			区域			教龄（年）		学生类型	
男	女	≤25	26－35	≥35	欧美	拉美	亚洲	≤5	＞5	中小学及学龄前	大学及成人
28	56	35	28	21	23	36	25	73	11	47	37

2. 研究工具

本研究主要采用问卷调查法，问卷的设计主要包括五部分内容：（1）态度：被试对语法教学重要性的态度、对语法讲解与语法操练的态度以及对学习者语法错误的容忍度；（2）语言：被试认为在教学中应该采用母语还是采用汉语进行语法教学；（3）讲解：被试对归纳法与演绎法的看法；（4）操练：被试更倾向于交际性练习还是传统机械性练习；（5）纠错：被试对纠错时机与纠错范围的看法。笔者希望通过该设计将语法教学观念与课堂教学实践结合起来，以使分析结果更便于培训操作。

3. 研究问题

本研究旨在回答以下两个问题：

(1)非华裔汉语教师语法教学观念的整体特点是什么？

(2)非华裔汉语教师语法教学观念的特点对海外本土汉语教师培训有何启示？

4. 数据收集与分析

本研究通过电子邮件的方式向曾参加过中国国家汉办本土汉语教师培训的学员发放调查问卷100份，共收回有效问卷84份。我们运用SPSS18.0对相关数据进行分析。

四、结果与分析

1. 对待语法教学的态度

对待语法教学的态度中包含四个问题：对语法教学重要性的评价、对语法讲解的认可度、对语法操练的认可度以及对语法错误的容忍度。分析结果显示：非华裔汉语教师对语法重要性的评价最低(M=3.27;SD=.94)，对语法操练的认可度最高(M=3.94;SD=.87)；对讲解语法的认可度(M=3.68;SD=.87)和对语法错误的容忍度处于中等水平，但对语法错误的容忍度内部差异比较大(M=3.50;SD=1.18)。

非华裔汉语教师在对待汉语语法教学的态度上呈现出一种矛盾的现象，一方面认为语法重要性不高，一方面却又非常强调对语法的操练。出现这种现象，我们认为跟非华裔汉语教师兼有教师与学习者的双重身份有关。随着语言教学与二语学习理论的不断发展，目前在语言教学研究领域，侧重培养学习者语言交流能力的教学方法已经逐渐占据世界二语教学法的主流，专家学者非常强调学习的环境及互动，希望从以教师为主导转化为以学生为中心，使学习者能够更多地参与到实际的语言教学中来，这一趋势反映到具体的语言教学中，就是在一定程度上淡化对语法的教学。作为非华裔教师，尤其是欧美的语言教师，在教学中势必受到这些主流教学理念的影响，因此其教学理念中关于语法重要性的认识就会弱很多。另一方面，非华裔汉语教师与华裔汉语教师最大的不同还在于他们除了具有教师身份外，仍然具有汉语学习者的身份。学习者与教师的认识往往并不一致，他们更重视对语法的练习与掌握(龙献平等，2007)。一身兼有二职，使非华裔汉语教师对待语法教学的态度出现了并不一致的两种选择。

2. 语法教学的语言

非华裔汉语教师对语法教学中使用汉语的认可度(M=3.37)超过对使用母语的认可度(M=3.14)。但进一步分析我们发现，同一位非华裔汉语教师对语法教学中使用两种语言的认可度并不具有显著的负相关关系(p=.072)，换句话说，非华裔汉语教师在语法教学中更倾向于使用汉语，但并不排斥对母语的使用。

在语言教学中，对于应该使用哪种语言作为教学媒介语一直有着不同的观点。近期学者们的研究结果大多显示教师在课堂上适当使用母语是必要的，教师对学生母语的使用受学生的语言水平、认知因素及教师的教学理念、知识水平等的影响（陈东梅，2008），对母语和目的语的使用应该遵循目的语优先原则与母语适时、适量原则（张翠梅，2008），母语的使用具有强调、解释、反馈、减少焦虑、制造幽默效果以及节省课堂时间等功能（张志刚，2005）。非华裔汉语教师对语法教学中语言使用的理念与大多数专家学者的研究结果是一致的。

3. 语法讲解与操练

非华裔汉语教师对语法讲解中使用归纳法的认可度（M = 3.67）超过使用演绎法的认可度（M = 3.40）；对语法操练中进行交际练习的认可度（M = 3.93）超过进行机械练习的认可度（M = 3.73）。

演绎法与归纳法都是语法教学中常用的教学方法，在演绎法中，教师先展示语法结构或规则，然后举例帮助学生理解；在归纳法中，学生先接触含有某一语法规则的案例，然后教师鼓励学生寻找或归纳相应的语法规则（Ellis, 1998）。整体而言，目前并没有充分的证据证明演绎法与归纳法哪个更有效，不同的研究有不同的结论，而王昕（2011）的研究发现在高中英语语法教学中，演绎法比归纳法更有效；马晶（2012）的研究则发现针对高中英语语法中倒装句的教学，演绎法的效果优于归纳法。但作者同时发现学生认为演绎法有助于知识的掌握，而归纳法更能提高他们对语法学习的兴趣，增强他们的自我满足感，课堂气氛也更活跃。国外汉语教学情况不一，在大部分国家和学校，汉语仍然是作为第二、第三乃至第四外语存在的，因此在课堂上让学生掌握多少语法知识显然并不如让学生对汉语感兴趣，愿意继续留在汉语课堂中重要。也有部分国家和地区，汉语已经成为其国民教育体系中的外语课程，在升学中具有非常重要的作用。针对这一部分学生，对语法知识的掌握显得更为重要。

非华裔汉语教师对交际练习与机械练习的认识反映出目前对语法操练的两种不同看法。对于语法操练中应该使用交际性练习还是进行机械操练，不同的专家一直有不同的看法，如Cook、Wedell等人都普遍反对进行机械操练，认为成人学习者应该利用他们丰富的认知能力去理解语言以及创造性地运用语言（徐宜良，2005）。但张春兴（1998）则认为机械练习是不可避免的。

进一步对语法讲解与语法操练方法之间的关系进行相关性分析，我们发现非华裔汉语教师对归纳法的认可度与对交际练习的认可度成正相关关系（$p = .000$；$\alpha = .304$）；对演绎法的认可度与对机械练习的认可度成正相关关系（$p = .000$；$\alpha = .580$）。换言之，倾向于用归纳法讲解语法的教师更倾向于在操练时使用交际性练习；倾向于用演绎法讲解语法的教师，更倾向于在操练中使用机械性练习。

4. 语法纠错

非华裔汉语教师对立时纠错的认可度（M = 3.80）较高；对全部纠正的认可度（M = 3.20）处于中等水平，但两者成正相关关系（$p = .000$；$\alpha = .268$），倾向于出现错误马上纠正的教师也更愿意纠正学习者所有的错误。

国内学者的研究发现，在初级阶段的对外汉语课堂中，立时纠错也占有较为主导的地位（张欢，2006）。在这一点上非华裔汉语教师与国内教师基本一致。但立时纠错有一定的不足，在语言认知的早期阶段，过多的立时纠错会在某种程度上打击学习者的自信心，因此在初级阶段最好采取立时纠错与延时纠错相结合的方法（田艳，2010）。

对于纠错的范围，大部分学者并不赞同全部纠错。田艳（2010）指出，纠错时要区分错误的严重程度，影响整体结构、进而影响交际顺利进行的全局性错误应该纠正，对影响句子的单一成分，但基本不妨碍交际的局部性错误则可采取适当宽容的态度；在语言系统形成进程中，系统前错误和系统后错误都可适当提醒，而系统中错误则要加以重视，给予引导与解释。

由于调查中我们并没有严格区分各类错误，因此对于非华裔汉语教师更具体的纠错范围与时机问题的观念，我们还需要进一步深入调查。

五、结论与讨论

本研究以海外非华裔汉语教师为调查对象，研究了他们的汉语语法教学观念的特点。结果发现：

（1）海外非华裔汉语教师较为认可语法教学的重要性，认为语法教学中讲解与操练都非常重要，对语法错误有较为适中的容忍度；

（2）他们不排斥在语法教学中使用母语，但更主张使用汉语；

（3）他们对归纳式讲解的认可度高于演绎式教学；对归纳法的态度与对交际性练习的态度正相关；对演绎法的态度与对机械性练习的态度正相关；

（4）他们对发现错误马上纠正的认可度较高；对要纠正全部错误的认可度较为适中。

教学观念决定教学行为。从海外非华裔汉语教师的语法教学观念中，我们可以看出，从整体来说，他们的语法教学观念与目前国际流行的教学法基本是一致的，这为我们在针对海外汉语教师的培训中进行较为先进的教学方法培训奠定了基础。在具体的语法教学观念中，如语法纠错观念中，海外非华裔汉语教师的观念仍存在一定的不足，这就需要我们在培训中加大相关内容的培训力度，改变其不利于在教学中培养学习者综合语言运用能力的观念，帮助他们提高自身汉语教学能力。非华裔汉语教师除了具有汉语教师的特点外，还兼具汉语学习者的特点，我们在培训中不能忽视这样的独特性，可以适当考虑为其增加作为高级汉语学习者的课程，如一些高级语法本体知识的介绍，关于某些具有细微差别的语法结构的深层辨析等。

汉语国际推广要真正取得成功，本土化是其必经之路。赵金铭（2011）指出："从长远的目光来看，最重要的是大力培养本土化的汉语教师……让本土化的汉语教师现身说法，提升汉语学习者的积极性。"目前我们对海外本土教师的了解还十分不足，本文从语法教学观念的角度尝试探讨了海外非华裔汉语教师的特点，抛砖引玉，希望引起业界对海外本土教师，尤其是非华裔汉语教师的关注与研究。

参考文献

[1] 陈冰冰,陈坚林.大学英语教学改革环境下教师信念研究(之一).外语电化教学,2008(3).

[2] 陈东梅.高职英语课堂教学中的母语使用情况.山东大学硕士学位论文,2008.

[3] 邓亮,夏日光.浅谈非洲汉语教学师资本土化建设.牡丹江师范学院学报(哲社版),2012(4).

[4] 高强.教师认知视角下的语法教学——一项对中国大学英语教师的调查.山东大学博士学位论文,2007.

[5] 郭风岚.关于海外汉语教师培训的几点思考.语言教学与研究,2012(2).

[6] 郭胜春.高校对外汉语教师教学信念与教学行为个案研究.高等函授学报(哲学社会科学版),2012(11).

[7] 汲传波,刘芳芳.教师认知视角下的职前汉语教师语法教学信念研究.语言教学与研究,2012(6).

[8] 江新,郝丽霞.对外汉语教师实践性知识的个案研究.世界汉语教学,2010(3).

[9] 龙献平,刘喜琴.大学生英语语法学习观调查及其对语法教学的启示.外语与外语教学,2007(6).

[10] 楼荷英,寮菲.大学英语教师的教学信念与教学行为的关系.外语教学与研究,2005(4).

[11] 吕玉兰.试论对外汉语课堂教学实践研究.世界汉语教学,2004(2).

[12] 马晶.演绎法和归纳法在高中英语倒装句教学中的效果比较研究.东北师范大学硕士学位论文,2012.

[13] 马玲.海外华语文教师培训之本土化培训模式.考试周刊,2011(49).

[14] 曲福治.海外本土汉语教师的语法教学观念调查.北京外国语大学硕士学位论文,2012.

[15] 孙德坤.教师认知研究与教师发展.世界汉语教学,2008(3).

[16] 孙德坤."我会摸索出一条合适的路子"——一位中国汉语教师探索经历的叙事研究.第九届国际汉语教学研讨会论文选.北京:高等教育出版社,2010.

[17] 田艳.关于对外汉语课堂纠错策略的层次性选择.语言教学与研究,2010(3).

[18] 宛新政.孔子学院与海外汉语师资的本土化建设.云南师范大学学报(对外汉语教学与研究版),2009(1).

[19] 王乐.外语教师的教育理论和行动理论在教学中的相互关系及影响.国外外语教学,2002(3).

[20] 王昕.演绎法和归纳法在高职英语语法教学中的应用效果比较研究.东北师范大学硕士学位论文,2011.

[21] 王瑛.法国本土化汉语师资培训模式的建构.云南师范大学学报(对外汉语教学与研究版),2010(6).

[22] 夏纪梅.大学英语教师的外语教育观念、知识、能力、科研现状与进修情况调查结果报告.外语界,2002(5).

[23] 徐宜良.走出交际法误区,培养学生的语法能力.牡丹江师范学院学报(哲学社会科学版),2005(1).

[24] 袁礼.多渠道培养和壮大海外汉语教师队伍.华文教学与研究,2010(2).

[25] 张春兴.教育心理学.杭州:浙江教育出版社,1998.

[26] 张翠梅.英语课堂教师目标语与母语使用分析研究.广州市公安管理干部学院学报,2008(1).

[27] 张欢.对外汉语课堂教师纠正性反馈研究.北京语言大学硕士学位论文,2006.

[28] 张志刚.英语课堂教学中教师母语使用的顺应性研究.青海师范大学学报,2005(6).

[29] 赵金铭.国际汉语教育研究的现状与拓展.语言教学与研究,2011(4).

[30] 郑新民,蒋群英.大学英语教学改革中"教师信念"问题的研究.外语界,2005(6).

[31] Borg, M. Teachers' Beliefs. *ELT Journal*, 2001, 55(2): 186—188.

[32] Ellis, R. Teaching and Research: Options in Grammar Teaching. *TESOL Quarterly*, 1998(3): 39—60.

[33] Ellis, R. Current Issues in the Teaching of Grammar: an SLA Perspective. *TESOL Quarterly*, 2006, 40(1): 84, 1, 101.

[34] Pajares, F. Teachers' Beliefs and Educational Research: Cleaning up a Messy Construct. *Reviews of Educational Research*, 1992, 62(3): 307—332.

[35] Ur, P. *A Course in Language Teaching*. Cambridge: Cambridge University Press, 2000.

（作者简介：丁安琪，华东师范大学国际汉语教师研修基地副教授，硕士生导师，主要研究方向为汉语作为第二语言习得与国际汉语教师教育研究。）

“中国印·李岚清篆刻书法艺术展”亮相首尔

一枚枚印有中国红的篆章和一幅幅墨香浓郁的书法作品，带着传承了几千年的中华历史和文化，漂洋过海来到了近邻韩国，吹起了一股“中国印”的热潮。近日，“中国印·李岚清篆刻书法艺术展”在韩国首尔艺术殿堂隆重开幕。除了常规的展出外，组委会还举办了艺术学术研讨会、书法交流笔会、音乐会等系列活动。

此次展览由“中国篆刻”“中国文化”“当代中国”“世界文化”“生活情怀”等篇章组成，展示了李岚清先生的篆刻书法艺术成果。在展出的作品中，韩国民众不仅可以领略到带有中国传统特色的篆刻艺术，还能欣赏到带有鲜明时代特色的篆印。印章“舞”刻有甲骨文“舞”字的十四种形态各异且美感十足的写法，展示了中华民族祖先杰出的创造力和想象力；而作品“改革开放总设计师邓小平印”和“新的起点”等，则反映了近年来中国社会的发展与变化。为了配合本次在首尔举办的展览，李岚清先生专门篆刻了“世宗大王”“阿里郎”“汉拿山”“汉江”“首尔艺术殿堂”“中韩人民友谊长青”“园丁”“中国印”（韩文）八方篆刻作品，表达了他对韩国文化的崇敬和对中韩友谊的重视。

至今为止，在新加坡、俄罗斯、法国、印度尼西亚、英国等国已先后举办了李岚清先生的篆刻艺术展，让世界了解到中国这一古老的传统艺术及其现代风貌。此项艺术展尤其重视海外青少年的参与，在展出的各地倡导建立“印吧”，作为面向社会的普及性专科活动场所，吸引了大批青年人亲自动手尝试篆刻艺术。

据悉，本次艺术展由中国驻韩国大使馆和“中国印·李岚清篆刻书法艺术展”组委会主办，将展至 12 月 8 日。

韩国外国语大学孔子学院　许茜供稿

《国际汉语教师培训大纲》浅析

李培毓

提　要　本文结合前人的各项研究成果，先说明大纲的整体情况，再提出改进的建议，以供后续修正的参考。大纲注重核心化素质、重视实用性课程、立足实践性模式和强调多元化评估，都是值得赞许之处。但还有需要进一步建设的地方：在培训对象上，可囊括不在大纲规定上却需要培训的教师；在培训目标上，可细分教师的培训等级，为不同等级的教师设定不同目标；在培训课程上，可针对教学层次、教学对象和授课方式设置课程，课程内容要再细化且清楚些；在培训模式上，可全面吸收现今有效的培训方法与成果。

关键词　国际汉语教师　培训大纲　教师培训

一、引言

在全球化的大背景下，对外汉语教育事业也随之蓬勃发展，达到了一个前所未有的高峰。面对海内外汉语教学规模的高速成长，如何培养一支专业化和高素质的优秀师资队伍就成了学界不断关注的焦点。虽然目前关于对外汉语师资队伍建设的研究成果不少，可是按照什么标准建设国际汉语教师队伍，培养什么规格的汉语教师，现阶段面向海外的师资队伍建设的策略是什么，具体到培养的汉语教师必须具备哪些基本知识、基本能力和基本素养（李泉，2012），都需要再进一步的探讨和确定。而这些问题都可在《国际汉语教师培训大纲》（以下简称《培训大纲》）[①]上找到依托，因为《培训大纲》指导着海内外国际汉语教师培训，使培训的实施能有纲所依，使培训的开展能以纲为本。可惜虽有专门的大纲，却还未有针对大纲的相关研究，我们若是没有对《培训大纲》进行整体审视，就无法对海内外汉语教师的培养有全盘的规划和了解，也就无法深入讨论和明确上述的问题。基于这样的考量，本文将针对该大纲进行探究，期盼能引起大家对《培训大纲》的关注，也希望能有利于《培训大纲》日后的改进。

二、《培训大纲》整体的情况

从宏观的角度来看，《培训大纲》体现了以下四个特点。

1. 关注核心化素质

近几年，国际汉语教师"缄默"的部分常被提及，不论是教师素质冰山模型中"冰山下"的部分还是教师内在素质等“隐性”的东西，都被看作教师专业素质的关键。而《培训大纲》延续《标准》的内容，把职业道德与专业发展单列为模块五，显见对教师核心素质培养的高度重视，也掌握了中外教师教育的发展脉络和研究成果。

那么，哪些是教师核心化素质的培训重点？国外的教师培训以促进教师自主发展的理念来实施教师发展活动，强调教师自我评价、自我需要和教师与环境的关系（卢辉炬、严仲连，2008）。反观国内，李红印（2008）也提出汉语教师需要情商培育，需要自主职业发展。郭睿（2010）也认为要重视国际汉语教师心理素质和职业道德层面。因此，《培训大纲》设置了教师职业道德、教师心理素质和教师专业发展三门课程为培训内容，这正体现了培养这三类素质的重要性，也体现了大纲的与时俱进。

2. 重视实用性课程

李炜东、赵宏勃（2013）曾大规模地调查了中国专职汉语教师对培训内容的需求，数据显示，教师希望以课堂教学策略和方法为主。也有研究者对美国的中文师资培训学员进行问卷调查，发现汉语课堂教学（主要包括课堂教学技巧、教学设计与教案编写等等）为学员的第一诉求（郭风岚，2012），也发现学员在课程设置及课堂管理方面缺乏系统知识（曾萍，2013）。可见对于能解决当下课堂问题的相关课程是教师认为最实用也是最需要的。

《培训大纲》把汉语教学方法以及教学组织与课堂管理独立成模块二和模块三，前者主要围绕教师在教学中应有的能力和技巧，包含语言要素、语言技能和运用教育技术的策略，后者则围绕教师在课堂中应有的规划和处理，不同于以前多关注本体理论知识，从课程的设计，到教材的选择，再到课堂的组织和管理，以及课程的评估，所设置的课程内容呼应了学者的研究，实用性的课程增加，突出了一线教师迫切且实际的需求。

3. 立足实践性模式

教师既然是成年人，那么在对教师进行培训时，不应忽略成年人的学习特点。成年学习者因为具备了先前的知识，也累积了相关的经验，所以多能从已有的认识出发，再加上他们较能自主学习，会自我批判反思，因此，对于他们的培训就不能只是传授事实性内容，而是应该多采用对现实问题进行讨论和分析等方法，多利用对已有认知进行批判和反思等方式，把新知识与先前的知识、相关的经验联系起来，缩小新旧知识、经验之间的距离。

《培训大纲》提到的案例教学（案例分析、课件设计、小组讨论）、教学实习（教学观摩、模拟教学、试讲）以及网络学习（集中面授、网络学习、自主学习），就很好地体现了这点，关注教师的直接经验、重视教师的自身实践以及真实呈现教师的职业生活世界。如此，则不但符合成年学习者的学习方式，还可通过实践操作把理论知识和教学规则、经验融会贯通起来，有利于教师解决一线实际问题、提高实际教学能力。

4. 强调多元化评估

传统的教师培训，不太注重评估环节，多是培训结束后，由老师自己消化吸收，顶多采用问卷调查，从教师反馈中略知成效。为了提升教师培训效果，应开展教师培训评估。教师培训评估必须根据教师培训的目标、内容以及教学模式的不同，选用相应的评估方式，才能更全面地进行检视。

《培训大纲》就很注重多方面的评估，大纲在每个培训课程框架都列出评估办法，提供每门课合适的评估方式以供参考，而评估办法不局限于一种，平均为二到四种方法，有案例分析、书面作业、主题发言、教案设计、试讲、课件制作、模拟和试讲、教材对比、教学材料制作、活动设计、活动组织、问题解决、模拟教学、试卷设计、课堂设计、文化活动策划、情景应对、研究方案设计等等。提供的方法结合了过程与总结评估、定性与定量评估、静态与动态评估、自评与他评、评价与指导等模式，让培训单位能依照每门课的培训目的来采取不同的评估办法，或将其中的几种办法结合起来对教师进行考查，这样除了能更加真实且准确地了解培训的成效以外，对被培训的教师和培训单位也有很大的帮助。

三、《培训大纲》有待进一步建设的方面

从微观的角度来看，《培训大纲》也有值得商榷的地方。

1. 适用对象方面

《培训大纲》规定“接受培训的学员须具有大学本科（含）以上学历，而母语为汉语者汉语普通话水平须达到二级甲等（含）以上且熟练掌握一门外语，母语为非汉语者汉语水平须达到新HSK6级”，这样的标准对海外教师其实是不太适用的。

对母语为汉语者来说，如墨西哥的部分华人汉语教师在国内只从事过武术教学，未接受过高等教育（田然，2012），就不符合汉办对母语为汉语者汉语普通话水平以及学历的要求；又如美国很多教师已经拥有该地本土的教育资格证书（李凌艳，2006），可是因为没有普通话的证明，所以虽然符合当地政府规定的条件，却不符合汉办对普通话水平的要求。对母语为非汉语者来说，如印尼政府规定合格的华文教师要有汉语水平等级6级（即中等C级）以上（蔡贤榜，2005），相当于新HSK5级[②]的水平，所以教师虽然符合印尼官方的资格，却不符合汉办对汉语水平的要求。在越南的华文学校，不少教师只有中学学历（周小兵，2007），因此该地的主力教师就不符合汉办在学历上的要求。依照汉办这样的标准，就会把这一大群教师排除在外，这些教师如果无法获得培训的机会，对于海外汉语师资专业队伍的建立影响颇大。再者，根据以往实际的培训经验，不具备汉办资格的母语为非汉语者为数不少，如来华泰国中小学汉语教师就有28%的人没有学士学位（黄德永，2011），然而他们也非常需要接受培训，不应该被忽视。

我们认为，《培训大纲》面向海内外的国际汉语教师，而海外汉语教师的背景五花八门，又受限于海外的现实环境，因此汉办在制定标准时，要考量到这些未达基本标准的对象。另外，海外每个国家和地区对其当地的汉语师资有自己的标准，汉办最好也能纳入参考，与当地汉语教学和外语教师制度同步接轨，灵活修改标准。

2. 培训目标方面

《培训大纲》的目标是“使学员具有从事国际汉语教育的专业意识和专业知识，具备较强的

汉语教学能力和跨文化交流能力,胜任国际汉语教育教学工作”。我们认为这样的培训目标过于笼统简单,不够明确。李泉(2012)指出目前的标准和培养方案都没有明确是哪一种规格(合格、良好、优秀)的教师标准和培养方案,而培养规格不明确,就可能带来课程设置和教学实施的随意性,从而不利于人才的培养。我们认为,大纲的培训目标也有类似的问题。

国内和海外教师培训的目标本来就不一样,即使是在国内,对外汉语教师和公派汉语教师、各国孔子学院和孔子课堂本土教师的培训目标也有不同。在海外,如欧美地区,教师队伍以华裔为主,他们大多受过高等教育,但缺乏专业背景,尤其是教学技能欠缺;而东南亚很多国家的教师或学历偏低,或缺乏中文和师范教育背景,或二者兼而有之(芦洁,2010),因此我们的培训应该首先以培养合格教师为目标。至于国内有些外派的教师虽然有很丰富的汉语教学经验,但是适应当地教学环境和教学情况的能力较为缺乏,因此我们的培训就应该以培养综合能力更强的教师为目标。此外,现在重复培训的现象不少(周小兵,2007),那么,哪些素质分别是合格、良好、优秀教师应该具备的,我们就更应该注意,才能满足教师的需求,达到培训的目的。而且如果标准是有等级的,那么也可减少目前的重复培训现象,使每次培训都能更上一层楼。

我们建议,大纲可以细分合格、良好、优秀教师各自的培训等级。虽然培训的师资队伍复杂,但这三类教师的标准是有同质性的,倘若能让培训目标更明确,就能更好地指导后续的课程设置、培训方式、效果评估,使培训的成效更大一些。

3. 课程设置方面

《培训大纲》的培训课程“由 5 个模块构成,共 17 门课程,计划 300 学时。其中,教学观摩、实习不少于 40 学时”。吴勇毅(2007)曾提到培养和培训海外汉语教师的目的是为了满足世界各国对汉语教师的需求,而教师参加培训,又是为了满足个体的某种或某方面的(学习)需要和需求。我们认为,大纲的培训时间和培训课程还是未能完全达到以教师的需要或需求为中心。

首先,《培训大纲》的培训时间不符现况。在美国很多中文学校只有周末才开课,所以培训只能安排在周六或周日(崔建新,2007),而在澳大利亚大多数教师只能在工作之余来接受培训,又只能是短期的(朱志平、卢伟,2006),可知教师根本没有足够的时间依照大纲的 300 学时来参加培训。此外,来华或者在当地组织的海外汉语教师短期培训时间一般都只有 4 周 20 天(张艳萍,2009),目前所开展的海外华文教师培训也是以短期速成式为主(李嘉郁,2008)。大纲所设置的培训时间未考量海内外实际培训的情况。

其次,《培训大纲》的课程设置还有缺漏。在美国的周末学校,教学对象以 6 岁到 15 岁的中小学生为主,其次是学龄前儿童,这与对外汉语教学以成年人、外国人为主的情况有极大的不同(李嘉郁,2007);东南亚华校中的华语教学,一般从幼儿园开始,一直延续到高中毕业,教师掌握儿童教育学、教育心理学方面的知识是十分必要的(杨子菁,2003)。因此,这些地区和单位需要教师更多地了解少儿的心理和生理特点,但大纲却没有儿童及青少年教育学、教育心理学等课程。另外,新加坡、马来西亚的针对华人的汉语教学介于母语与第二语言教学之间,有其独特性,完全以第二语言的教学理论和方法去指导或进行汉语教学,难以收到最好的效果(杨子菁,2003),可是大纲也没有对应这类情况的课程规划。

再者,《培训大纲》的课程设置过于简略。在美国公立学校,中文多是选修课,对老师来说吸引学生是首要目标,学生的流失也将意味着工作的丧失(李凌艳,2006)。虽然我们可在大纲的课程里看到有课堂活动设计与组织和课堂管理方法与技巧等相关课程,但大纲的教学目标和教学内容只是笼统概括,也未分对象,当然就没有关于少儿所乐于接受的课堂教学活动的设计,能唤起其汉语学习热忱的教学方法等培训内容,这样的大纲就少了参考价值。又如书法、美术、民族歌舞等往往是美国中文学校的常设课程,也是华文学校区别于一般汉语学校的主要特征之一(李嘉郁,2007),但大纲里只在"中华文化"课程中列出"中华才艺研习",没有更进一步的说明,既然大纲有指导的作用,就应该明确指出这种教学的特点和规律,需要掌握基本的教学方法等等。还有,在日韩、欧美有些高校,"网络汉语教学"也成为一种新兴的教学方式。然而线上网络教学和传统课堂教学存在差异,中国台湾开设过"数位远距教学华语师资培训课程"和"远距同步视讯跨文化华语教师培训工作坊"等师资培训课程,也进一步归纳出"网络汉语教学"应有的教学目标和内容。大纲只是把"网络汉语教学"列为"汉语教学中的教育技术应用"的一项教学内容,对网络汉语教师培训没有实质的参考作用。

我们建议,在时间的设置上,大纲可以配合实际培训情况,细分为"短期培训"和"长期培训"两类,结合已有的培训资料,重新规定合理的培训时数,并根据短期培训和长期培训规划相应的课程,给予更多的弹性空间;在课程的设置上,大纲可以根据教学层次、教学对象分门别类,比如按教学岗位层次分为小学组、中学组等等,按教授对象年龄分为幼儿组、青少年组、成年组等等。分类培训对培训师也应有一定的选择,比如在培训海外中小学汉语教师时,在中小学从事对外汉语教学的培训者就比从未接触过中小学对外汉语教学的人有更多的实际经验,由他们来进行培训才不会有隔靴搔痒之感。此外,我们应该注意各国汉语教学的特点,制定适应当地情况的培训内容,课程说明要再细化,这样才能更加符合教师的需求,使培训工作更有成效。

4. 培训方式方面

《培训大纲》的培训方式分成课程组合、案例教学、教学实习和网络学习这四种。我们认为虽已多元,但还不够全面,国内外有许多针对教师培训方式的研究,大纲应该吸收、纳入。

其一,在培训方式的类型上,以英美来说,李嘉郁(2007)就指出美国来华研修团经常要求参观幼儿园和小学,主要是因为从事中小学和幼儿园教学工作的华文教师有实际的需求。宋连谊(2007)也指出,英国中文教师培训大多以工作坊的形式进行,如:如何制定教学大纲、如何教词汇、如何使用网络资源等。在东南亚地区,周健(1998)提到因为印尼的汉语教学基本上采用家庭上课而非课堂教学的形式,所以就在培训中增加了个别教学与小组教学的内容。又如新加坡和马来西亚的汉语教学更多的带有母语教学的特点,所以培训方式之一就是带他们到中小学听课,补充中小学语言教学方法。李奇瑞(2006)也提到短期培训和各种灵活多样的专题讲座在菲律宾是培训华文教师、提高华文教师教学水平的很好的辅助手段。然而这些成效良好的培训方式都未列在大纲里面,实在可惜。

其二,在培训方式的内容上,大纲虽然提供了"案例教学"的方式,但只简单说到可"通过案例分析、课件设计、小组讨论等多种方式"。其实,就以案例分析来说,依照类型可分为文本案例、音频案例、视频案例等三类,依照用途可分为示范型、理论例释型、问题待解决型三类,大纲若能把这些内涵具体点出的话,将会给培训单位很大的帮助。

我们认为,大纲可以总结国内外现有的培训模式,详细列举出来;或是可以依照短期培训和长期培训的时间长短,列举出合适的培训方式;又或是比照大纲每个课程都列出评估办法的方式,也列举典型的培训方式以供参考。

四、结语

《培训大纲》的出现,无疑是对外汉语师资队伍建设的一个里程碑,它代表着教师培训更加标准化、系统化,意义重大且深远;它使得以后的师资培训有"纲"有"领",地位不容忽视与质疑。此外,《培训大纲》关注教师的核心素质,重视实用的课程内容,立足实践的培训模式,强调多元的课堂评估,都是值得赞许之处。但《培训大纲》还是有需要进一步建设的地方:在培训对象方面,可以囊括更多不在大纲规定上,可是却需要培训的教师;在培训目标方面,可以细分合格、良好、优秀教师的培训等级,为不同等级的教师设定不同目标;在培训课程方面,可以针对教学层次、教学对象和授课方式设置课程,并把课程内容再细化些;在培训模式方面,可以吸收和纳入现今有效的培训方法与成果,使其更全面些。我们期待《培训大纲》能在调整这些部分的基础之上,往科学化的道路持续迈进,继续指导对外汉语师资队伍建设,使对外汉语教育事业更加专业化,加快走向全世界的步伐。

附注

① 国家汉办/孔子学院总部(简称"汉办")根据《国际汉语教师标准(2010 版)》(简称《标准》),参照中外外语教师标准和培训大纲,以及总结多年教师培训经验,于 2011 年制定出《国际汉语教师培训大纲》,是国内官方唯一且最新的对外汉语教师培训大纲。

② 详见汉办"关于新、旧 HSK 分数对应关系的说明" http://www.hanban.edu.cn/news/article/2011-04/14/content_248511.htm.

参考文献

[1] 蔡贤榜.印尼华文教师队伍现状及培养对策.海外华文教育,2005(4).

[2] 曾萍.对外汉语专职教师的培训现况及需求研究.见:曹顺庆,余志强主编.第十一届国际汉语教学学术研讨会论文集.成都:巴蜀书社,2013.564.

[3] 崔建新.孔子学院汉语师资培训模式的构建与实践.南开语言学刊,2007(2).

[4] 郭睿.汉语教师发展.北京:北京语言大学出版社,2010.100—126.

[5] 国家汉办/孔子学院总部.国际汉语教师培训大纲,2011(未出版).

[6] 黄德永.来华泰国中小学汉语师资培训情况调查.汉语国际传播研究,2011(1).

[7] 李红印.情商:汉语教师职业发展的重要方面——基于学生和教师的反馈.北京大学第二届中青年学者汉语教学国际学术研讨会,2008(未刊).

[8] 李嘉郁.关于美国华文教师培训的几个问题.华文教育,2007(4).

[9] 李嘉郁.海外华文教师培训问题研究.世界汉语教学,2008(2).
[10] 李凌艳.汉语国际推广背景下海外汉语教学师资问题的分析与思考.语言文字应用,2006(6).
[11] 李奇瑞.菲律宾华文教师培训问题探析.职业时空,2006(22).
[12] 李泉.国际汉语教师培养规格问题探讨.华文教学与研究,2012(1).
[13] 李炜东,赵宏勃.对外汉语专职教师的培训现况及需求研究.见:曹顺庆,余志强主编.第十一届国际汉语教学学术研讨会论文集.成都:巴蜀书社,2013.201.
[14] 卢辉炬,严仲连.美、日、中大学教师发展之比较.社会科学家,2008(6).
[15] 芦洁.WTO教育服务贸易背景下海外华文师资培训模式的思考.教育与职业(师资建设),2010(26).
[16] 宋连谊.英国中文师资培训的实践与思考.海外华文教育,2007(3).
[17] 田然.墨西哥汉语师资培训课程研究.海外华文教育,2012(2).
[18] 吴勇毅.海外汉语教师来华培养及培训模式探讨.云南师范大学学报(对外汉语教学与研究版),2007(3).
[19] 杨子菁.关于东南亚华文师资培训工作的思考.海外华文教育,2003(1).
[20] 张艳萍.东南亚汉语教师短期强化培训模式探究.云南师范大学学报(对外汉语教学与研究版),2009(1).
[21] 周健.浅议东南亚华文教师的培训.暨南学报(哲学社会科学),1998(4).
[22] 周小兵.海外汉语师资的队伍建设.云南师范大学学报(对外汉语教学与研究版),2007(5).
[23] 朱志平,卢伟.澳大利亚中小学汉语教师培训与教学考察报告.海外华文教育,2006(1).

(作者简介:李培毓,北京大学对外汉语教育学院博士研究生。)

略论汉语志愿者公共外交意识的培养

冯凌宇

提　要　在海外，汉语志愿者不仅代表着个人和派出单位，更代表着中国。在海外教学或文化推广活动过程中，志愿者是否具有公共外交意识会影响到其汉语推广的效果，因此在对志愿者的培训中我们应重视对志愿者公共外交意识的培训。本文分析了汉语教师志愿者的真实案例，提出汉语志愿者建立公共外交意识的必要性，并就如何培养其公共外交意识提出了一些具体建议。

关键词　汉语志愿者　公共外交意识　培养

一、国际汉语教学的公共外交属性

在当今以和平与发展为主流的时代，以战争和殖民方式推广本国利益和价值观的做法基本上已是一去不复返，各国更为强调"软实力"的竞争，而获取"软实力"的重要途径就是公共外交(public diplomacy)。所谓公共外交，就是"一种主权国家国内政治、经济、社会、文化影响力的综合外溢现象，这种外溢主要通过教育文化的国际传播途径实现"(朱虹，2011)。在各国的公共外交举措中，一项核心内容就是推广本国语言，以及附于其上的文化和价值观。而中国开始真正注重公共外交则是最近几年的事情，主要原因是，随着中国与外部世界的相互联系比以往任何时候都密切，中国比过去任何时候都更需要向世界展示一个真实的中国，汉语国际教学(汉语国际推广)工作，已成为"树立我国良好国际形象的基础工程"，中国的国际形象则由中国国家形象和中国人形象组成。

因此，在中国综合国力迅速发展的背景下，国际汉语教学已经超出语言乃至文化的范畴，上升为国家行为，是中国公共外交乃至中国整体外交战略的重要组成部分。汉语国际教学和推广工作应更为自觉地履行好公共外交使命。对于汉语国际教学和推广的公共外交属性和战略定位，国际汉语教学工作者应有清醒认识，这意味着我们在进行汉语国际教学和推广工作时，虽不必过于高调，但一定要心中有数，把握方向，在实际工作中自觉履行好公共外交职能。"当你不在中国，你便成了全部的中国"(冯凌宇，2010)，作为中国的名片和使者，海外汉语教师志愿者不但担负着汉语教学工作，更承担着公共外交的任务。志愿者们在完成语言教学工作的同时，还应该通过自己的努力，通过一个普通中国人的言行，向世界展示一个真实的、充满活力的中国，让越来越多的人认识中国，了解中国。志愿者自觉地、适当地增加一份努力和解释，世界就减少一份对中国的误解,“中国威胁论”的声音也就小一点,对中国人的好感也就多一点。

二、汉语志愿者建立公共外交意识的必要性

汉语志愿者项目是目前非常重要的一个国家项目,旨在向全世界推广汉语,传播中国文化,促进中国与世界的交流与了解。为适应世界汉语教学发展的新形势,缓解各国汉语教师的紧缺状况,经教育部批准,国家汉办从 2004 年开始组织实施了汉语教师志愿者项目,从国内招募志愿者到国外从事汉语教学。自 2004 年以来,国家汉办已向 68 个国家派出了近 8000 名志愿者教师,分布于世界五大洲 48 个国家。

志愿者具体工作地主要是当地大学、中学和小学等等,工作内容主要是从事语言教学和组织相关的文化活动。虽然是志愿教学,但每个派出志愿者不再只代表着个人,也代表着派出单位,更代表着中国。派出志愿者多为年轻的本科毕业生或在读研究生,所以比较缺乏工作经验和跨文化交际能力。实际上,从志愿者的反馈看,有不少案例反映,志愿者在教学过程或文化推广活动过程中因教学对象对中国形象有曲解或误解而遭遇到不少尴尬。而对此如果处理不好,就会严重影响到志愿者的教学和文化推广效果。这里我们先看几则与中国国家相关的案例。[①]

例 1:

小王是 2010 年 9 月被派往埃塞俄比亚亚的斯亚贝巴孔子学院的志愿者,HSK 汉语水平考试报名前夕,为了鼓励学生踊跃报名参加,老师重点强调 HSK 成绩是获得奖学金、参加中国夏令营的重要参考之一。因故错过报名时间的同学王石提出补报的要求,老师告诉他孔子学院规定没有补报机会,他可以下次抓住机会报名并争取获得参加中国夏令营的机会。王石听到“参加中国夏令营”这句话之后,便一脸不高兴,说:“中国有什么好,为什么要参加‘中国夏令营’,我们埃塞俄比亚也很好,参加本国夏令营不可以吗? 我不去中国,我不需要!”

以上案例是因为一次汉语水平考试报名引发的误解,该生言论反映了其强烈的民族自尊心,因此教师应该从国家和民族平等的角度入手,说明水平考试和夏令营活动的目的。教师如果没有这种认识高度,单纯解释报名的规则,就达不到良好的沟通效果。

例 2:

阿德是国内某大学英语专业的硕士研究生,2010 年被派往美国新罕布什尔州某个学区担任汉语教师,任期一年。阿德 7 月底 8 月初到该校区报到。开学前,他前往学校熟悉校园环境并布置教室。在参观教学楼教室的时候,阿德发现有很多教室门上都被学生画了五彩斑斓的图画,很有艺术细胞。但在一扇门上,竟画有“藏独”标志图案,写着“FREE TIBET”字样。阿德很震惊,在这样一所中文教学水平还不是很高的中学,竟然有这样的内容。

以上案例中,志愿者教师如果没有公共外交意识,单纯作为一名汉语教师,对教室外围环境中的干涉中国内政的图案和言论,似乎是可以不予理睬的,但是如果具有公共外交意识,采取正当的手段,就会得到对方的尊重和重视。案例中的教师阿德就处理得非常好,最后校方将这些图案和言论擦除了,还加了不少当代中国的信息画。

例 3：

肖小月在日本某大学孔子学院教授汉语，她教授的学生多是对汉语、对中国及对中国历史文化抱有极大兴趣的日本老年人。有一次上旅游汉语课，课文里介绍的旅游城市是南京。按惯例，小月先问了问学生是否去南京旅游过，对南京的印象如何。那天上课的 5 位学生里只有一位去过南京。当问到那位学生去过南京哪些地方的时候，她说她去过南京大屠杀纪念馆。小月一时有些惊讶，原本以为日本人应该会回避那一段历史，没想到这位学生竟主动继续了这个话题。这位同学接着说，她参观了南京大屠杀纪念馆后很难过，觉得应该让更多的人了解那段历史。

以上案例中，当日本学生提及日本侵华历史时，如果没有公共外交意识，作为一名海外汉语教师，为了避免麻烦和矛盾，也是可以转移话题不详谈的。但有公共外交意识的教师，一定要利用这个机会来澄清历史事实。面对外国学生，教师有时候不可避免地会遇到一些敏感的问题，包括历史敏感问题。老师的态度、立场和原则往往是十分重要的，不能因为担心出现矛盾而回避，特别是面对学生的询问，教师不能回避，而要站在国家利益和历史真相的高度，传达自己的观点，当然也应该注意表达的技巧并把握好度。

以上三个典型案例说明，即便在看似单纯的、没有意识形态和国家概念的汉语课堂教学中，也会直接面临意识形态等与中国国家相关的问题。如果遇到了类似的问题，志愿者教师是采取回避的态度，比如不予理睬、转移话题等，还是主动积极地化解误会和矛盾？而化解矛盾时是附和对方的立场，还是不卑不亢、解释真相？这取决于志愿者有无公共外交意识。而志愿者教师是否具有公共外交意识，会给汉语国际推广工作带来不一样的成效，有公共外交意识的志愿者教师所取得的成效自然比单纯只教语言或采取回避态度的教师要大得多。

我们再看与中国人形象相关的几则案例。

例 4：

小雨是国内某师范大学的汉教硕士生，2012 年 2 月被汉办选派赴澳大利亚担任汉语教师。在一次参加学校晚宴时，当地一位年轻的男老师突然问小雨和另一位汉语教师志愿者："中国人吃狗吗?"大家马上都安静下来，把目光投向她们，等待着她们的回答，气氛变得很尴尬。

以上案例中，如果志愿者有公共外交意识，马上会想到这是涉及中国人形象的问题，因此，应该解释这只是部分中国人的饮食习惯，并进一步从饮食文化的角度解释这种饮食习惯的来源。如果没有这种意识，就会导致尴尬，甚至不恰当的批评。

例 5：

小珑在韩国一所大学的孔子学院担任汉语教师志愿者。来孔子学院学习的学生大部分为四五十岁的中年人，课余时间，他们经常和小珑聊天儿，向她询问一些有关中国的情况。随着师生关系的加深以及汉语水平的提高，他们提的问题也变得五花八门。因此，有些问题也越来越让小珑觉得不知如何回应。例如，学生会问她："中国人是不是不太讲卫生，厕所是不是没有门?""是不是只有有钱的中国人才能出国？老师家很有钱吧?"

以上案例中，学生提的问题都关乎中国人的形象，志愿者一定要从中国国情的角度(比如中国人口多，地区发展不平衡等)来解释，否则会让外国人以偏概全，给他们留下不好的印象。如果没有公共外交意识，教师可能只是肯定这种现象的存在，而不会主动从国情角度解释原因。

例 6：

田青 2010 年被派往塔吉克斯坦的一所国际学校担任志愿者教师。尽管塔吉克斯坦和中国是邻国，但是学生们对中国还是不太了解。学生们会问田青很多意想不到的问题，比如："中国人是不是都吃青蛙？""中国人是不是会杀掉自己的孩子？"甚至在日本发生大地震的时候，有学生跑来说："老师，听说日本发生大地震跟中国有很大关系，中国人很恨日本人的。"田青经常会被他们的问题弄得哭笑不得。

以上案例中除了饮食习惯的问题，还有中国的计划生育政策和国际关系问题，教师如果有公共外交意识，就会从文化习惯、中国国情和历史等角度来主动说明和解释，没有这种意识则只能"哭笑不得"，不能很好地答疑解惑。

类似以上出现的曲解中国人形象、夸大中国人一些坏习惯的问题，恐怕志愿者作为中国人的一员想回避也回避不了，必须回答，而关键则在于如何回答，从什么角度、站在什么高度回答。

从以上两类案例中，我们已经由事实看到汉语志愿者建立公共外交意识是非常重要而且必要的。要做到"汉语志愿者是中国外交名片"这一点，笔者认为关键在于要彻底转变传统的对外汉语教学思维方式，重新审视汉语志愿者国际汉语教学的目的和使命，进一步提高思想认识，在实际教学和生活中，遇到国家意识形态、国情、文化、人民生活方式等问题时，汉语志愿者应采取适当的方式主动积极地加以说明和解释，而不是回避。

三、如何培养汉语志愿者的公共外交意识

汉语志愿者需要建立公共外交意识，具体来说，又该如何在短短的培训期帮助他们建立这种意识，并能在实际教学中正确和有效应对一些关于中国和中国人形象的问题呢？从培训的角度来讲，我们认为应该结合案例，做好以下几方面内容的培训。

1. 按文化区进行典型文化外交差异的对比调查，介绍可能出现的文化外交冲突

公共外交是国家外交中的新型外交，源于文化外交。文化外交是公共外交的重要内涵，但又不完全相同。文化外交是一种直接外交形式，属于公开外交。因此，我们培训时，应该注意按照文化区的划分，介绍可能出现的文化外交冲突。对世界文化区的划分，由于缺少客观的标准，不同学者常划出不同的世界文化区，有的将世界文化区分为以下 13 个区[②]：欧洲文化区、俄罗斯—东欧文化区（斯拉夫文化区）、突厥文化区、北美文化区、中美文化区、南美文化区、北非—西亚文化区（阿拉伯文化区）、撒哈拉以南的非洲文化区、南亚文化区、东亚文化区、东南亚文化区、澳大利亚文化区、太平洋文化区。

培训前，培训教师应对被派往的文化区的意识形态以及该文化区与中国的主要文化差异做一个比较全面的了解，并针对具体派出国家和地区的典型文化特点，结合案例做介绍，并给出具体的应对方法。特别是一些饮食、服饰、婚嫁、习俗、宗教、时间观念、礼仪（客套语）、隐私等与个人生活密切相关的文化差异，应做重点介绍。在遭遇文化误读时，首先应用志愿者个人的言行来化解学生的负面看法和情绪，用沟通的态度拉近与学生的距离，然后让学生了解甚至

喜欢中国和中国语言文化。

2. 针对中国目前的重点和热点政治问题，指导学生如何对答和解释

在国外，如果遇到类似“藏独”“疆独”“台独”等言论或行为，志愿者该如何处理呢？遇到国际时事纷争，如中日关系、南海争端等问题，学生谈论时又该如何应对？有些志愿者平时不太关心政治，对这些问题处理的方式、方法和尺度是需要在培训时得到具体指导的。我们不能一味运用移情、沉默或转移话题来应对，而应该在理解包容的基础上适当加大解释和说明的力度。这些当然都是需要技巧和方法的，不要解释不成功，变成吵架，这样无疑不会让大家增进理解，反而起相反的作用。因此，志愿者对中国国情，包括社会制度、教育制度、计划生育制度、国土边界、历史都应该有一个基本的了解，并在需要时向学生进行介绍。而对待涉及中国核心利益的国土边界问题以及一些敏感的政治历史问题如中日历史等，应遵循以下几点：一是不主动触及，如果遇到比较棘手的问题，要查好资料，并报汉办负责老师，以获得帮助和指导；二是尊重事实，维护国家利益，作为一个中国人，不能丧失应有的立场和尊严，如果遇到历史问题，则需要教师大胆地面对，客观地介绍和解释；三是尊重学生情感，如果遇到立场不同的问题，应该注意尽量不要伤害学生的民族感情和自尊心，通过解释来缩小认知差距，并着眼未来，鼓励共创不同国家之间关系的美好未来。具体培训过程，可以根据世界各地大概的对华态度，指导学生具备一些基本的应对原则和措施。

3. 结合海外汉语国际推广中的真实教学案例，让学生了解如何在教学中实践我国的公共外交

“和谐”是中国文化外交和公共外交理念的新内涵，有专家指出，“和而不同”是中国公共外交的核心。由于公共外交需要与外国公众进行互动，所以既要代表本国的核心价值观，又需要理解对方公众的价值取向，才能最终达成国家之间的相互理解和共识。外国民众心中的中国人形象与中国人自己的理解是不一样的。中国人自己看中国与外国人看中国是不同的，中国人看世界与其它国家的人看世界也会有差异。因此在处理各种直接或间接的矛盾和差异时，汉语志愿者要保持好一个原则，就是：在理解尊重别人言论自由的基础上，适当阐明自己的观点和立场（注意“度”的把握：一句话草草了事，容易让人感觉在这个问题上中国人心虚理亏；而大谈特谈，则容易引起别人的反感）。

而处理具体问题的方法，则视具体情况而定，有的可以当场解释，有的也可以事后用辅助材料来说明，处理时态度应不卑不亢。比如上述例 2 看起来只是一个教学环境装饰中有干涉中国内政的“藏独”标志，缺乏公共外交意识的志愿者可能只关心自己的具体汉语教学工作而不会管这个，但阿德是这样处理的：

阿德先后找了他的指导老师及学校副校长进行沟通，反映了所看到的情况，同时也表达了自己的想法：学校教室门上图画所表示的内容，歪曲事实，应当重新粉刷。阿德也将此事通过电子邮件告诉了国家汉办负责的老师，汉办老师也很重视这件事情。后来，阿德又分别向学校校长和学区负责这个项目的副学监进行反映。在找学校校长和学区副学监之前，阿德上网做了大量的资料准备。见面时，阿德表示自己认同美国学校的言论自由，也引用了当时在美国引起很大争议的在纽约“9·11”遗址附近建清真寺的例子进行对比分析。学校校长以及学区副学监明白了阿德的立场，理解了他作为一个中国老师，看到校园里面这种不和谐图画的心情，当即表示会尽快重新粉刷那扇门。

这个案例中，阿德正是把握了我国公共外交的原则，运用移情的策略，在做了大量准备沟通工作以后，完美地处理了这一有损国家利益的事情，而且赢得了别人的尊重。

4. 以案例讨论和练习的形式，训练志愿者以公共外交意识处理教学问题的自觉性

当然，公共外交意识的培养不是一蹴而就的，最主要的还是要靠志愿者自觉建立这种意识，尤其是那些原本对文化不敏感的志愿者，更要多注意自觉培养。公共外交在美国具有广泛的民众基础，美国普通民众很多都热衷于对外宣传自己的国家和价值观。作为一名中国汉语教师志愿者，身兼传播中华文化的重任，当然更应当注意在海外任教活动中，自觉用公共外交意识来处理遇到的各种意识形态、文化和生活习惯等的冲突。所以，志愿者除了通过培训了解一些基本和典型的文化外交知识外，还应该时刻牢记自己的文化外交使者角色，自觉实践，积极探索与不同文化发生冲突时该如何根据实际情况采取具体的策略和办法。

对于发达国家和地区，我们主要是消除他们对中国和中国人的误解，而对于一些穷困地区和国家，要注意用平和的心态和处事方式来正面宣传中国和中国人的形象。如在非洲某些国家，卫生条件差，艾滋病携带者很多，患疟疾等疾病的机率很高，社会治安差，索要东西情况比较严重，面对这些落后状况和不适，志愿者应该注意入乡随俗，不要将自己凌驾于他人之上，不要有歧视心理，而应该心态平和地去对待周围的人和事。

要让汉语志愿者建立自觉意识，还需要培训者以案例的形式进行必要的训练和讨论，才能让他们具有一定的敏感性和思想高度，在解决教学以及生活中的各种问题时，也才能从大处着眼、小处着手进行处理。

总之，在汉语志愿者培训过程中，培训者应该重视志愿者公共意识的培养，一方面要安排有针对性的专题讲座和案例分析，另一方面，要提醒汉语志愿者自觉建立公共外交意识，做好中国的民间形象大使。

附注

① 本文引用案例均出自国家汉办“汉语教师志愿者案例”，引用时在文字上进行了缩减。

② 出自百度百科“文化区”，网址 http://baike.baidu.com/view/930503.htm.

参考文献

[1] 朱虹. 文化外交是公共外交的重要内涵. 世界文化，2011(10).

[2] 冯凌宇. 汉语国际推广与中国公共外交. 长江论坛，2010(6).

（作者简介：冯凌宇，博士，中央民族大学国际教育学院副教授，硕士生导师，主要研究方向为国际汉语词汇汉字教学、国际汉语教材、汉语国际推广。）

汉语国际教育专业硕士实习问题探讨

汤亚平

提　要　由于专业硕士研究生的特殊性和培养单位实践教学经验缺乏等原因，作为全日制汉语国际教育专业硕士培养重要内容的教学实践环节还存在一些问题，解决好教学实习实践问题，提高学生的实习质量，这是摆在各培养院校面前的一个实际问题。在汉语国际教育专业硕士培养过程中，实习实践是一个重要的环节。从实习的方式来看，在国内的教学实习及海外实习均占有一定比例。在实习过程中，各培养院校均以一定方式加强对学生实习的指导：学生在国内的实习以导师指导为主；在海外实习方面，国内学校与实习单位联合指导成为主要方式。在对学生的实习评价方面，无论是国内实习，还是海外实习，由实习单位给出评价是最主要的方式。本文针对目前汉语国际教育专业硕士实习中存在的问题，主要探讨了汉语国际教育专业硕士实习的目的、内容、时间安排、地点确定以及实习后续工作检查管理等问题，并提出了相应的建议和意见。

关键词　汉语国际教育专业硕士　教学实践实习　文化实践实习　实习检查制度

一、目前汉语国际教育专业硕士实习中存在的普遍问题

由于汉语国际教育专业硕士研究生的特殊性和培养单位实践教学经验缺乏等原因，作为全日制汉语国际教育专业硕士培养重要内容的教学实践环节还存在一些问题，解决好教学实习实践问题，提高学生的实习质量，这是摆在各培养院校面前的一个实际问题。在汉语国际教育专业硕士培养过程中，实习实践是一个重要的环节。从实习的方式来看，在国内的教学实习及海外实习均占有一定比例。在实习过程中，各培养院校均以一定方式加强对学生实习的指导：学生在国内的实习以导师指导为主；在海外实习方面，国内学校与实习单位联合指导成为主要方式。在对学生的实习评价方面，无论是国内实习，还是海外实习，由实习单位给出评价是最主要的方式。但在为期不长的汉语国际教育专业硕士培养中，目前较为普遍地存在着一些问题，吴方敏等(2012)在"汉语国际教育专业硕士实习问题的调查与思考"一文中谈到"我国高校的实习已经进行了多年，虽然取得了一定的成绩，但问题很多。概括起来主要是'难''散''浮''假''偏'五个方面。'难'主要是指学校找实习单位难，学生找实习岗位难；'散'主要是指总体上看高校学生实习活动分散而混乱；'浮'是指学生实习难以深入各实习单位，实习效果差；'假'是指假实习，根据有关部门的调查数据，中国仅有 11.7%的学生真正拥有实习经历；

‘偏’是指学生实习的目的和形式偏离了实习的真正目的和要求，越来越多的学生把实习当成找工作、获得学分的手段或者当成纯粹的打工挣钱。”这是目前汉语国际教育专业硕士生实习中存在的客观现象也是普遍问题。而培养单位硬件设施缺乏、教学实践活动随意、实习基地不稳定，也是部分高校普遍存在的问题。

提高全日制汉语国际教育专业硕士的实习质量，是基于我国当前的实际需要做出的必然选择。到2013年，一些培养单位的全日制汉语国际教育专业硕士招生为期还不长，有的才刚刚起步，所以该类硕士的培养模式、课程模式和实习工作尚处在探索阶段。因此，探讨全日制汉语国际教育专业硕士的实习问题就非常具有现实意义。基于目前的现状应该思考的几个问题是：(1)汉语国际教育专业硕士的实习应该达到什么目的？(2)汉语国际教育专业硕士实习的内容应该有哪些？(3)汉语国际教育专业硕士实习的方式应该是什么？(4)汉语国际教育专业硕士实习的时间应该如何安排？(5)应该如何有效地提高汉语国际教育专业硕士实习的质量？

二、对汉语国际教育专业硕士实习提出的意见和建议

1. 明确实习的目的，认清实习的重要性

汉语国际教育硕士专业学位是与国际汉语教师职业相衔接的专业学位，主要培养具有熟练的汉语作为第二语言教学技能和良好的文化传播技能、跨文化交际能力，适应汉语国际推广工作，能胜任多种教学任务的高层次、应用型、复合型、国际化专门人才。其中，具体要求有具备熟练的汉语作为第二语言教学技能，能熟练运用现代教育技术和科技手段进行教学；具有较高的文化素养和传播能力；具有语言文化国际推广项目的管理、组织与协调能力。根据《汉语国际教育硕士专业学位研究生指导性培养方案》，专业实践是其中一个重要的环节。作为专业学位的研究生，在实践能力上需要达到更高的要求。实习的成功与否，在一定程度上反映出课程设置的科学性及教学结果的有效性。我们知道，实习在整个培养过程中十分重要，在2008年的培养方案中，实习是4个学分，而在2009年的培养方案中已经调整为6个学分。具体为：课程学习30学分(核心、拓展、训练)，教学实习6学分，学位论文2学分。

但是实习占6学分，合适吗？可否增加为8学分？因为汉语国际教育专业硕士更强调实践性，且实习时间为整个学时的一半，即一年的时间。一些学校的招生简章和培养方案，对于本专业的实习也就是专业实践，其模式板块基本都是：(1)以志愿者身份赴海外顶岗实习，在孔子学院、外国中小学等机构从事汉语教学和文化传播工作；(2)在国内各类学校及教育机构进行教学实习。虽然大部分的汉语国际教育专业硕士都希望可以去国外实习，但是这类实习机会相对较少，并不能满足绝大多数人的希望。

要搞好汉语国际教育专业硕士的实习工作，必须要明确教学实习的必要性。汉语国际教育专业硕士重要的学习环节是实习，实习是提高学生动手实践能力、培养创新意识和创新精神的重要教学环节。作为社会实践的重要一环，实习的重要作用是毋庸置疑的。之所以要探讨全日制教育硕士的实习质量问题，就是基于实践性实习在专业硕士研究生教育中的必要性和重要性以及完善我国全日制专业硕士研究生教育质量保障体系的现实可能性。实习不仅是培养学生动手实践能力和创新精神、保证培养目标实现的不可缺少的教学环节，也是学生提高就

业能力和增强社会适应能力的重要手段。所以作为汉语国际教育专业硕士培养单位的高校必须重视汉语国际教育专业硕士的实习工作。教学实习是汉语国际教育专业实践的重要环节，充分的、高质量的专业实践实习是提高本专业学位教育质量的重要保证。

2. 确定实习的内容方式，增加多元丰富的实习内容

教学实践实习是汉语国际教育专业硕士的最基本的实习内容，以上课教学的实习形式为最基本的形式。但仅仅满足这一实习内容和形式，则离培养目标还有一定的距离，由此，可否考虑把实践教学内容扩大一些，包括教育实习、教育见习、微格教学、教育调查等等。实践教学也应包括教育实习、教育考察、模拟教学、教育调查、课例分析、班级与课堂管理实务等实践形式。实习形式可以采用合作模式，即高年级指导低年级、汉语国际教育专业硕士生指导留学生。香港大学教育学院曾推出过“伙伴计划”的教学实践形式，就有很好的借鉴意义。汉语国际教育专业硕士的中国学生与汉语国际教育专业硕士的外国学生的实习也要区分开来，这两类学生的学习背景不同，应有所区别。另外，还要考虑到实习对象的多元性问题，因为我们的汉语国际教育专业硕士生毕业后所教学的对象也许是少儿，也许是老人，由此就应该考虑在实习的内容和方式上的普遍性，做到把握核心内容，基础性的内容不放松，兼顾大众，点面结合。最后，除教学实践实习外，文化实践实习也应该列入实习的范围之中，因为无论在中国本土还是在海外，汉语国际教育专业硕士生不但有推广汉语的责任，还有传播弘扬中华传统文化的职责。当然，文化实践实习的内容就更为丰富了。

3. 合理安排实习的时间，灵活掌握实习的机动性

汉语国际教育专业硕士实习的时间，依照培养计划为一年，即从第二学年开始。整个学习时间是两年，第一年为学习时间，上专业课、公共课，第二年为实习及完成论文时间。对于教学实习，有的学生时间安排紧凑，有的学生时间安排松散，于是就容易产生一些矛盾。实习的时间安排也和学生完成学位论文有关，汉语国际教育专业硕士的学位论文内容更多的是教学实践所得，而实习的时间滞后，实习的所获就来不及转化为学位论文。由此可否考虑在第一学年的教学中，把教学实践性实习穿插在教学内容中，如硕士生指导留学生、硕士生带留学生、留学生的活动让硕士生参与等等。也可以考虑在第一学期结束就开始实习，实习一学期再回校上课。总之，应该考虑学生的实际情况，合理安排实习的时间，适时掌握实习的机动性，更好更充分地实现培养方案所制定的各项目标。所以实习的时间也是值得探讨的问题。

4. 有效选择实习的地点，夯实基础并发展其为实习基地

寻找实习的地点一直是最为困难的问题，实习的对象主要是外国留学生，所以教学实习主要在国内的一些院校内进行，但最为理想的实习地点应该是在国外。有的培养单位建立了实习基地后，又存在实习学生的实习费用、交通费用、吃住、医疗保障等问题。有的培养单位的实习地点随时更换，没有定准。如何有效选择实习地点，各培养单位是“八仙过海各显其能”。国内一些重点高校，特别是汉语国际教育专业硕士点时间长的院校，他们的实习基地就较为固定。但是还有一些院校却没有固定的实习基地。这是一个极为重要并急待解决的问题。我曾在我校及部分外校的学生中做过一些调查，绝大部分学生很希望到海外实习，但是学校方面有很多困难以致顾虑重重，涉及的因素很多，在此不详细罗列。我们希望培养单位尽快确定好实习地点，夯实基础，最终发展为实习基地。

5. 科学制定实习工作的管理和检查条例

无论社会科学还是自然科学专业，都需要社会实践，这样才能让研究生获得在学校课堂上得不到的知识。对汉语国际教育专业硕士生来说，进行实习不仅可以检验自己的理论知识学习，把所学用于实践，而且还有利于自己接触社会，查找自身不足，学到象牙塔之外的生存技巧。对高校而言，自己的学生参加实习，不仅可以弥补自身教育过程中的不足，实现理论和实践的统一，而且有利于高校服务社会职能的实现。对实习单位而言，实习不仅可以密切自己与高校的联系，而且有利于将自己所需求的人才规格告知高校等研究生培养单位，可以为自己单位的发展招揽更多的人才。有效的实习需要配套的管理机制，由此要有管理和检查制度。作为培养单位，在培养计划里要增设一门关于实习事宜的课程，有计划、有章程、有操作性的具体务实的课程，每周可安排2—4个课时。从观摩、试讲、见习到实体单位的实习，要把实践落实到学习的各个阶段中。

首先，要建立评价手段和方法：汉语国际教育专业硕士教学实习质量的评价手段应该多样化。除了各高校制定的各项手段，还要使用实习单位的考核评价手段。实习单位要做好实习服务，严格要求实习学生。主要是细化评价项目，如教学实习中的检查可以分为以下项目：(1)教育见习。主要包括听课并进行听课反思；听课纪要；学生自设计教学进程(教案)，听指导老师的教学，由此找出差距，进行差异分析。(2)学习情况分析。针对学生错误对自己(实习者)的处理方法和指导老师的处理方法进行差异分析。(3)课件的使用情况分析。明确使用课件的必要性及科学性，针对教学内容进行取舍分析。(4)教学目标、教学重点、教学方法三者统一分析。分析三者是否统一、是否一致，可以在导师的指导下进行，也可以由学生组成小组进行。(5)教学任务分析。(6)进行教育调查——看、记、听、思。还可建立指导制度，在实习的每一个环节，由制度来规约实习活动。实习的形式多样，就可以弥补实习内容的不足。

其次，要建立良好的合作机制：要处理好汉语国际教育专业硕士生、实习单位和培养单位三者之间的关系。只有明确了三者各自的权利和义务，实习工作才能做到有的放矢、事半功倍。所以，第一，对于实习生，高校和实习单位要考虑到他们的特殊情况，比如他们的年龄一般较大，所承受的生活压力相对也较大等等。因此，在实习过程中要规定实习期间人身及相关权益保护制度(如带薪实习的最低报酬标准、工伤赔偿、社会保险等各项权利等)，解决实习生实习过程中有可能出现的相关劳动纠纷问题，明确学生实习和入职前有获得培训的权利及允许学生获得实习资助和补贴。第二，专业硕士研究生自身要重视自己的实习，要严格按照培养方案和实习计划进行实习并定期检查，落实完成情况。专业硕士研究生在实习过程中，要明确自己的权利与义务，必须提高对实习的正确认识，自觉接受相应的培训，遵守实习单位的规章制度，自觉完成各种实习任务。第三，实习单位和高校之间也要处理好各自之间的权利与义务，在必要时，可以签订合同等来约束和规范双方的行为。

赵金铭先生说："建设汉语国际教育硕士专业学位，根本问题是要建立科学的课程体系和课程内容体系，建立科学的教学实习和实践体系。这两个科学体系的建立，是培养理论与实践相结合、知识与技能兼备的合格的国际汉语教育人才的根本保证。”我们认为此话指出了汉语国际教育专业硕士培养的根本问题。

最后，我们的具体建议是：首先，高校培养单位要制定科学的实习计划，合理地安排实习工作，加大实践环节的学时数和学分比例；其次，高校培养单位要花大力气为汉语国际教育硕士生选择合适的实习单位，寻找可靠的实习基地；最后，高校培养单位要建立健全科学合理的实习考核评价制度，严格考核评价实习的过程和结果，制定切实可行、完整系统的检查条例。

本文仅仅是对汉语国际教育专业硕士实习问题提出了一些粗浅看法，还有一些没有涉及的问题以及没有细化的问题，如：如何发展海外实习基地？如何根据学生的情况进行个性化的实习？如何进行文化实践实习？如何区别在职学生与全日制学生的实习？如何区别中国学生与留学生的实习，等等。希望有关部门也适时出台相关的可便于培养院校操作的政策规范。

参考文献

[1] 吴方敏，陈颖．汉语国际教育专业硕士实习问题的调查与思考．云南师范大学学报（对外汉语教学版），2012(2).

[2] 赵金铭．课程体系与实习体系．国际汉语教育人才培养论丛二．北京：北京大学出版社，2011.

（作者简介：汤亚平，云南民族大学人文学院教授，硕士生导师，主要研究方向为国际汉语教学、语言学及应用语言学研究。）

孔子学院制度建设与特色发展论坛

主持人：北京外国语大学孔子学院工作处

主持人按语：

本辑继续登载2012年"孔子学院制度建设与特色发展论坛"的精彩发言，四篇发言分别来自韩国外国语大学孔子学院、罗马智慧大学孔子学院、德国慕尼黑孔子学院和西班牙巴塞罗那孔子学院。相信这些孔子学院的实践总结和理论升华一定能为孔子学院的可持续发展带来启示。

"演话剧学汉语"特色口语课程分析

——以《春香新传》教学、演出为案例

(韩)孟柱亿　万玉波

提　要　本文以韩国外国语大学孔子学院2012年3月至8月开设的"演话剧学汉语"课程为教学案例，总结了该课程开设的目的、教材编写的理念、教学组织的过程以及教学成果的反馈，并对该课程的成功进行了原因分析。由此提出了在将汉语作为第二语言习得的学习者中开设"演话剧学汉语"特色口语课程的设想，希望这门课程能够为在华及在本国的汉语学习者快速提升口语表达能力提供帮助。

关键词　演话剧　学汉语　特色口语课

一、引言

韩国外国语大学孔子学院成立于2009年10月31日，几年来，一直将教学与科研作为工作的核心。我们立足当地，对韩国的大中小学汉语教育及教材现状进行了调查，力求结合当地需求，探索出适合韩国需要的汉语教学。韩国的汉语教学有着悠久的历史，本土教师教学水平高，学习者层次分布广泛。通过调查，我们发现，韩国的汉语教学多以阅读及应试为主，口语教学不足。学习者亟需一种有效的口语教学模式，提升口语表达能力。对于大学里中文专业的学生们而言，提高口语表达能力更显得十分必要。

在对比分析各类教学法的过程中我们发现，第二语言学习者学习、演出话剧是能够非常有效地提升口语表达能力的途径之一。这种结论基于话剧排演过程中的几大优势：(1)话剧是生活情境的真实再现，并非是为了学习某个语法点而去刻意组装的对话课文。因此可以说，学习话剧课文是一种接近自然语言的学习过程。(2)一部话剧教材是一个故事从发生到发展到结局的完整表达，内容丰富，前后篇章衔接顺畅。学习者在学习后面篇章的时候，会自然地复习、再现乃至熟记前面的篇章，因此，学习者更容易对全剧进行完整的记忆与再现。同时，学习者也能够通过学习深入了解中国人情感发展的脉络。(3)话剧表演是对语言表达要求极高的表达形式。因此，学生在学习话剧时，需不断纠音，不断操练。学生的学习目标不是简单地说出台词，还要力求发音准确，接近中国人的语感和情感，这是一般性的口语课程无法做到的。(4)话剧的演出是一项任务性极强的学习活动，到了公演日期一定要在舞台上将成果展现出来，所以参加演出的学生都要积极参与剧本阅读、发音练习、台词朗读、演技练习、排演等一系列的活动。同一情景，多次练习排演，其操练的强度也是超越一般的口语课程的。因此，对学习者语言能力的提升也是超越一般的口语课程的。

2012年正值韩中建交二十周年，在这样的历史时刻，搭建韩中两国人民之间友好交流的文化桥梁，也具有十分重要的时代意义，因此，我们将教学模式开发和作为庆祝活动的话剧展演结合起来进行课程研发。经过反复讨论，我们确定了教材的写作模式、授课模式和巡演方案。

二、课程研发

首先，考虑到本教材课文及操练的特殊性，我们把该课程定性在教辅课程系列中，即该课程将用于辅助常规的课堂教学。其次，语言要力求真实自然，要集知识性和趣味性为一体，让学生在体验式的学习中快乐学习。同时，要将语言背后的文化，润物细无声地植入到语言当中去。再次，提高语言表达的要求，学习者不仅要说出来，还要说得地道，尤其是针对初学者，让他们在汉语学习之初就能找到准确的发音部位，发出准确的语音，说出完整的句子，为以后的学习奠定基础。本课程这样定位以后，我们开始对整个课程分阶段地进行实际操作。

1. 编写教材

教材的编写十分重要，编写方式体现了这门课的教学理念。我们的教材既是一部剧本，又是一本口语教材，因此，它将为所有希望提高汉语口语表达能力的学习者服务，为所有希望既了解当代汉语又了解中国文化的学习者服务。

在选择题材时，为了让韩国的学习者更容易理解剧情，我们将韩国家喻户晓的古典名著《春香传》作为故事原型，但是，故事内容和台词要体现汉语思维。在故事内容方面，为了增加戏剧冲突，参考当代中国人的思维模式，我们对剧情进行了增减。剧本保留了原作中李梦龙和成春香的主人公地位，增加了男二号云峰、女二号花容的戏份儿，让整个剧情更加引人思考，也让学生在表达时有可以讨论的空间。由于故事内容已经做了改编，不等同于原著，因此我们将这部话剧教材定名为《春香新传》。

在台词编写方面，以往口语教材的编写，往往按照从易到难的顺序，循序渐进地安排词汇和语法点的分布，这本话剧教材则不然。剧本既是一种文艺作品，又是一种自然生活的再现。要让故事顺着自然的脉络发展，语言鲜活生动，则应摆脱由易到难安排词汇和语法点的传统编写思维。因此，这部剧本教材是按照故事情节的发展而编写的，编写过程中不回避难度，不特意为安排语言点而改变日常用语的表达方式，力求按照中国人的说话方式和思维模式编写台词。

当代汉语的词汇系统正随着中国社会的迅速发展而变化着，汉语教学尤其是对外汉语教学，应该关注和研究汉语的这类变化并及时反映这种变化，从而使语言教学具有生命力，与时代同步。(徐开妍，2006)因此，在编写《春香新传》的时候，我们更加关注汉语的变迁，我们参考了 20 年前韩国外国语大学中演会演出《春香传》时使用过的中文剧本，一方面将剧情做前文所述的修改，一方面改编台词。考虑到语言的实用性、真实性和生命力，在不破坏原作主题和精神的情况下，我们尽量将中国古代的诗歌和现代中国社会的流行语、热词、新词和焦点词语融入台词中，让台词的表达更加生动有趣，也让学生们了解到中国的社会热点。

李梦龙出场时吟诵了中国唐代诗人孟浩然的《春晓》，而村姑们形容李梦龙时则使用了"高富帅"，形容成春香时使用了"白富美"。云峰将军在独白时使用了"十八般武器样样精通"，在遇到歹徒时大声唱出了反映梁山好汉性格特点的"好汉歌"。卞学道在自我剖析时，坦然地承认自己就是个"官二代"。教材在为学习者展现中国文学、文化的同时，又使用了大量当代流行语。这些当下的流行词语，有些人认为是非主流的，甚至是不入流的，不能列入汉语教学范畴。但是，这类词汇传播速度快，影响范围大，尽管它们不会一下子进入我们的现代汉语词典，但是我们不能忽视它们的作用和影响力。如果它们不能进入到主流教材当中，那么在选修教材中加以体现，不正是对主修教材的有益补充吗？因此，我们结合剧情的发展，将其编写到教材中，让学生通过剧情迅速理解词汇的含义。在后来的舞台表演中，这些词语一出口，观众们马上就产生了强烈的共鸣，笑声掌声不断。这既证实了这类语言的活力，也让学生们对这些流行词汇所具有的影响力印象深刻。

经过多次修改，本剧本最后确定为 16 个章节，大体上涵盖了人物描述、景物描述、日常交际、官场寒暄、情感、人物独白、评价辩论等几大类话题。具体地又可细分为自然风光描述、人工景观描述，人物外貌描述、性格描述、行为描述，日常的问候、相识、称赞、邀请、相约、迎接、招待、询问、道歉、告别、送行、劝告、探望，情感表达的表白、欣喜、羞涩、婉拒、遗憾、抱怨、愤怒、哭诉、祝贺、奉承，独白中的自我剖析、自言自语、内心独白，评论中的评价、对比、分析、辩论等多种话题，这些话题的范围已经超越了很多口语教材涉及的话题种类。这使得该剧本教材同时具有了丰富的交际功能、趣味性、表演性和观赏性。表演者和观赏者都能在新旧剧情的对比中，了解到韩中语言、文化的差异。对于在目的语环境中的学习者和在非目的语环境中的学习者来说，都是不错的选择。

2. 组织教学

本课程的教学首先安排的是剧本的朗读解析课。即通过两周的密集朗读和解析，让大学一二年级的学生，迅速了解剧本台词的含义，熟悉故事情节。然后进入发音和表演课程，开始逐字逐句地朗读每一句台词，这时开始有意识地为学生构建正确的语音系统，将发音和听音结合起来。

在一些语音听测实验中，常常发现听觉有误的内容往往在口语表达中也有误，反之，口语中发音不准的音往往也是听辨的难点。(李海燕，2001)听和说相辅相成，必须通过反复刺激听说器官，才能建立新的感知范畴。而且，初学时的基础打不好，对于后期的学习影响很大。我们发现，为初学者纠音和为已经有一年以上的学习经历的学生纠音相比，后者更难。因此，我们让学生重新认识自己的语音面貌，感受发音时的气息、下巴拉伸的程度、唇形的扁圆、舌位的前后、鼻腔的运用等等。让学生真切地感知发音的过程，认识准确的发音部位，掌握正确的发音方法。进入到句子中以后，抓每一句话的轻重缓急，感受不同语境下的不同重音位置及情感表达。如"太阳""男人""V 死我了"等词语或语块的读法。教师根据每个学生的问题有针对性地纠音。这时大部分同学反映他们是头一次思考每一个汉字、词、短语和句子是如何说出来的。这种结合语境的发音训练让学生们受益匪浅，他们从本课程开课之初就开始关注读音和发音，并且要求自己务必发音准确。

与发音课同步进行的，还有表演课。授课过程中我们发现，同学们发对了音，就表演不出来，一演出情感来，就发不准音。也就是说，学生经常顾此失彼，还没有把剧本语言的发音和要表达的情感结合起来，还是带着韩国人的感觉在说汉语。因此，在表演课上，老师先给出一个个小的表演任务，将少量的台词和简单的演技结合起来训练，如练习说听得见的悄悄话、久别重逢的拥抱、依依不舍的离别等等。然后再将剧本的情节分解着拿到课堂上进行练习，让学生循序渐进地进入到汉语情景中去。

表演课也让学生们收获很大，他们建立起了准确的汉语发音体系，了解到了语言的轻重缓急所传达出的不同情感，体会到了中国式的肢体动作的含义。在大量的语言输入进行之后，学生的语言输出能力也自然增强了，尤其是平时不爱开口的学生，通过表演课，大大增加了开口度。

3. 集中操练

操练是口语课堂上非常重要的一个环节，话剧课更离不开操练。我们利用学生暑假的时间，每周的周一至周五与学生进行半天的语言强化练习。一个场景一个场景地操练，从出场的每一个动作，每一个眼神，到每一个字的发音，都一点点地定位。让学生确切地将每句台词表演出来。同一情景的反复再现，大强度的重复操练让学生对中国式的思维与表达印象深刻，很多同学在排练之余的攀谈中自然地活用上了台词。虽然这一过程是艰辛的，但是，同学们的巨大进步不仅让他们自己尝到了流畅表达的甜头，也让我们对这一语言教学模式的探索与推广更加坚定了信心。

学生学习的效果如何，除了教师自身的判断，还需要观众的评估。为了测试学生的表达效果，我们多次组织学生进行章节的试演。如 6 月 3 日为近百名在韩汉语教师志愿者进行了章节表演，8 月 3 日为参加《春香新传》中文话剧巡演启动仪式的八十余名嘉宾表演了部分章节，8 月 8 日为五十余名特邀观众表演了两场全部章节，8 月 11 日为汉语教育史国际研讨会的七十余名学者表演了半场。这些特定场合的章节试演，对于学生们的记忆、背诵和表达有事半功倍的效果，强烈的表演动机，使得同学们投入了数倍于课堂语言学习的精力，所以，台词记忆特别扎实，还自然地将台词套用到日常生活中，这样的进步让老师们感到既惊讶又欣慰。

因此，总体来看，该课程通过剧本诵读解析、发音课、表演课、集中操练等几个环节完成了话剧课的教学任务。

4. 正式演出

《春香新传》中文话剧演出9月8日至9月16日在首尔和北京两地启动。9月8日该剧在韩国外国语大学演出两场，观众700余人，两场的反响十分热烈，人民网对演出进行了整场拍摄，并且将演出视频分章节上传到了人民网，我们还为该视频添加了韩语字幕，以供韩中学习者观赏品鉴。9月14日该剧在北京语言大学上演，观众400余人，9月15、16日在北京外国语大学上演了两场，每场观众千人。在中国的三场演出，气氛热烈，掌声笑声不断。

三、课程效果分析

这门课程结束后，我院进行了总结反思，为什么我们能通过短期强化，让零起点的韩国学生流畅地表演长达三小时的中文话剧呢？回顾整个话剧课的准备及授课过程中的所得，我们认为该课的效果良好，主要取决于以下几个因素。

1. 特色文化活动与口语课程融为一体

将庆祝韩中建交20周年的特色文化活动与课程融为一体的设计，使学生的使命感和荣誉感增强，进而产生了极强的学习动机。20年在人生中是不可复制的，很多同学在加入这一课程伊始，便有了为人生留下精彩一幕的决心。因此，学生学习的主动性要远远超过普通课程的学习。

2. 团队目标增强自主学习动机

话剧表演是一种集体行为，这使得基础差，甚至没有汉语基础的学生为了团队的荣誉，不惜花费数倍于其他同学的时间，奋起直追。在整个学习排演过程中，越是基础薄弱的学生，学习的积极性越强，他们不肯因自己打乱了整个班级、整个团队的计划。这一特殊的课程，也使同学们之间互相帮助、互相勉励的意识增强。同时，他们也慢慢养成了自我监控的习惯，自主学习能力也大大增强。

3. 话剧提升口语表达效果

正如在我们选择这一课题之初的判定那样，话剧课在增强口语表达能力方面的效果是任何一种课程都无法比拟的。话剧是一种通过声音和演技展现的舞台艺术。它有完整的故事情节，故事内容生动有趣，激发了学生们的学习积极性。因此，学生在学习过程中打下了坚实的语音基础。通过多次练习，学生背诵自己的台词、熟悉伙伴的台词，不知不觉间进行了任何一门课程都不能取代的语言输入。另外，该课程的另一优势是可以拓展学生的思考空间。学生们不仅在听教师讲授该课程，还在不断地讨论、钻研剧情和台词，考虑如何提升演技，让自己的表演更能体现剧中人物的情感。这就使得他们对每一句话的理解深度超过了对普通教材课文的理解深度，自然提升了语言的表达效果。

据统计，北京公演的最后一场演出，在近三小时的表演中，观众们的笑声达到了400余次，全场掌声超过了50次，还有两场哭戏让观众潸然泪下。这一统计结果表明，学生的台词表达是过关的，没有因发音不到位而导致观众出现理解障碍；学生对汉语台词含义的理解是正确的，没有因为情感的表达不对而引发争议；学生们的表演是优秀的，几百次的掌声，是观众发自内心的共鸣。在炎炎夏日里，同学们挥汗如雨，在不断克服困难中，一点点获得新知。他们的不懈努力换来了观众的阵阵掌声。他们的成功表演也激励着我们加快该课程深度研发推广的步伐。

四、特色教材的作用

特色课程需要能够提升教学效果的与之配套的教材。《春香新传》在首尔、北京两地巡演的成功离不开本话剧课程的教材。

近几十年汉语教材编写的趋势经历了若干变化，刘珣(1994)表示，“现在正跨入90年代结构、功能、文化相结合新的教材编写时期”。语言与文化的关系很密切，语言既是文化的一部分，同时也是文化的载体，语言与文化密不可分、相辅相成。因此，近年来汉语教学与教学研究越来越重视语言与文化的关系，教材编写也普遍重视语言与文化的关系。语言具有很强的时代感，在社会发展的漫长历程中，每个时代的特征都会在语言上打下深深的烙印。及时有效地记录这些具有时代特征的语言也是一件功在当下，利在千秋的事情。《春香新传》剧本将古老的韩国故事用现代汉语来诠释，本身是一种古今的美好融合，也是韩中文化的美妙融合。它将成为韩国汉语学习者乃至世界汉语学习者了解近10年间中国社会流行语的生动教科书，也将为后人研究当代的流行语提供依据。

至于教材编写的原则出现过不少观点，鉴于刘珣等(1982)、吕必松(1985)、赵贤州(1987)、吕必松(1988)、刘珣(1994)等各家所提出的原则，目前一般通行的教材编写的原则要求包含科学性、针对性、实用性、趣味性、系统性、知识性等六种要素。包含这些要素的编写原则符合教育和教学的一般规律。话剧课程的教材在反映当今中国社会流行语的特点和加深戏剧性的情节等方面做了大量的细致工作，如增加话题、重新塑造人物个性等。这样本教材充分体现了针对性、实用性、趣味性、知识性等要素。但不得不承认课文本身是以文艺作品的情节发展为主线的，难以顾及科学性和系统性。这两种要素必须用补充课文、注释、练习等形式来体现。因此，将教材出版，让更多的人通过这本教材受益，是我们要尽快完成的课题。

五、在韩中文化交流史上的意义

如前所述，《春香新传》中文话剧口语教材实现了韩中文化的美好融合，不仅为学习者提供了学习口语的新模式，其文化的传播意义也是深远的。它将让更多的韩国学习者，在相对熟悉的故事情境中，了解中国文化，从新旧剧情的对比分析中，发现文化异同，进而增进对中国的了解。另外，由我院学员组成的《春香新传》中文话剧团，在首尔和北京两地进行了成功巡演。在赴北京巡演之前，我们还在首尔多次进行了该剧的片段演出，观看该剧的观众达到了3000多人。中国的国家汉办、北京外国语大学、北京语言大学、人民网，韩国的韩国外国语大学、韩国外大校友会、浦项制铁、友利银行、韩亚航空等单位及公司都为该剧的演出提供了帮助，可以说，这部话剧牵动着中韩两国方方面面的友好人士，通过这部话剧，大家的交流和理解加深了，韩中两国的文化交流得到极大的促进。很多中韩学子因这部戏而结缘，成为书信往来的好朋友。

综上所述，2012年，我院结合韩国汉语学习者的特点开发出的"演话剧学汉语"新型口语教学模式，初步完成了快速提高口语表达能力的目标，是一次十分有益的尝试。我们将在不久的将来对剧本进行再次整理，完成编写出版工作，让这本教材帮助更多的汉语学习者提升汉语表达能力，了解古今文化，并走进生动的中国当代社会。

参考文献

[1] 柯丽芸. 对外汉语初级口语教材话题研究——以《汉语900句》和《汉语会话301句》为例. 齐齐哈尔师范高等专科学校学报，2008(4)

[2] 李海燕. 从教学法看对外汉语口语教材的语料编写. 语言教学与研究，2001(4)

[3] 刘珣，邓恩明，刘社会. 试谈基础汉语教科书的编写原则. 语言教学与研究，1982(4)

[4] 刘珣. 新一代对外汉语教材的展望——再谈汉语教材的编写原则. 世界汉语教学，1994 (1)

[5] 吕必松. 基础汉语教学课型设计和教材编写的新尝试. 语言教学与研究，1985(4)

[6] 吕必松. 关于制定对外汉语教材规划的几个问题. 世界汉语教学，1988(1)

[7] 徐开妍. 近十年对外汉语词汇教学新思路的开拓. 现代语文(语言研究)，2006(5)

[8] 万玉波.《演话剧学汉语》特色汉语口语课程开设初探——以《春香新传》话剧课为例. 2012年韩国孔子学院教学研讨会.

[9] 张萌. 浅析对外汉语口语教学的现状、存在问题及对策. 辽宁广播电视大学学报(教育教学研究).

[10] 赵贤州. 教材编写散论. 世界汉语教学，1987(1)

[11] 孟柱亿.《老乞大》 류교재 중의 문화요소 도입에 대하여. 중국어문학논집, 2011 제 66 호

（作者简介：孟柱亿，博士，韩国外国语大学中国学部教授，主要研究方向为应用语言学；万玉波，北京外国语大学中文学院讲师。）

文化软实力语境下孔子学院的发展策略

——以罗马大学孔子学院为例

文　铮

提　要　开办孔子学院是中国和意大利人民的共同愿望和迫切需求，也是中国提高国家文化软实力的重要方式之一。意大利罗马大学孔子学院自2006年建立以来，依托地缘、人脉与学术优势以及公共外交策略，开展高质量的汉语教学和高层次的文化科研活动，在确保教学质量的前提下扩大教学规模，在保证社会影响的前提下开展高端、丰富的文化活动，以罗马为中心向周边及更远地区辐射，旨在将罗马大学孔子学院建成世界一流的模范孔子学院，成为推广汉语、传播中华文化的重要海外平台和意大利人民了解真实中国的主要窗口之一。

关键词　文化软实力　罗马大学孔子学院　汉语推广　对外文化传播

一、开办孔子学院是中国和意大利人民的共同愿望和迫切需求

1. 孔子学院与国家文化软实力的关系

一个国家的兴衰成败，不仅取决于它的硬实力，在很大程度上也取决于它的软实力，其中文化软实力是整个软实力系统的核心部分。党在十七大报告中明确指出，要"提高国家文化软实力"，这不仅仅是我国文化建设的重点战略之一，也是我们建设有中国特色社会主义战略思想的重要组成部分。为实现这一战略思想，我们对内必须把社会主义核心价值体系视为建设国家文化软实力的根本与核心，因为这决定了我们文化软实力的性质和发展方向，具体说来就是要坚持古为今用、推陈出新，建设和谐社会，培育中国文化魅力，从而逐渐增强中国文化的凝聚力和吸引力，增强民族自信心和自豪感，创造中国文化价值。在此基础上，我们还要放眼世界，将中国文化和中华民族的文化价值观推向世界，以共赢、责任、和谐为理念，以发展良好的国际关系为先决条件，不断加大文化传播力度，努力消除中国文化与异质文化，尤其是西方文化之间长期存在的隔膜，塑造中国文化崭新的世界形象，继续提高中国文化对世界人民的贡献度，只有这样，我们才能提高国家文化软实力，从而真正掌握在国际上的话语权。

近年来，尤其是在中共中央十七届六中全会通过了关于深化文化体制改革的决定以后，我国的文化软实力建设更加明确了前进的方向和肩负的责任，特别是在对外文化传播方面取得

了长足的进步。作为中国改革开放30余年最成功的文化出口产品之一，孔子学院已成为新时期中国文化对外传播的一个典型范例和杰出代表。作为我国在海外设立的以教授汉语和传播中国文化为宗旨的非赢利性公益机构，孔子学院正在向世界展示一个推崇文化、追求和平发展的中国，它建立的背景是中国经济快速发展、国力全面提升。中国在世界舞台上的地位明显提高，学习汉语和中国文化成为世界各国人民的迫切要求。因此，在世界各地建立孔子学院必将推动中外文化的交流与融合。

2. 孔子学院在意大利取得成功的条件

意大利是欧洲最早开设孔子学院的国家之一，从2006年10月罗马第一家孔子学院挂牌成立至今，在这个地域面积只相当于3个浙江省，人口不足6000万的国家里，已经先后开设了10所孔子学院和22个孔子课堂，各孔子学院还下设有74个中小学汉语教学点，其中有十几所中学已经把汉语作为学生必修课程，纳入国家统一考试体系。仅以罗马大学孔子学院为例，每年在孔子学院本部和下设教学点学习汉语的意大利人已将近3000人，仅2012年一年，参与罗马大学孔子学院举办的各类语言、文化活动的意大利人就超过了12万人次。目前，孔子学院、孔子课堂及下设教学点已遍及整个意大利，北起世界时尚之都米兰，南至地中海上的璀璨宝石西西里岛，甚至在意大利半岛上最南端的小城莱切，都能听到学习汉语的声音，都能看到传播中国文化的踪影。目前这些孔子学院已经与意大利41所开设正规汉语课程的大学以及本土汉语教育机构协作并进，和谐发展。在这个拥有辉煌历史和灿烂文明的地中海国家形成了一个庞大的汉语教育和中国文化传播的网络，把意大利——这个在历史上最早与中国有贸易往来的欧洲国家变成了西方学习汉语、了解中国文化的重要基地。今天，意大利人了解中国、学习汉语和中国文化的热情空前高涨，以至于当地主流媒体在报道孔子学院情况时，往往将汉语称为“未来世界的语言”，称年轻人掌握了汉语就意味着增加了30%的就业机会，学会汉语就是打开未来希望之门的一把钥匙。

仅以罗马大学孔子学院为例，这里每学期同时开设30多个汉语班，教授初、中、高级汉语、少儿汉语、商务汉语、外交汉语等各类课程，中外授课教师达50多名，最小的学员刚满6岁，而最年长的学员已年届七旬。此外，罗马及其周边地区的20余所中小学也主动与罗马大学孔子学院联系，成立孔子学院下设的孔子课堂或汉语教学点。有些学校的汉语课时甚至超过了其母语意大利语以及英语、法语、西班牙语等其他主要西方语言，成为真正的“第一外语”，这种现象在意大利高中教育史上是前所未有的。很多意大利家长都想让孩子尽早接触这门曾被西方人认为是“根本无法学会”的东方语言。因此在意大利建立孔子学院并非是中国的一厢情愿，而是时代发展的必然结果，也是意大利民众的真实愿望。

孔子学院这一文化品牌在意大利得到广泛认可是有其历史渊源的。早在700多年前，意大利威尼斯商人马可·波罗就在著名的《马可·波罗游记》中描绘了元代中国的富庶和发达的文明，使西方人第一次对遥远的中国有了形象生动的认识，并唤起了西方人对中国的向往。400多年前，同样是意大利人的耶稣会传教士利玛窦来到中国，学习汉语，研究中国文化，翻译儒学著作，首次系统、严谨地将中国的自然、历史和人文情况介绍到西方世界，并在传教的同时，将欧洲先进的科学技术和人文观念引入中国，因此被誉为“中西文化交流第一人”。近代西方对中国的了解和研究也是始自意大利。明清之际，从中国返回祖国的意大利传教士马国贤(Matteo Ripa)在那不勒斯创建了西方第一所以研习汉语和中国文化为主要目的中国学院(Collegio di Cinesi)，后来发展为今天的那不勒斯东方大学，被公认为西方历史最为悠久的汉学研究机构。由此看来，自古以来中国和意大利就代表着东西方世界文化传统的两极，如今孔子学院主动拥抱意大利，正是要续写东西方文化交流史中崭新的一页。

得天独厚的文化因素和历史渊源，以及意大利社会在经济、就业等方面存在的问题，是孔子学院在亚平宁半岛上迅速发展和不断壮大的客观因素，但在这些有利的条件下，如何开展教学与文化活动，克服两国在观念、体制、处事方式和人际交往等方面的差异，从而有效地推广汉语，传播中国文化，才是孔子学院面临的最大挑战。

二、罗马大学孔子学院发展策略

罗马大学孔子学院于 2006 年挂牌成立。7 年来，在国家汉办/孔子学院总部的指导下，在罗马大学和北京外国语大学的密切合作和积极推动下，已成为意大利乃至欧洲规模和影响力最大、知名度最高的孔子学院之一。经过不断的摸索和尝试，已逐渐走上一条适合自身发展的有特色的道路，在积极贯彻国家汉办/孔子学院总部精神、配合主办单位工作的前提下，谋求更全面、更稳妥的发展。

1. “四个结合”的发展理念

为了更迅速、更有效地推广汉语，传播中国文化，罗马大学孔子学院打破了普通语言学校闭门办学的运营模式，形成了多渠道、多层次、多元化、多轨制的发展思路，具体可以概括为以下“四个相结合”的发展理念。

1.1 教学中语言与文化相结合

语言是文化的重要载体，而了解文化又是学习语言的重要目的之一，推广汉语和传播中国文化是让世界了解中国的最直接和最行之有效的方法，也是孔子学院的两大基本功能。意大利孔子学院在把文化引入语言教学的实践中做出了突出的成绩，罗马大学孔子学院外方院长马西尼主编的《意大利人学汉语》(第 1—3 册)在很大程度上解决了以往汉语教材重语言、轻文化或者语言和文化“两张皮”的问题，使语言和文化有机地结合在一起，而且还充分考虑到意大利本土学生的接受特点和思维方式以及意大利人对中国的认识与部分误读，将跨文化研究的成果巧妙地应用于课文之中，为学生创造了一举两得、事半功倍的学习汉语和中国文化的条件。这套教材现已成为意大利大多数大学中文系(学院)和孔子学院的基础汉语教程，并被其他一些欧洲国家引进使用。国家汉办/孔子学院总部授予这套教材“优秀国际汉语教材”奖，主编马西尼也因此而获得了很多殊荣，受到了习近平、温家宝、李长春、刘延东等多位中国党和国家领导人的接见和鼓励。教育部和文化部的领导也对这套教材给予了充分的肯定和高度的评价。

当然，做好语言教学和文化教学的有机结合，一部优秀的教材只是成功的起点，而教材的使用者和执行者——教师才是决定因素。为使孔子学院的任课教师胜任我们的教学工作，执行我们语言和文化相结合的教学意图，我们做了以下几个方面的工作。

首先，在聘任教师，尤其是本土教师时，我们会严格审查应聘教师的教育背景和教学经验，优先考虑具有一年以上对外汉语教学经验，语言交际能力较强，并具有中国文学、历史、艺术等相关教育背景和研究经历的教师。

其次，对已聘用教师和汉办派遣的教师和志愿者进行定期培训，聘请国内外资深专家学者进行讲座，举办教学研讨会，施行院长听课制度。

再次，在孔子学院举办高水准的中国文化讲座、展览等文化活动，聘请国内著名文化人士主持，让教师和学员亲身体会中国文化的魅力和博大精深。

目前，在孔子学院的努力工作和积极推动下，语言和文化在汉语教学中的有机结合已成为意大利汉语教育的重要特色之一。

1.2　非学历教育与学历教育相结合

意大利孔子学院开设的汉语课程主要面对普通民众，是非学历的业余教育。孔子学院学生的职业、身份、年龄、教育背景、学习目的和学习能力千差万别，这虽然为教学组织和课程设置增加了难度，但也无形中扩大了孔子学院在社会方方面面的影响，使孔子学院更加深入人心，深受意大利普通百姓的信任与喜爱。这一点我们通过以下一些例证便可以得到印证：就学院规模和招生人数而言，罗马大学孔子学院是意大利最大的孔子学院，目前学院本部年入学人数已逾千人，每学期开设各个级别的班级 30 余个，教师和管理人员将近 50 人，每学期孔子学院结业典礼上，将近二三百位学员欢聚一堂，每位任课老师的手里都会捧着学生献上的花束。此外，罗马大学孔子学院还下设一个孔子课堂和 20 多个教学点，学生约 2000 人。罗马大学孔子学院还是意大利 HSK 汉语水平考试的重要考点，每年举行一次考试，2012 年在这里报名参加 HSK 考试的人数就达到 350 人，其中很多人都来自罗马以外的城市，对于一个人口只有几百万的城市而言，这无疑是一个很大的比例。

根据以往的经验，HSK 考试的改革非常成功，考试评价体系更为科学，考查内容也更趋实用。自 2009 年意大利第一次举办新 HSK 考试以来，考生人数逐年增加。从新 HSK 考试各个级别的考生人数来看，新 HSK“以考促学”的目标已初见成效。这说明考生的汉语水平正在不断提高，也说明新 HSK 的证书效力正在不断增强，中高级别的汉语水平证书越来越得到各方的认可，学生意识到，无论是申请来华留学还是来华找工作，新 HSK 证书已成为不可或缺的一张王牌。

此外，意大利孔子学院已成功地将汉语纳入意大利中学的教学大纲，使汉语成为一些高中的必修课程，为在意大利中小学全面开设汉语必修课程奠定了基础。在这些开设汉语必修课程的学校中，特别值得一提的是罗马大学孔子学院下设的住读学校孔子课堂。生源和声誉都非常好的伊曼纽尔二世国立住读学校开设了高中意汉双语教学班，目前已有 4 年的历史，连续招收了 170 多名学生。这所被当地百姓称为“贵族学校”的住读学校把汉语作为第一外语，计划在 5 年的高中阶段，每周安排 7 学时汉语课程，课时数超过母语和其他所有课程，这一点在欧洲只有法国的一所学校能与之媲美。汉语在这里已被纳入正式教学大纲，成为学生高中毕业考试必考科目，这在意大利乃至整个欧洲都是不多见的。从高中二年级开始，这所学校会用汉语讲授部分社会科学和自然科学课程，并有中意教师在同一班级同时授课。总之，这种教学模式在欧洲各国都极为少见。无疑，这所住读学校的意汉双语班项目可以培养出意大利优秀的汉语人才，而这个项目也具有典型示范作用和普及推广价值。在高中的影响和带动下，该校小学和初中也开设了业余汉语课程，并逐渐向学历教育过渡。2013年2月25日，意大利教育部长Profumo莅临该校，为4个年级的学生颁发汉语水平考试证书，并且承诺要与中国教育部协商，为意大利学习汉语的高中生去中国参加高考、进入大学学习铺平道路。

1.3　立足课堂与走进社区相结合

意大利孔子学院的特点和特色不尽相同，有的以教学见长，有的以文化活动见长，有的以学术研究见长，但无论是何种类型的孔子学院，都会将课堂教学视为孔子学院的立足点。但这并不意味着孔子学院要把自己塑造为一座只提供专业汉语教学服务的“象牙塔”。相反，意大利孔子学院要走向社会，走进社区，走入普通民众的日常生活，只有这样才能更加直接、更加有效地传播文化。综观意大利各孔子学院在这方面所取得的成绩，我们可以将孔子学院走进社区的工作概括为以下各项：为社区图书馆捐赠书籍，在图书馆开设中文阅览室和电影资料室；与社区中文学校联合开展教学和文化活动，弥补社区学校师资匮乏且水平良莠不齐的的缺陷；在社区开展展览、讲座、演出、比赛等各种文化活动，丰富社区居民生活；为社区培养会讲汉语的公务员、警察、民政工作者，保证其在为华人华侨服务时的服务质量；为社区提供汉语翻译和家教等服务。孔子学院成为社区文化生活的一部分，积极参与着社区生活。

1.4　孔子学院与中意政府机构、民间组织和个人相结合

意大利孔子学院一直坚守着与社会各界建立良好的合作关系、互利共赢的发展道路，除了为社区提供服务以达到传播中国文化的目的以外，还着眼于与中意政府机构以及各类组织、社会团体乃至高端人群的合作，以期取得“1+1>2”的合作结果。例如，2012年4月23日，中国教育部留学服务中心在罗马举办了由中国18所大学参加的“留学中国说明会”，罗马大学孔子学院积极承办了此次盛会，为意大利青年提供了一个与中国高校面对面交流的机会，为双方大学提供了合作与交流的平台，促进了高校间学术与教学的交流，同时中方合作院校也因此而提升了国际知名度，为更多的不同层次、不同特色的中国高校开拓了新的国际交流的渠道，搭建了展示自己特色的平台，并以此为契机使孔子学院从单向输出语言与文化的机构发展成为中意两国青年学生掌握信息和交流互动的新平台。

2. “高、普、新、深”的文化定位

为进一步加强对外文化传播的力度，从而为中国文化软实力的提升做出切实的贡献，罗马大学孔子学院推出了自己的文化品牌，形成了有孔子学院特色的文化传播方法与途径，在意大利找到了自己的文化定位，即以“高、普、新、深”为特色，以公共外交思想为指针，注重孔子学院的品牌效应和文化活动的社会效应，传播多元化、多层次的中国文化，力求形式、题材新颖，符

合欧洲人的接受习惯，内容深入、丰富，体现中国文化的真正特色。

所谓“高”，指的是走高端路线，使文化活动体现中国文化和学术的最高水平。例如，中国当代著名语言学家、汉语国际教育领域的泰斗、北京大学教授陆俭明先生为罗马大学及孔子学院的师生作了关于国际背景下汉语教学与发展的讲座。

所谓“普”，就是注重文化活动的社会影响力和普遍性。例如，罗马大学孔子学院协办的意大利“中国文化年”闭幕式吸引了10万余名中意观众和他国游客，中国驻意大利大使和意大利十余名政要出席了活动，当天意大利各主要媒体均大篇幅地报道了此项活动。

所谓“新”，就是文化活动内容新颖，与国内文化艺术发展同步。例如，为配合中国如火如荼的非物质文化遗产的宣传与推广活动，罗马大学孔子学院邀请非物质文化遗产传承人、恒山道乐的第七代传人李满山大师带领的山西恒山道乐班，在罗马举办音乐会，使欧洲观众第一次领略了中国道教音乐的魅力。

所谓“深”，就是文化活动要有深度、内涵和深远的影响力。例如，罗马大学孔子学院与梵蒂冈图书馆及中国清史编纂工程合作，对馆藏中国古籍进行整理和翻拍复制，将这批极为珍贵和极具学术价值的资料带回中国出版，填补了海外中国学研究领域的空白。

3. 融合与适应的合作态度

融合与适应的政策是以利玛窦为代表的早期欧洲耶稣会传教士为在中国从事传教活动而制定的，客观上有利于他们融入中国社会，了解国情，取得民众信任。在今天看来，其中的一些原则仍有一定的借鉴价值，尤其是对于在海外传播中国文化的孔子学院而言。

身处海外的孔子学院管理者和工作者有必要对所在国的国情、历史、文化、政治、教育、法律、风俗等有一个较为全面系统的认识，而且还要亲身体会，主动融入，逐步与外方和谐相处、默契配合，只有这样，才能顺利而愉快地开展各方面的工作，谋求更大的发展，像马可·波罗、利玛窦一样能够在异国他乡打开局面，成为活跃于其主流社会中的文化使者和社会活动家，从而获得影响力和话语权。

3.1 与所在大学融为一体，积极推动中外方院校交流与合作

罗马大学孔子学院是由罗马大学和北京外国语大学共同建立的，现为隶属于罗马大学的正式的教学与文化机构，由双方组成的理事会在汉办的监督指导下共同管理，院址设于大学的东方学院之中，但具有一定的独立行政权力。罗马大学孔子学院外方院长由大学主管教学工作的副校长马西尼教授亲自担任。该院的财务收支情况、本土教师及工作人员的招聘与录用、办公及教学场地与设备等均由罗马大学直接统筹和管理，与大学其他教学部门保持一致，图书、教学与教师资源均与罗马大学共享。

目前中外方关系日渐密切，双方相互支持、配合，互谅互让，使孔子学院成为两校合作交流的枢纽和桥梁。2012年，两校交换学生和互派访问学者的人数达230人次，其中获得各种奖学金的将近150人，其中包括大中小学生、硕士和博士研究生以及教师和研究人员。目前两校正在充分利用双方优势，开发深度合作项目，以取得更大的成果。

3.2 儒法兼施，处理好中外方制度与感情之间的关系

儒家最高的人性理想是“仁”，这也是中国人为世界贡献的普适的价值观念之一，因此我们孔子学院应当予以传播。但就世界各地孔子学院的管理而言，只施“仁政”还不足以维持自身正常、健康的运行。这是因为，孔子学院身处海外，无论是中国还是所在国的行政制度、管理措施和办事习惯都不一定能完全适用，因此一定会面临管理中的盲区，甚至会出现管理缺失的情况。这就要求孔子学院在认真考量所在国家、地区和大学的各项法律、法规和规章制度的基础上建章立制。规章制度一经出台，便成为规范双方合作与共同管理的底线，凡违反规章制度的问题，皆可“依法处置”，避免双方纠缠不清的分歧。不过笔者认为，凡中外方之间未触及底线或原则的问题，都可以“以仁视之”，宽容大度，中庸和谐，只要真诚合作，就不会因为“刑典”而产生分歧，更不会因此而相互掣肘。

三、罗马大学孔子学院的特色与影响

综上所述，罗马大学孔子学院的特色可以概括为：依托地缘、人脉与学术优势以及公共外交策略，开展高质量的汉语教学和高层次的文化科研活动，在确保教学质量的前提下扩大教学规模，在保证社会影响的前提下开展高端、丰富的文化活动，以罗马为中心向周边及更远地区辐射，旨在将罗马大学孔子学院建成为世界一流的模范孔子学院，成为推广汉语、传播中华文化的重要海外平台和意大利人民了解真实中国的主要窗口之一。

孔子学院是中国在全球传播中国文化的新平台、新渠道，我们要利用它来影响国外新闻报道的走向和口径，树立良好的中华民族文化形象，改变目前中国在西方视域中的某些负面形象，消除“中国威胁论”的论调，从而为中国赢得更高的国际声誉与国际地位。就这方面而言，罗马大学孔子学院的表现应当说是值得肯定的。马西尼院长多次在意大利全国性重要报刊上发表文章，以客观、公允、友善的态度和中国问题专家的视角评论中国问题，纠正西方人对中国的偏见与误解；外方执行院长保罗教授在接受意大利国家电视台采访时对意大利“汉语热”的逐步升温给予了中肯的评价与热情的赞扬。除国外媒体以外，中国国内主要媒体《人民日报》、《光明日报》、中央电视台、新华社、中国国际广播电台也都对罗马大学孔子学院做出的成绩给予了报道，中外方两位院长还应邀在 CCTV4《文明之旅》栏目中担任嘉宾，解读马可·波罗对中西方文化交流的现实意义。2010 年 10 月，温家宝总理访问意大利期间，亲自为马西尼院长颁发了“中意友好贡献奖”，表彰其在中意语言文化交流和汉语推广方面的杰出贡献。2012 年 5 月，笔者因在中意文化交流方面的努力工作，被意大利总统纳波莱塔诺授予“意大利之星”骑士勋章。

参考文献

[1] 北京外国语大学孔子学院工作处.北京外国语大学孔子学院工作年度报告，2012.

[2] 陈文力，陶秀璈.中国文化对外传播战略研究.北京：九州出版社，2012.

[3] 童世骏.文化软实力.重庆：重庆出版社，2008.

[4] 王云泉.孔子学院海外文化传播模式研究.江西师范大学硕士学位论文，2011.

[5] 张西平.西方汉学十六讲.北京:外语教学与研究出版社,2011.

[6] Federico Masini. Gli Istituto Confucio in Italia e nel Mondo. In: *Europa Vicina N. 26-anno XVI-2012*. Verona: Numero speciale dedicato alla mostra "La lunga marcia della Cina nel XX secolo (1912 - 2012)", 2012.

(作者简介:文铮,北京外国语大学欧洲语言文化学院副教授,罗马大学孔子学院中方院长,主要研究方向为意大利语言文学、比较文学、翻译学、艺术史。)

“中国文化走向世界”研讨会在清华大学召开

2013年11月22日下午,由清华—卡内基全球政策中心主办的“中华文化走向世界”研讨会在清华大学举行。本次会议受到了中国文化部、外交部的高度重视,引起了海内外众多学者的广泛关注。清华大学历史系彭林教授,中国文化部副处长梁成喜先生,清华大学外文系王宁教授,中国外交部参赞王天灵先生,清华—卡内基全球政策中心驻会研究员、清华大学国际问题研究所张利华教授,中国传媒大学文化产业发展研究院学术委员会主任齐永峰教授,北京外国语大学中国语言文学学院《国际汉语教育》编辑部副主任王祖嫘老师,清华大学外交学院博士、访问学者希维亚女士出席了本次会议。会议由张利华教授主持。

在研讨会上,8位专家学者围绕“中国文化走向世界”的主题进行了广泛而深入的交流与讨论,分别就“中华文化精华的普世价值”“中国文化走出去的战略和政策”“中国文化走向世界的途径与方式”“从全球政治外交视野看中国文化‘走出去’”“中国传统和谐思想对世界的贡献”“中国文化产业走出去的战略与策略”“孔子学院的发展现状与问题”等议题作了精彩的主题发言。发言结束后,来自海内外的参会人员与几位专家学者就主题发言的相关问题展开了热烈的讨论,提出了很多真知灼见,发人深省。

中国文化在整个人类社会发展过程中的地位重大,影响深远。随着世界文化格局的变迁,弘扬中华文化的现代意义也越发凸显。“中国文化走出去”正是党中央在正确分析国际国内政治经济形势的基础上做出的重大决策,关系到我国发展的全局和前途。本次会议既站在政策高度探讨了“中国文化走向世界”的战略、途径等,又结合具体的文化推广机构展示了目前的文化推广现状,同时对中国文化本身进行了深入细致的分析挖掘,会议的主题引起了与会人员的强烈兴趣,大家纷纷表示,“中国文化走出去”大有可为,值得深入地探讨。

北京外国语大学　王萌供稿

孔子学院制度建设之我见
——慕尼黑孔子学院基本制度建设

方 杰

提 要 目前,全球孔子学院历经9年的成长磨砺,正逐步走向成熟和完善,开始进入一个跨越式的发展阶段。为此,需要完善其基本制度的建设,建立质量评估体系,来保障孔子学院健康、稳步地发展。本文将以慕尼黑孔子学院基本制度建设为例,从建立院长负责制、完善财务管理制度和教学质量管理制度等三个方面阐述孔子学院制度建设的必要性和重要性。

关键词 孔子学院 制度建设

一、孔子学院制度建设的必要性

孔子学院秉承"诚信合作,互利双赢"的原则,已经成为中外合作办学的成功典范,孔子学院建设得到了合作各方的大力支持。目前,世界各地的孔子学院充分利用自身优势,因国、因地、因校制宜,紧密结合当地的汉语学习和社会发展实际情况,形成了各具特色的办学模式,在所在的国家和地区扎根开花。目前,全球孔子学院历经9年的成长磨砺,正逐步走向成熟和完善,开始进入一个跨越式的发展阶段,为保障其办学标准,需要完善其基本制度的建设,建立质量评估体系来保障孔子学院健康、稳步地发展。

二、孔子学院制度建设的原则

1. "建章立制、明确权责"原则

这是孔子学院发展的制度保障。

孔子学院已经发展成为国际汉语教育与推广的重要品牌以及中外文化教育友好交往的合作平台。"国际汉语教育的发展促进孔子学院产生与发展,孔子学院的发展反过来又促进国际汉语教育的发展。"(袁礼,2011:78)孔子学院取得的成绩来之不易,这是中外双方精诚合作、齐心协力共同努力的结果。

2. "和为贵"原则

重视与各个方面的合作(张学增,2008:90),是孔子学院发展的基石。

孔子早在两千多年前就提出了"和为贵"的思想,提倡国家、民族、人与人之间要以团结互

助、友好相处、求同存异、共同发展为最高境界。这是孔子学院得以创立和发展的基石，孔子学院的中外方院长要坚持相互尊重、友好协商、平等合作。

目前，国家汉办/孔子学院总部制定有《孔子学院章程》，但是各国文化、制度不一，管理方式及手段、思考问题的习惯与角度、办事的效率等都有差异，所以各国的孔子学院都应本着总章程的原则，制定出适合自己实际情况的规章制度。

3. “不离不杂、互为主体性”原则

这是孔子学院发展的有利保障。

孔子学院的发展需要资金的支持，必须建立经费保障机制，在发展战略上，可以将其适度商业化，以促进学院的可持续发展。中方的资金投入是推进孔子学院可持续发展的重要力量。孔子学院建设的实践证明，如果没有国家财政的有力支持，就不可能开创今天的局面。

因此，推动汉语文化的传播，孔子学院必须与海外其他机构合作，构建一种正如宋代儒学大师朱熹所说的“不离不杂”、平等互助、互为主体的关系；必须建立起有利于孔子学院发展的经费保障机制。

三、慕尼黑孔子学院基本制度建设

1. 管理模式

慕尼黑孔子学院实行理事会领导下的院长负责制，是中外双方共同管理的模式。中外方院长各司其职，相互配合。

2. 建制宗旨

建立“精诚合作、齐心协力”模式的孔子学院院长负责制是慕尼黑孔子学院的建制宗旨。

3. 制度建设

自成立之初，在中外双方共同努力下，慕尼黑孔子学院蓬勃发展，初步建立了汉语教学体系及管理制度，如行政管理制度、财务管理制度、教学质量管理制度等。

3.1　行政管理制度

在行政管理方面，细化了岗位分工，明确了各个岗位的职责。

3.1.1　外方院长的职责

(1)负责与东方基金会联系、沟通。

(2)策划、组织学院的各项重大活动。

(3)负责外联、外交，与当地政府建立联系。

(4)签署每年向国家汉办/孔子学院总部申请项目的预算与决算。

(5)签署学院重要文件。

(6)负责学院的人事管理。

(7)负责学院的财务经费管理。

(8)统筹管理学院的运行。

3.1.2 中方院长职责

(1)负责与国家汉办/孔子学院总部、北京外国语大学的联系和沟通。

(2)负责向国家汉办/孔子学院总部、中国驻德大使馆、北京外国语大学孔子学院工作处等提交各种报告。

(3)签署每年向国家汉办/孔子学院总部申请项目的预算与决算。

(4)参与制定学院的各项重大活动事宜。

(5)负责汉语教学质量监控及教学管理。

(6)指导汉语教师、志愿者教师及本土汉语教师的课堂教学。

(7)组织本土教师教材教法培训。

(8)负责学院活动宣传报道。

3.1.3 核心教师职责

(1)协助院长管理学院日常行政工作。

(2)负责管理学院办公室事宜。

(3)负责学院的招生工作。

(4)完善学院课程体系建设。

(5)安排课程及行政人员工作。

(6)负责学院的网页维护及更新。

(7)负责向汉办申请赠书及奖学金生的申请。

(8)组织 HSK/YCT 等考务工作。

3.2 财务管理制度

慕尼黑孔子学院的财务管理是在东方基金会与学院的双重监督下,由专人负责。

3.2.1 项目经费管理

(1)原则:慕尼黑孔子学院拥有自己独立的账户,信守一切从简节约、专款专用的原则。

(2)项目计划:提前制定年度项目计划。

(3)制定预算:根据计划,进行预算,申报国家汉办/孔子学院总部。

(4)支出控制:在项目实施当中严格控制支出,争取实际支出与预算吻合。

(5)项目决算:项目实施结束后及时做决算,申报国家汉办/孔子学院总部。

(6)分析总结:每个项目做完决算之后,再次比较预算表与决算表,分析总结经验,看哪些地方可以再节省支出,哪些地方需要增加投入等等,以便今后能更有效地使用经费。

3.2.2 收支管理

(1)管理原则:根据建院以来的工作经验制定了工作守则,每个参与管理工作的人员都要严格遵守规定,支出必须由两位负责人同时签字才有效。

(2)收入:学院收入主要来源是东方基金会的支持、国家汉办/孔子学院总部的支持及开办汉语教学和出售教材所得收入。

(3)支出:支出主要有办公场地和教室的租金、办公用品与设备支出、办公人员与外聘教师的工资、志愿者的住房和保险费用、交通与通讯费用、举办各种文化活动的经费。其中办公场地、教室、活动场地、办公设备和用品及部分工作人员支出一直由东方基金会支持。

3.2.3 学费管理系统

学院设有两种形式的学费账单,一种是电子版的账单,一种是手开的纸质账单。

(1)电子版账单:学生可以利用学院的网络报名系统自主在网上报名购买课程,系统会自动产生电子版账单,并以 E-mail 形式发给学生,学生得到电子版的账单之后再转账付款。

(2)手开账单:学院为老人、小学生等不善于使用网络的人提供纸质报名表格,他们可以到办公室填写报名表,并获得手开账单,之后可以转账付款,也可以交付现金。

3.2.4 学费缴纳情况监督

专人负责定期查看银行对账单,记录学费缴纳情况。

3.2.5 催款制度

学院要求在开课前一周学费到账,但是还会有少数学生逾期不交学费。对于这样的人群,学院定期发催款信,保证学生不拖欠学费。

3.2.6 税务申报

每年年末请专业税务顾问为学院完成年度税务申报。

3.3 教学质量管理制度

质量是孔子学院的生命线,为了维护孔子学院的品牌、保证办学质量,必须建立完整的教学体系和教学质量管理制度。

慕尼黑孔子学院制定了课程管理手册,分为普通成人汉语课、儿童汉语课及其他课程的安排等。学院的教学质量管理主要分为教务管理和教学管理两部分。

3.3.1 教务管理

(1)专人负责课程的网页更新、管理及维护。

(2)专人负责学员信息汇总与更新。

(3)专人负责学员网上报名。

(4)专人负责学员学籍管理。

(5)专人负责 HSK/YCT 的报名、收费及考务安排。

(6)专人负责新学员测试及分班,学院设有分班测试题。

(7)专人负责为学员准备长城汉语账号、学期证书。

3.3.2 教学管理

(1)建立固定的听课制度,主管院长听课,鼓励教师之间相互听课。

(2)定期召开全体教师会,每年 4 次,均安排在每学期结束前。会上大家交流本学期的教学体会,讨论教学中所出现的问题、教材的进度、教材的衔接等。

(3)每学期定期进行教学评估。开学初,先通过邮件的方式向学生发放课程评估表,方便学生随时反映教学意见。学期末,办公室人员再进班发放教学评估表,学生现场填写。

(4)不定期地举办教材教法培训。

四、慕尼黑孔子学院需完善的制度

随着慕尼黑孔子学院的成功升格，学院的各项制度还需完善和健全，扩大经营规模必须依靠一个稳固的制度作为基本保障。提高管理水平，学院的发展才能更上一个台阶。慕尼黑孔子学院的市场运作能力还需进一步提高，需要建立制度来扩大和完善；师资队伍的培养、培训还没有系统化、专业化，更谈不上国际化。

1. 完善院长负责制

因为 2012 年 6 月学院刚刚成功升格，换牌仪式将在 2013 年 5 月 7 日举行，新一届的理事会也会在那时召开，届时《慕尼黑孔子课堂总章程》需要重新修订，章程里应对理事长及学院中外方院长的职能再进行明确规定。

2. 完善财务管理制度

孔子学院都要加强资金使用效益的管理，建立健全绩效评估和财务审计制度。可以尝试在当地聘请第三方专业机构，对孔子学院的资金使用情况进行定期审计。董事会每年审计财务情况。

3. 细化岗位，明确职责

慕尼黑孔子学院刚刚升格成功，其规模定会扩大。今后的行政岗位分工可以进一步细化，管理部门可以分成教学部、(中德文化交流)项目部、公关部、财务部等。明确各个岗位的职责，并设有专人管理，出台管理细则，如办公室人员工作职责、教师工作职责、志愿者工作职责以及其他工作人员的分工、聘用和职责等。

五、结束语

在孔子学院办学之初，当时的教育部部长周济就要求每一所孔子学院都要坚持质量为本，树立全心全意为学习者服务的理念，不断创新教学方式和教学技术，以质量和服务来求得发展，同时，要坚持科学、规范的管理，建立健全良好的管理制度。

孔子学院的规范化发展必须依托于健全的管理制度和质量体系，建立适合自身发展的管理制度，提升孔子学院的管理水平，从根本上保证孔子学院高效率地运作；必须建立起教学质量标准体系，保证办学质量。孔子学院的管理应该把制度化建设和人文化管理结合起来。

通过本制度的建设，我们得到如下启示：

1. 管理制度的建设从实际工作中来

由于全球孔子学院的建设有各自的独特特点，所以，孔院的管理制度建设很难找到可以行之有效的范本。本制度的建设不是一朝一夕完成的，而是基于慕尼黑孔院几年来的管理实践，在解决一个个问题的基础上制定出来的。

2. 管理制度的建设要立足于孔院工作的实际

慕尼黑孔院工作的重点是汉语教学和文化推广。这就决定了孔院管理制度要围绕这个重心。本制度分为行政管理、财务管理、教学管理三大板块，前两项是工作的保障，后一项是工作的重心。因此，本制度的格局是从工作中总结出来的，符合工作实际，也有利于制度的执行。

3. 宏观与微观相结合

管理制度应该兼顾宏观和微观的视野。本制度做到了宏观与微观相结合：宏观上，能够把制度建设跟孔子学院的宗旨结合起来，以汉语教学和汉文化推广为制度建设的重心；微观上，对每个工作人员的职能都做到明确化、细致化。

总之，所谓制度建设，中心是围绕汉语推广而展开。希望本制度能够为孔院的工作制度化服务，帮助理顺工作思路，更好地开展汉语推广。如果能够为其他孔院的制度建设提供参考，则是额外的收获。

参考文献

［1］ 袁礼.试论孔子学院和国际汉语教育的制度化建构.华侨大学学报(哲学社会科学版),2011(1).

［2］ 张学增.纽伦堡—埃尔兰根孔子学院基本特点及其面临的主要问题探析.云南师范大学学报(对外汉语教学与研究版), 2008,6(1).

（作者简介：方杰，北京外国语大学中国语言文学学院讲师，曾在美国犹他州盐湖城校区任教两年，在慕尼黑孔子学院担任中方院长两年，主要研究方向为第二语言教学法、跨文化交际、国际汉语教育。）

制度建设是孔子学院发展的保证

常世儒

提　要　2012 年出现的两条爆炸性新闻，引起轩然大波：一、部分在美国工作的汉语教师被责令限期离境；二、西班牙警方针对华人采取“皇帝行动”，拘捕几十名华商。形势严峻，危机四伏，但巴塞罗那孔子学院却处之泰然，这得益于其运营的合法性和严格的规章制度（劳务、财务、行政、人事和教务等）。文章仅以劳务和财务两项关键制度为例，说明制度建设的重要性，并介绍巴塞罗那孔子学院的具体规定和实际做法。

关键词　合法运营　劳务制度　财务制度　制定与执行　中方院长

一、引言

孔子学院自 2004 年诞生，到现在还不到十年时间，却经历了突飞猛进的发展，目前已经在 110 个国家建立了 410 所孔子学院，而且还有 74 个国家的 266 个机构正在积极申办孔子学院。

孔子学院的爆炸式发展，并不是一个失去控制的裂变过程，孔子学院是在法律框架内规范、有序、健康地成长起来的。《国家中长期教育改革和发展规划纲要（2010－2020 年）》把孔子学院建设和国际汉语教育作为十年发展纲要的重要任务，对此极为重视。国家汉办基于本纲要起草的《孔子学院和国际汉语教育与推广工作十年规划》是孔子学院发展的纲领性文件。此外，汉办制定的会议工作制度、与孔子学院和国际汉语教育配套的政策法规和规范文件、《孔子学院建设和国际汉语教育评价指标体系》等各项行之有效的规章制度，建立健全了孔院发展的整体法规框架。

但是，每个孔子学院都是一个具体的存在，是一个具体的现实。不同的国家、民族、城市和大学具有不同的社会、历史和人文特点以及不同的法制环境和独特的法规建制，虽有相同之处，却各有特点。各孔子学院与其合作方的签约背景、运作模式均有差异。所以，汉办制定的整体管理规章制度和宏观控制政策，不可能做到细致入微，适应各个孔子学院的特点，放之四海而皆准。因此，每个孔子学院都势必根据汉办的宏观管理模式，因地制宜，建立自己的规章制度和实施细则。

孔子学院是史无前例的新生事物，发展迅猛，犹如雨后春笋，几年之间就遍布全球 110 个国家。孔子学院的发展并非完全依照一个刻板的模式，而是一个不断探索、不断创新的过程。孔子学院每日都会遇到许多新的课题，面临新的困难，不仅涉及如何对中外合作实行有效的管理、如何规避风险以及中外方的权利和义务的划分等问题，还牵扯到财务制度、资产管理制度、教师和志愿者管理、人事制度、教学管理、文化活动管理、师资培训、教材开发、可持续发展等许多方面。

巴塞罗那孔子学院采用基金会模式，由四方共建（北京外国语大学、巴塞罗那大学、巴塞罗那自治大学、亚洲之家），四方成立基金会，中方任主席，外方任副主席。基金会采用双院长制，中外方院长同为基金会主任和法人代表。这种组织形式不同于绝大部分孔子学院，颇具特色，管理上也不隶属于国外的大学，是独立的法人单位，其管理制度也不等同于大学现有的规定。因此必须制定出一套独立的章程和管理制度：包括劳务制度、教师和志愿者管理制度、财务制度、理事会制度、行政和教学例会制度、中外方院长共同管理制度，等等。巴塞罗那孔子学院正式运营两年多以来，建立和健全了各项制度，各项工作全面拓展，取得了突飞猛进的发展。在这一过程中，制度的建立和执行起了至关重要的作用。

从两条爆炸性新闻说起：

1. 2012 年 5 月 17 日，美国国务院责令在美国孔子学院工作的部分中国教师限期离境，称他们所持的签证与其实际工作不符。此事引起国外许多人对孔子学院的质疑，反对孔子学院的声音甚嚣尘上，“担心孔子学院成为促进中国政治影响的工具等方面的忧虑是促成消极评价的主要原因”（李开盛、戴长征，2011）。

2. 2012 年 10 月，西班牙警方采取“皇帝行动”，大规模搜捕中国的一个走私、洗钱、偷税漏税犯罪团伙，逮捕了 58 名华人。媒体对此事大为炒作，大大损害了中国人的形象。人们对中国人突然另眼看待，似乎所有中国人都不遵守法律、偷税漏税、洗钱走私、投机取巧、非法经营，似乎所有中国人都有违法犯法的嫌疑。

这些消息对我们孔院无疑也造成了严重的负面影响，有些西班牙人对我们产生疑惑，甚至有人传言巴塞罗那孔子学院聘用的老师没有工作许可，是雇佣的当地留学生，属于非法打工，还说孔子学院的老师没有大学文凭，不懂汉语教学专业，有人因此申请退学，要求退还学费。

二、泰然应对危机

面对这些突发事件和谣传，震惊之后，我们审时度势，处之泰然，因为我们深知，国际上对孔子学院的反对意见主要出于对中国经济迅速发展、在国际上的影响不断加强的担心和戒备，不足为奇。中国的经济大国地位已经确立，其政治外交影响势必加强，文化价值也得到重新评估，这是历史的必然，势不可挡。孔子学院是这种大趋势的一个组成部分，发展过程中遇到一些非议、阻挠和诋毁是正常的。历史上的任何一种发展和进步，任何一种新的格局的确立，都不可能是一帆风顺的，必定要经历各种力量的博弈，冲破反对势力的阻挠而最终形成。事实也的确如此，经过汉办努力斡旋、交涉和国外友好人士的工作，一周之后，美国国务院改变之前的决策，承认孔子学院的合法地位和积极意义。

对于西班牙国内的突发事件，对于华人形象的污损和针对巴塞罗那孔院的谣传，我们更是平静对待，因为：

1. 巴塞罗那孔子学院依法成立，合法运营，遵守西班牙国家法律和加泰罗尼亚地方法规，建制严整，制度齐全。

2. 巴塞罗那孔子学院依法缴纳了所有的税款和社会保险费用，不存在任何违规行为，而且巴塞罗那孔子学院对于当地文化的多样性和各民族的和谐共存是一个不小的贡献。

3. 巴塞罗那孔子学院的所有教师的签证种类均符合法规，所有教师、志愿者都持有工作居留许可证，有与大学或孔子学院基金会签署的工作合同，证件齐全。

4. 巴塞罗那孔子学院所有的教师都具有大学学历，而且都是汉语教学的专家或工作多年的汉语老师，志愿者也是汉办派遣的国际汉语教学专业的研究生，根本不存在非法打工、鱼目混珠之嫌。相反，巴塞罗那孔子学院教师团队人才济济、藏龙卧虎，集中了本地汉语教师的精英，是一支严整的专业队伍。

5. 以制度为本，求得发展。在危机面前的坦然淡定，并非完全出于对历史发展趋势和政治格局审时度势的正确判断和遇事不惊的心理素质（当然这也是需要的），而是基于孔子学院的诞生与发展是大势所趋，顺应了历史潮流，少数人制造的逆流可以形成暂时的阻碍，但却扭转不了整体趋势。此外，我们的淡定还应该归功于巴塞罗那孔子学院运作的高度合法性。巴塞罗那孔子学院依法建立，依法运营，制定和严格执行了劳务管理制度，即合同教师、合作教师以及志愿者工作居留的管理制度与学历、专业背景的管理程序和标准。

三、劳务管理制度

按照我们的规定，巴塞罗那孔子学院的所有教师、职员，包括志愿者都签署了劳动合同，孔子学院为其缴纳社会保险和各种税费，合作教师也都有工作许可，都签署了律师起草的符合法律规定的《工作合作协议》，在工商税务部门经过注册，并且支付个人所得税。在孔子学院实习的外国研究生，均签署了大学、孔院和本人的三方协议。我们的所有工作合同以及合作协议都由专业律师起草和拟定，完全符合当地法规。

正因为如此，巴塞罗那孔子学院才能安全运营，遇乱不惊。当然，这样做造成了运营成本的增加，每年仅为合同教师和志愿者支付的社会保险费用和税费一项就花费将近三万欧元。但尽管如此，我们仍然坚持这样做，一丝不苟。也正因为如此，我们才能坦然对待危机，别有用心的谣传也不攻自破。

巴塞罗那孔子学院不仅在劳务方面有着健全的规章制度，其他方面的制度、条例、大纲和办事程序也都比较健全。目前建立起来的制度有：人事制度、财务和审计制度、理事会制度、中外方院长例会制度、行政管理制度、教师与志愿者管理制度、合作教师协议管理条例、行政例会与教师例会程序、教学方面的大纲和教学详细计划等等，并且全部认真执行，不断更新。

在此，仅以极为重要的财务制度为例加以说明。

四、财务管理制度

巴塞罗那孔子学院采用基金会形式，财务由基金会管理。巴塞罗那孔子学院基金会的财务制度严格遵守中国和西班牙以及加泰罗尼亚大区的法律规定，以及孔子学院总部的资金管理办法等具体规定，以合法、严格、透明、高效和节约的精神管理本基金会的财务。

2010 年 11 月巴塞罗那孔子学院理事会第一次会议确定了日常支出审批由中外方院长共同签字。当时笔者并不想参与财务管理，但当时北外孔子学院工作处处长在理事会上提议，中外方理事一致同意做出决定：由中外方院长共同管理财务。这样，笔者才开始做起一件自己非常陌生的工作。基金会注册成功开始合法运营后，按照北外工作处的指示，我们所做的第一件大事就是制定严格的财务制度，并报送中外理事征求意见，经理事会批准开始执行。

巴塞罗那孔子学院的财务制度不仅确定支出由中外方院长共同签字，对于财务管理的其他许多方面也做出了明确规定。

财务审批：巴塞罗那孔子学院基金会采取严格的财务审批制度。根据汉办规定，巴塞罗那孔子学院基金会设立专用账户，专款专用。

预算决算：年度预算和决算由中外方院长编制草案，外方院长审批后，征询各个理事的意见，汇总后修改草案，加入理事的合理建议，形成最终文本，再发给各位理事审核。预算和决算经理事会主席和副主席签署后，上报国家汉办，进入审批程序。审批过程中，根据汉办的要求对原来的预算进行补充修改，最后形成当年预算。预算的最终版本通过电子邮件形式通知理事会各位成员。

项目开支审批：孔子学院基金会的各项开支，严格按照预算方案审批。预算外的开支，如果属于维持孔子学院运营必不可少、原来预算中又没有涵盖的项目，必须事先申报内部开支预算，如果中外方院长一致同意后，可以开支。如果开支预算金额超过 3000 欧元，需要报请理事会批准，汉办有明确指示的活动或其他由汉办支付的项目除外。

财务簿记：账务簿记由独立的会计师事务所负责，包括：日常簿记、财务总账、年度损益报表、开出发票簿记 、收到发票簿记。独立的财务管理涉及财务和税务两方面的内容，包括编制正式报表，每三个月报送政府财务主管部门审批备案，年度损益表和账目报送理事会，审理批准后再经过独立的审计公司审计。审计合格后，报送政府主管部门审核备案。

年度财务报告：孔子学院中外方院长每年向理事会提供年度财务报告：包括财务状况表、损益账、财务状况说明、审计结果和政府管理部门财务审查批复。

外部审计：巴塞罗那孔子学院基金会聘请外部独立的审计机构对其财务进行审计。审计报告报送理事会。

官方注册、审核和通过：按照地方法律规定，巴塞罗那孔子学院基金会的账务每年要经过加泰罗尼亚大区政府主管部门注册、审核和通过。

五、巴塞罗那孔子学院财务制度的特点

1. 财务由基金会管理，不隶属于大学的财务部门。理事会、汉办和当地政府机构对于基金会财务实行多层次的监督和管控。

2. 中外方院长共同审理，共同签字，保证了各项支出更加合法、合理，符合合作各方的利益，比较好地避免了主观、片面和违规操作。

3. 每一笔支出都严格执行当地法规，符合汉办规定和理事会的要求，都有合法的正式票

据。按照理事会章程规定，巴塞罗那孔子学院基金会的所有日常开支需提供发票或合法票据，经中外方院长共同审批和签字，方可报销。原始发票和票据须经中外方院长共同签字，报送会计师事务所审核、做账。不符合法规要求的会计师事务所拒绝做账。

4. 管理制度严格，执行一丝不苟。严格执行汉办预算批复意见和其他财务规定。预算外的重大支出均向理事会请示，批准后方可执行。

5. 预算、决算过程透明度高，预算多次征求四方意见，发送预算项目建议书，汇总后作为预算的基础。四方参与预算制定、修改与管理。孔子学院内部的教师和志愿者也参与制定预算的工作，提供建议，参加翻译、录入、修改预算的工作。

6. 符合国情和地区特性，结算和预算草案必须用三种文字写成（汉语、西班牙语和加泰罗尼亚语）。而且，按照政府规定，作为基金会，本孔子学院的年度结算和预算方案还要符合政府规定的格式，另向政府报批，手续异常复杂。

7. 工作量虽大，但合法严谨。层层的把关虽然给我们增加了工作负担，但由于多方管控，加上严格执行财务制度，巴塞罗那孔子学院的财务工作做到了正规、合法、透明、严格。

综上所述，巴塞罗那孔子学院基金会的财务管理具有独立运作的特点，不隶属于大学或机构的财务管理系统。这样可以使我们的付款非常快捷，没有拖欠付款现象，对教师和供应商的支付非常及时，赢得了很好的信誉。归根结底，巴塞罗那孔子学院财务管理之所以规范，完全得益于财务制度的健全和严格执行。

六、结论

孔子学院的发展需要天时、地利、人和，但我们的经验证明：仅有这几条还远远不够。孔子学院的建设和发展需要健全的制度和一丝不苟的实施。没有规矩，不成方圆，孔子学院的发展需要制度的保障、控制和监督。汉办制定的一系列政策和规定是孔子学院建设和发展的纲领，至关重要，但除此以外，各个孔子学院均应该因地制宜地制定具体的规定和实施细则。

在制度建设和执行方面，中外方院长具有同等的重要性。中外方院长的职称、学位、著述、行政经验、履历、阅历、人脉、能力、心理素质和领导才能固然重要，但孔子学院作为一个合法运营的机构和法人，中外方院长必须首先着手制定完善的制度，并且一丝不苟地加以执行。只有这样，才能避免出现大的误差，才能保证孔子学院的健康发展，才能在突发事件到来时泰然处之。

孔子学院在今后的可持续发展，需要有体制上的保证，对此，所有为孔子学院事业努力工作的人都责无旁贷。

参考文献

[1] 光明日报. 中国已有 410 所“孔子学院” 遍布全球 110 个国家 . http://www.chinanews.com/hwjy/2013/03-18/4651339.shtml，2013-04-22.

[2] 李开盛，戴长征 . 孔子学院在美国的舆论环境评估. 世界经济与政治，2011(7).

[3] 凌风.“皇帝行动”中的西班牙媒体 . http://chinatown.ouhua.info/news/2012/11/09/1826016.html，

2012－11－22.

［4］ 刘薇，罗琼."皇帝行动"突袭海外"义乌".西班牙华商：危险的财富.http://www.infzm.com/content/83079，2012－11－22.

［5］ Jesús Duva. *El País，200 empresarios usaban la red de Gao para lavar dinero en paraísos fiscales*. 2012－10－24.

（作者简介：常世儒，北京外国语大学西葡语系教授，长期从事大学本科、硕士和博士研究生的教学和论文指导，并潜心于翻译理论研究和口笔译实务，现任巴塞罗那孔子学院中方院长。）

韩外大孔院全体教师受邀参加第四届韩国汉语教学及学术研讨会

2013年10月26日，第四届韩国汉语教学及学术研讨会暨在韩中国教授联谊会第十四届全会在位于韩国京畿道的大真大学隆重召开。本次大会为在韩中国教师提供了一个交流与联谊的平台，来自韩国全国二十余所大学及孔子学院的教师及志愿者代表出席了此次会议。韩国外国语大学孔院全体教师在韩方副院长郑允贞的带领下，受邀参加本次盛会并向大会提交了学术论文。

大真大学李根永总长首先致辞，对各个大学和孔子学院汉语教学骨干的到来表示了热烈的欢迎和诚挚的感谢。中国驻韩国大使馆教育处参赞艾宏歌先生也莅临大会并发表讲话。他指出，韩国汉语教学工作的发展不仅极大促进了中韩两国的文化交流，而且对中韩双方乃至东亚地区政治和经济的稳定都有着极其重要的战略意义。欢迎致辞完毕后，来自北京语言大学的苏英霞教授做了有关汉语语法教学的主题发言。

在之后的分组会议环节，韩外大孔院全体教师进行了发言。在汉语本体方面，张成淑老师就前缀"老"的语法化现象发表了自己的看法。而参与文化组讨论的许博老师，则根据自身在韩国的工作经历畅谈志愿者在韩国的文化适应能力。其余五位教师的论文则主要围绕汉语教学方面，梁耀中老师根据自身多年的教学经验，对韩国孔子学院初级汉语教材编写模式提出了建议。许茜老师以《快乐汉语》为研究对象，分析了教材内容的编写特色。陆珊娜老师在总结前人理论的基础上，对教师课堂反馈进了个案分析。郭兴燕老师在梳理任务型教学法的沿革之后，对此教学法提出了自己独到的看法。祁明明老师面对现存汉语口语测试的诸多不足，借用国内口语考试的经验，对HSK高级口试的方法和题型进行了分析。

这次会议不仅加强了在韩中国教师之间的联系，也为韩国汉语教学的持续发展注入了新的动力。

韩国外国语大学　许茜供稿

歌德学院与孔子学院之比较

高永安

提　要　本文从发展历史、组织形式、工作内容、旨趣与理念等几个方面比较了歌德学院和孔子学院的异同。认为歌德学院和孔子学院都是政府支持的民间语言教学和文化交流机构，都以语言教学、文化传播、文化交流为工作内容，都追求国际合作。歌德学院的发展很曲折，而孔子学院发展的突出特点是突飞猛进。孔子学院在借鉴同类学院方面，有学习也有创新。

关键词　歌德学院　孔子学院　对外语言教学　文化传播

孔子学院近年来的发展、取得的成就和它受到的世界范围内的关注，都可以称得上是影响世界的大事件。孔子学院的投入是不是值得？孔子学院与外方合作开办，有什么好处？孔子学院跟其他国家同类机构相比有何创新？本文试图从与歌德学院的比较中，把一些问题展示出来，供大家讨论研究。

一、发展历史

1. 歌德学院经历了一个复杂曲折的发展历史

歌德学院的前身是德国学院的一个分支机构。1925 年 5 月 5 日在慕尼黑大学成立了一个学术机构——德国学院，目的是改善德国在国际上的形象、使德国国民获得统一的文化认同意识。1932 年是德国伟大诗人歌德逝世 100 周年，德国学院下设歌德学院，专门用于定期培训德文教师。德国学院的培训起初针对的人群是在国外的德国人，从 1929 年秋开始针对外国人，对外工作的重点也转变为主要在国外设立德语语言培训班。二战后，德国学院于 1945 年 12 月 31 日被美国占领区政权强制关闭（张帆、王红梅，2006）。

战后的 1951 年，还是在慕尼黑，成立了独立的机构“歌德学院”。由于二战的原因，德国人把 1951 年作为歌德学院的成立时间，以避免与二战前曾隶属于德国学院的同名学院发生关系。但实际上，这个新的学院从名字、工作人员，到使用的教材，都未加改变。目前歌德学院已经在全球 93 个国家发展到 149 家，外加 10 个中心，提供有关德国文化、语言和其他方面的资讯服务。

2. 德国学院的发展过程与政治密切相关

歌德学院的前身德国学院起初是一个民间的机构，1930 年起，德国学院开始获得德国外交部的资金支持，工作的基本出发点是在国外促进德语语言教学。到 1943 年 10 月，德国学院的分院不仅几乎遍布除了波兰、苏联之外的整个欧洲，甚至远及阿根廷和中国。

20 世纪 50 年代歌德学院成立时，就得到德国外交部和新闻局的支持。它主要面向西方国家和南美洲地区，主要工作内容是"文化自我宣传，树立'文化国家'形象，淡化因挑起两次世界大战而给各国留下的好战形象，从而逐步取得外国的好感和信任"(Jiang Feng，2001：5)。

70 年代，歌德学院开始在社会主义国家建立分院。在冷战时期有针对性地开展文化宣传。为了缓和跟社会主义国家的关系，歌德学院也开始寻求独立地位，因此于 1969 年与联邦政府签署了关于其法律地位的合作协议，又于 1976 年签订了框架协定，确定歌德学院在战略上纳入联邦外交文化政策，在法律上享有自治地位。这一时期，在南斯拉夫和罗马尼亚设立分院。

90 年代苏联解体和德国统一后，歌德学院在全球大量设立分院。"上世纪 90 年代初，开始在东欧、俄罗斯建立分院，最近几年，已将中东、东亚作为学院发展的重点地区"(刘增辉，2007：49)。东亚是重点地区，在这个地区中，中国又是重点。"9・11"事件以后，歌德学院尤其重视与伊斯兰国家的对话交流。

歌德学院在 1988 年进入北京，起初只是从事德语教学和教师培训，1993 年之后开始文化活动。随着国际交流中心的并入，歌德学院在工作内容上，由"输出"德国语言文化，转为兼从世界各地"输入"文化。

3. 孔子学院突飞猛进

孔子学院是中国国家汉办设立的、以教授汉语和传播中国文化为目标的民间机构。尽管存在着各种争议，与歌德学院的一波三折相比，孔子学院的发展要顺利得多。从 2004 年 11 月第一所孔子学院在韩国成立以来，每年孔子学院的数量都有大幅度增加。下面列举一组数字：

2006 年 7 月，在 36 个国家(地区)有孔子学院和孔子课堂共 80 多所。

2007 年 12 月，孔子学院和课堂总数达到 210 所，分布于 64 个国家和地区。

2008 年 12 月，全球 78 个国家和地区共有孔院 249 所，孔子课堂 56 所。

2009 年 12 月，在 87 个国家和地区共有孔院 282 所，孔子课堂 272 所。

2010 年 12 月，在 96 个国家和地区共有孔院 322 所，孔子课堂首次超过孔子学院，达到 369 所(转引自张亚群，2012：105)。

2012 年 12 月，在 108 个国家和地区，有 387 个孔子学院和 509 个孔子课堂(来自"中广网"2012 年 07 月 20 日)。

依据目前国家汉办的网站上公布的数字，孔子学院已经达到 400 所，孔子课堂已经接近 600 所，总数已经接近 1000 所。

成立于 1932 年的歌德学院目前仅有 149 家分院，成立于 1991 年的塞万提斯学院目前仅有 30 多家分院，相比之下，始建于 2004 年、仅有 9 年历史的孔子学院的发展可谓是突飞猛进。

孔子学院的快速发展得到了正反两方面的评价，赞扬声认为孔子学院迅猛发展为汉语国际教育和中外文化交流提供了优势平台;批评声认为孔子学院浪费财力又没有效果。孔子学院为汉语教育和中外文化交流提供了一个很好的平台,这大概是不争的事实。说到效果,无论国内国外,孔子学院几乎已被大多数人所熟知,而歌德学院、塞万提斯学院等的知名度则仅限于跟这些语言或国家有关系的人群。这也算是孔子学院的一个效果吧。

4. 孔子学院得到政府大力支持

中国在改革开放之后,经济飞速发展,来华留学生人数快速增加。一些大学开始了专门的对外汉语教学工作。为了协调对外汉语教学工作,1987 年成立了国家汉语国际推广领导小组办公室,简称"国家汉办"。它隶属于教育部。其目标是推广汉语,以民间文化语言交流的方式传播中华文化,对外宣传中华民族价值观。

2002 年前后,为了适应境外日益增长的对汉语教学的需求,汉办确立了对外汉语教学走出国门的战略。对外汉语教学事业发展到了汉语国际推广的时代。2004 年,仿照国际上已经存在的歌德学院、塞万提斯学院等,国家汉办在韩国设立了第一家孔子学院。2007 年,在孔子学院在世界各地建立的同时,孔子学院总部在北京国家汉办挂牌,管理协调各地孔子学院的工作。之后,孔子学院发展势不可挡,也不断创新,先后设立了网络孔子学院、电视孔子学院,还设立了专业型孔子学院、学术型孔子学院等。

二、组织形式

1. 歌德学院是政府资助的民间文化交流机构

尽管歌德学院的命运跟政治和国际关系息息相关,但是它最早是由慕尼黑大学建立的。当然,二战后重新建立的歌德学院一直接受政府的资助,并肩负着国家的对外宣传和文化交流任务。现在歌德学院的经费来自德国外交部和新闻局,每年的支出大约 3 亿欧元。歌德学院分为德国国内和国外的两种,国内的歌德学院自负盈亏,政府不给予拨款。

歌德学院的总部设在慕尼黑。总部的职责是协调各个歌德学院分院之间的关系,派遣各分部的主要负责人,对分院的工作进行业务指导。

歌德学院分院设有院长、副院长及若干机构工作人员。以北京分院为例,共有 34 位工作人员。此外还有一些教师,一般是外聘的。他们来自德国或者其他国家,也有部分来自中国的大学德语系。除了北京歌德学院之外,在南京、上海等有七家语言中心[①],另外还有一些图书室。除了分院之外,中心和资料室都是跟中国的大学一起合办的。中国政府规定,在中国的歌德学院必须有一名中国指派的副院长。[②]

阿克曼说:"我可以告诉你,中国地区每年的运营费用差不多 400 万欧元。这其中 2/3 是国家拨款,1/3 是我们教授德语的学费所得"(吉撅新,2009:129)。因为是非营利机构,歌德学院的盈利必须完全使用在工作上,每年收支平衡。

2. 孔子学院是三方合作单位

根据《孔子学院章程》,"对新开办的中外合作设置孔子学院,中方投入一定数额的启动经费。年度项目经费由外方承办单位和中方共同筹措，双方承担比例一般为 1∶1 左右”(第二十三条)。这个规定看起来是两方的，就是中方的孔院总部、外方的合作单位(通常是一所大学)，但实际上这只是出资单位，除此之外还有一家合作单位是中国的大学(或相关机构)，提供汉语教师、中方院长等工作人员。所以，所有孔子学院都由孔院总部、外方承办单位、中方承办单位三方共同创办。其中，英国的谢菲尔德大学孔子学院由北京语言大学和南京大学共同承办。

按照《孔子学院章程》，孔子学院总部设立理事会管理全球孔子学院，由主席、副主席、常务理事和理事组成。理事 15 名，其中 10 名由海外孔子学院的理事长担任，第一届理事由总部聘任，以后选举产生或按孔子学院成立时间顺序轮流担任；其余 5 名由中方合作机构代表担任。每个孔子学院设中方、外方院长各一名。孔子学院设立理事会作为最高管理机构。中方派遣汉语教师、汉语教师志愿者若干，如果业务需要，也可以聘请本土汉语教师，共同组织教学。

比较起来，歌德学院是德国独资、单方面一元的境外教学机构；而孔子学院则是中外合作的办学实体，业务上由中国国家汉办、中国一所大学、外方合作机构三方共同协作运营。这样，在每一个孔子学院里，工作人员都是分别来自中外双方，从管理到教学，几乎所有工作都是中外合作完成的。这样的方式，与歌德学院管理人员基本上来自德国的情况相比，更具有国际合作精神。这一点可以说是孔子学院的创新。

中外三方合作的组织形式也为孔子学院突飞猛进的发展提供了条件：外方对孔子学院的兴趣并不亚于中方。根据规定，所有孔子学院都是由外方提出申请，中方审核批准后才可以成立。所以，我们看到的突飞猛进的发展，都是国外对孔子学院、对汉语教学需求旺盛的表现。这也可以从一个侧面看出，孔子学院发展的速度应该是适应当地汉语学习需求的。这一点是对孔子学院创新的回报。

三、工作内容

1. 歌德学院的工作内容

歌德学院的工作范围包括德语教学、德国文化传播、对外文化交流等方面。“歌德学院致力于语言培训工作，在 18 年的时间里，已经培训中国学员 1.2 万人”(刘增辉，2007：49)。歌德学院重视语言教学，“不懂一个民族的语言，就无法进入它的文化体系，也就无法进行理解和沟通”(同上)。歌德学院中国分院前副院长柯理对歌德学院的语言教学有过如下描述：歌德学院所有的教材和教学大纲都严格按照欧洲的分级标准，设置了包括从 A1 级到 C1 级 5 个等级的所有课程。每个等级两个月一期，大约 200 多个课时，学员读完一个等级，再进入下一个更高的等级，每个等级结业时都颁发世界认可的语言等级考试证书。

为保证质量，歌德学院采取小班授课方式，每班最多 23 名学生。柯理介绍说，学院采取交流为主的教学方式，以学生能够流利说德语为主，同时发展听和写的能力。“这样做的目的，是要打破哑巴外语的状况。学生分成一个个小组，每组 6 个人，在课堂上，包括学生之间的交流也只能用德语。”学院现有教师 20 多人，都经过了严格的培训，其中 2/3 的教师来自德国(刘增辉，2007：49)。

歌德学院的教学媒介语(即课堂用语)都是目的语，即德语。“就如一个小小的德国岛屿一样，在整个歌德学院永远是纯德语的环境，老师只会和您说德语，学生在那儿必须一切都用德语交流，这样的话就在一个纯德语的环境中，学习是非常快的"（李香，2010：81）。

可以看出，语言、文化、交流，是歌德学院的三大业务。其中，语言作为另外两个业务的基础，处于优先发展的地位。由于文化交流中心的并入，歌德学院的交流项目有输出和输入两个方向，和外国的合作项目强调双方切实参与。

2. 孔子学院的工作内容

根据《孔子学院章程》，孔子学院提供下列服务：

（一）开展汉语教学；

（二）培训汉语教师，提供汉语教学资源；

（三）开展汉语考试和汉语教师资格认证；

（四）提供中国教育、文化等信息咨询；

（五）开展中外语言文化交流活动。

以上五项业务中，前三项属于语言教学，第四项是文化传播，最后一项是文化交流。普通孔子学院都会把语言教学当作中心工作。除了个别生源特别丰富、教师特别稀缺的孔院之外，一般的汉语班都是小班。一般在国内接受过对外汉语教学专业训练的汉语老师都会尽量采用交际教学、全汉语教学，使课堂在轻松、欢乐的气氛中进行。

孔子学院开设文化课程，或者开展各种文化活动来传播中国文化。中国文化的符号一般被定格为太极拳、中国象棋、中国菜、书法、中国画等，这些项目可以很容易地走进个人生活，特别是对于热衷于业余爱好的人，这些项目可以满足提升个人修养、丰富业余生活的需要。但是，孔院的文化传播主要是组织展览、演出、讲座等，致力于把真实的中国介绍给世界。孔子学院还牵线搭桥，组织国内的文化团体到国外，国外的文化团体到国内。相比而言，孔子学院的交流一般是单向的，主要负责推广中国文化，不担负输入外国文化的任务。

四、工作旨趣与理念

歌德学院和孔子学院都是非营利性语言教学和文化传播机构，都致力于国际间的互相理解、了解和合作、交流。歌德学院从致力于树立国家形象，到文化输出，再到文化输入，其旨趣在不断更新，境界也在不断提高。孔子学院则把"促进世界多元文化发展，构建和谐世界"作为宗旨，说明它一开始就有很高的追求。

在比较这两个学院的时候，有一个很基本的问题是，它们有可比性吗？原歌德学院院长，现任孔院总部顾问阿克曼说："好像有很多人不知道，除了孔子学院之外，还有中国文化传播中心，在巴黎、柏林各有一所。它们的活动也比较全面，包括语言培训、文化交流等"（刘斯斯，2009：104）。中国文化传播中心是中国文化部的一个外派机构，其性质跟歌德学院、塞万提斯学院、法语联盟等是一样的。也许以后可以把它跟歌德学院等进行比较，但目前，在比较了孔子学院和歌德学院之后，还是发现二者有很大的可比性。

阿克曼说："孔子学院并不是一个中国的机构，而是当地的机构。在德国可能有七八所孔子学院，大多是德国大学举办的。比如一个德国的大学，愿意成立一个教汉语的中心，可以向中国的汉办申请使用'孔子学院'的名字,汉办批了后,可以拿到一些经费,中方还会派一位老师。但机构是纯粹的德国机构,主要目的是教汉语,主要经费来源是学费"(刘斯斯,2009:104)。孔子学院不是中国的,这听起来有点刺耳。但是这也正是孔子学院的特殊之处,也是它的过人之处。不是吗?中方和外方投资 1∶1,谁也不多,谁也不少,况且地址又是在国外,你能说这个机构是谁的?

作为国际性机构,歌德学院很注重活动的国际合作。"目前歌德学院每年项目中,纯粹介绍德国文化的项目只占 20%,而德中文化交流合作项目占 80%"(吉撅新,2009:128)。歌德学院还尝试请中德学者合作完成一些文化交流活动,比如歌剧等,而不是简单地把一个艺术家请进来,或者请出去。柯理说:"在交流的内容和形式上,我们进行了很多改进,每一项活动,都是德中双方的工作人员在一起,从概念到经历再到工作经验等进行充分的磨合,这样才能达到深层次的互相了解。"(刘增辉,2007:50)

目前每个孔子学院每天都在进行国际合作,这是因为孔院的工作人员都是中外双方的,这无疑是这个机构设计的成功之处。但是孔院的文化交流项目还缺少中外专家、艺术家合作的范例,这也许会是将来努力的方向。

附注

① 这七个语言中心是:沈阳东北大学歌德语言中心(2012 年)、重庆四川外国语学院歌德语言中心(2008 年)、南京歌德语言中心(苏教国际,2008 年)、上海歌德语言中心(上海锦创,2007 年)、天津外国语学院歌德语言中心(2008 年)、西安外国语大学歌德语言中心(2007 年)、青岛大学歌德语言中心(2010 年)。

② 有关歌德学院的部分内容来自我们对歌德学院北京分院德语教学联络部主任夏娓竹(Verna Sommerfeld)、德语教学联络部项目负责人李劲梅的采访笔录。在此对两位表示感谢!

参考文献

[1] 陈振玺.孔子学院总部总干事许琳:最终目标是自负盈亏,中广网 2012-07-20

[2] 吉撅新.歌德学院向中国输出什么.中国企业家,2009(8).

[3] 李香.借鉴歌德学院浅析孔子学院发展中存在的问题.商业文化,2010(4).

[4] 刘斯斯.寻找城市公共空间——专访歌德学院院长阿克曼.中国投资,2009(6).

[5] 刘增辉.北京城里的德语之花——歌德学院(中国)文化传播纪实.教育与职业,2007(2).

[6] 张亚群.从孔教大学到孔子学院——中国对外教育交流媒介之嬗变.高等教育研究,2012(1).

[7] 张帆,王红梅.文化的力量:德国歌德学院的历史和启示.比较教育研究,2006(11).

[8] 孔子学院总部.《孔子学院章程》. http://www.hanban.edu.cn/

[9] Jiang Feng(姜枫). *Die Deutsche Auswaertige Kulturpolitik*, *Dissertation*. Beijing : Beijing Foreign Studies University,2001.

(作者简介:高永安,中国人民大学文学院对外汉语教学中心副教授,文学博士,主要研究方向为汉语音韵学和对外汉语教学。)

谈汉语国际推广中文化认同的实现[①]

申　莉　周士宏

提　要　汉语国际推广的环境分为国内和国外两部分，虽然文化传播的立足点相同，但是不同环境中的文化传播有着不同的方法和效果。无论在何种环境，我们的视角都应放在跨文化差异上，这样才能帮助学习者在学习汉语时克服由文化差异带来的交际障碍，实现对中国文化的认同。跨文化冲突的克服是实现文化认同的基础，文化的浸润是实现文化认同的重要条件，文化体验活动是实现文化认同的途径。在汉语国际推广过程中要注意帮助学生在学好汉语的同时，理解并认同中国文化。

关键词　汉语国际推广　文化传播　跨文化　文化浸润　文化认同

一、引言

语言和文化是不可分割的整体，文化需要在语言习得过程中潜移默化地学习。在美国的外语教学中，早在20世纪70年代就提出了把语言教学与文化目标结合起来的主张，我国也在20世纪80年代开始重视在对外汉语教学中对中国文化的传播。1988年，国家汉办在《1988-1990年对外汉语教学科研课题指南》中明确地把"文化因素在对外汉语教学中的作用""汉语和汉语教学在外国人接受中国文化并形成中国文化过程中的作用"列为研究内容。20世纪80年代以来，在对外汉语教学界，对语言教学中的文化研究越来越多，很多人都意识到了文化教学的重要性，逐渐提出了"交际文化理论""文化导入论""语言国情学""中介文化系统论"等各种语言教学中的文化理论。2003年国家汉办在《汉语桥工程》中做出规划："向世界推广汉语，增进世界各国对中国的了解和友谊，扩大中国在世界的影响"[②]。2004年，国务院批准该规划，这成为对外汉语教学由学科建设发展到汉语国际推广的重要标志。自此，文化传播问题成为汉语国际推广的一个重要研究课题。

汉语国际推广的环境分为国内和国外两部分，虽然文化传播的立足点相同，但是不同环境中的文化传播有着不同的方法和效果。无论在何种环境中，我们的视角都应放在跨文化差异上，这样才能帮助学习者在学习汉语时克服由文化差异带来的交际障碍。很多外国人学习汉语时最大的困难可能是来自文化的隔阂，而并不是语言本身。季羡林先生说过，我们对西方的了解远远多于西方对我们的了解，这是我们的工作做得不够好，我们还需要更加努力地宣传自己，才能让人家了解我们，但是我们也不能把自己的文化过分地夸大，这样会引起人家的反感[3]。我们对教学对象文化的了解可能多于他们对我们文化的了解，这更加显示了我们传播中国文化这项任务的艰巨性。作为汉语教师，在汉语国际推广的过程中，应当努力用我们的文化去感染学生，实现他们对中国文化的认同，只有这样，才能算是成功的推广。

二、克服跨文化冲突——文化认同的基础

从认知的角度来看，语言表达是为了交际，是一种文化行为，不同的文化有不同的规约，因此，用语言进行交际时，交际双方就需要遵守这种语言所赖以存在的文化的规约，否则交际就会失败。一方面，对来华留学生来说，在学汉语的过程中，由于自身母语文化与中国文化冲击与碰撞，发生跨文化冲突是不可避免的。刚到中国时，由于对一切充满好奇和新鲜感，他们还没有深入接触到中国文化，学习之余还会到处参观一下，去闻名于世的长城、故宫、十三陵等地体验一下，还处于"观光期"("蜜月期")，这时，还没有明显的不适应。随着学习的深入，"蜜月期"一过，语言的隔阂，生活的不适应，身体的不适，学习的压力，他们会遇到各种各样的麻烦和苦恼，跨文化冲突随之出现。首先，留学生带着母语的文化背景去接触汉语时会对中国文化有某种不认同，比如中国老师认为观察学生写作业是对学生的关心，而欧美学生会对这种关心感到不安、紧张、难以接受。来华留学生由于不了解中国文化而做出不符合规范的事情时，中国的老师以管教的方式对留学生进行批评、斥责就会引起学生的反感，甚至引起矛盾冲突；而中国人的热心好客可能会让留学生很不自在，反而更加有距离感。另一方面，汉语教师对留学生所带来的异域文化也会有某种不认同。比如，汉语教师询问学生家庭情况时，学生常常会把宠物算作是家庭成员之一，很多汉语教师会说，宠物不是人，不能算作家庭成员，这可能就会引起学生的反感，从而产生文化隔阂。因此，作为汉语教师，在教学过程中就要努力让留学生尽可能快、尽可能多地了解和认同中国文化，尊重中国的文化规约；同时教师还需要注意不同国家的文化及其规约，充分地了解学生的文化背景，尊重学生的母语文化规约，建立起跨文化的视角，这样才能建立良好的师生关系，收到良好的教育教学效果。

在来华留学生中，由跨文化冲突引起的"文化休克"(cultural shock)现象时有发生。有的学生刚来中国时由于气候、居住环境的改变，会有水土不服的现象，身体上很不适应，如果这个时候语言学习的过程中压力过大，缺乏趣味性，他们可能会因感觉无法适应而放弃学习。这时，如果教师能及时发现问题，在教学中注重以文化带语言，想方设法使汉语语言学习中体现出中国文化的美丽、耐人寻味，同时在生活中和他们交朋友，给他们以朋友的关心和开导，使他们摆脱远离母语环境的孤独寂寞感，尽快从"文化休克"中走出来，就会帮助他们克服跨文化冲突。实际上，来华留学生扎堆的现象也可以说是一种"文化休克"的反映，由于不适应中国的文化和生活，许多留学生只喜欢交本族朋友或说本族语的朋友，一下课就开始说自己的母语，在一起就抱怨各种情况，包括气候、环境、学习、周围的人等等，这种消极情绪互相感染，最终导致有的学生学了几年汉语之后还是不大会说，一

直在初级班学习。比如笔者教过的一个美国学生，在北京学汉语已经三四年了，但还是只会说“你好”“谢谢”之类的简单用语，稍有一些难度的句子就听不懂说不出了。虽然这样的学生是个别现象，但也应当引起我们的重视，如何帮助这样的学生克服“文化休克”的消极影响是值得我们去探索的一个问题。因此，作为国际汉语教师应该在教学的过程中更关注如何帮助学生顺利度过“文化震荡期”，只有在理解和认同中国文化的基础上，才能更好地学习汉语。我们要充分利用语言环境的自然浸润作用，从跨文化视角出发，采取有效的手段，多给学生创造自然的汉语环境，多带学生体验中国文化，让学生感受到中国文化的魅力，从而逐渐移情于中国文化，逐渐敢于说和喜欢说汉语。因此，在汉语国际推广中克服跨文化冲突是实现文化认同的基础。

另一方面，我们在海外进行汉语国际推广时，由于教师与学生的文化背景不同，师生之间也容易产生跨文化冲突，只有克服了文化差异带来的跨文化冲突，才能更好更顺利地开展语言文化推广工作。汉语教师对所在国文化的不认同，会造成师生的文化冲突。学生的认知行为会自然带有自己国家和民族的特点，在课堂中体现出来，作为汉语教师带着中国文化特质去看待当地学生可能就会感到不舒服，再加上汉语教师本身远离故土和亲朋好友，教师本人就面临着跨文化差异问题，这样更容易造成冲突。比如，中国人从小尊敬师长，不直呼师长姓名，但是欧美学生却习惯直呼其名，汉语教师容易产生不被尊重的感觉。中国老师教导学生回答问题要举手，欧美学生往往不举手就回答。汉语教师会从自己的文化认知出发，觉得他们没礼貌，心生不快。作为汉语教师，推广中国语言和文化是我们义不容辞的责任和义务，但学习和了解教学对象的文化传统，帮助他们在学习汉语的过程中向中国文化过渡，化解跨文化冲突，也是我们能够推广汉语和中国文化的前提和保证。因此，对国际汉语教师来说，理解和接纳所在国的文化是克服跨文化交际障碍的前提，而对跨文化冲突的克服是在汉语国际推广中实现对中国文化认同的基础。

三、文化浸润——实现文化认同的条件

语言和文化的关系极为密切，每一种语言都是文化的组成部分，是文化的一种表现方式，反映某个民族和地域的文化发展状况；越深刻细致地了解一个国家或地域的历史和现状，就越能准确地使用这个国家和地区的语言。对大多数人来说，价值观念、信仰、风俗习惯、行为模式等文化知识是在生活中获得的。学习和使用一种第二语言，必须同时学习和适应这种语言所赖以存在的文化。语言是文化的物质载体，反映社会生活的现状和发展变化，对来华留学生来说，在中国学习汉语的过程，也是体验中国生活和文化的过程。“文化就是生活”（林国力，1997），留学生来中国学习汉语，当然会对中国文化有着更加深入细致的体验和感受。他们在中国的生活环境、社会交往、衣食住行，无不带着中国本土文化气息，他们身在其中，时间长了，这些中国文化元素当然会自然浸润，使他们感同身受，逐渐形成对中国文化的理解和认同。在国内进行汉语国际推广的过程中，我们应该更加充分地发掘中国文化对留学生的自然浸润作用，使其作为一种文化背景促进留学生的汉语学习，用中国文化元素来感染他们、熏陶他们，从而潜移默化地影响他们，实现他们对中

国文化的认同,润物细无声地进行中国文化的传播。文化的传播有很多种方式,“强制式有强烈的文化侵略的色彩。说教式带有居高临下的单向型特征,大多忽略传播对象的接受程度,带有较明显的文化灌输表征。播撒式为外向型传播方式,在异域的土壤上播种植苗,一般具有文化推介的特点。而浸润式则更多地表现为本土化传播,山水草木、社会生活皆可化作浸润之物,令传播对象自然吸收,感同身受,经过文化理解和文化认同的过程,达到文化融合的境地”[④]。可以说,文化浸润是实现文化认同的条件。

同样,在海外的汉语国际推广中,我们也可以营造中国文化的氛围,尽可能地创造文化浸润的气息,除了汉语教学活动对文化的自然推介,还可以通过“工作坊”(workshop)、“居住体验”(residential)等文化宣传活动实现文化的浸润,通过各种方式,比如用充满中国文化元素的物品对活动场所进行布置,介绍具有浓厚中国文化气息的图画书,展示包含浓郁中国文化味道的影像资料及各种图片等等,使学生在异域的汉语文化体验中充分感受到中国文化的魅力。从仅仅是对中国文化的好奇到对中国文化产生兴趣,最终深深爱上中国文化,实现对中国文化的认同,这是一个自然的过程,因此,“语言—文化”体验活动的设计非常重要。作为海外汉语教师,在汉语国际推广的过程中,如果能结合当地文化特色设计出恰如其分的中国文化环境,调动汉语与中国文化的浸润功能,自然会对学生认同中国文化起到催化剂的作用。

四、文化体验——文化认同的途径

许嘉璐先生(2008)指出:“要实现与西方文化的平等对话权,中国文化推广的力度就必须要加强。我们向外面介绍汉语和中华文化时,应避免说教性,提供多样的文化形态,要让人有亲近感。”在对来华留学生进行汉语教学的同时传播中国文化,是我们国际汉语教师的责任和义务,运用有效的方法和手段更好地传播和弘扬中华文化,则是我们国际汉语教师应该努力的方向。我们在对来华留学生进行汉语教学时,要努力在教学实践中采取一些有效的手段,通过文化体验,润物细无声地让学生深切地感受中国文化,了解中国文化,热爱中国文化,从而认同中国文化,具体可以从以下两方面努力。

1. 注重物质文化的介绍和习得

一方面通过开设文化选修课和社会实践课,增强学生对中国文化的理解和认同;另一方面,在语言课的讲练中渗透交际文化的习得和运用。

2011 年 9 月我们对来自韩国、泰国、越南、印尼、蒙古国、阿尔及利亚等国的 150 名留学生做了问卷调查,69%的学生是因为对中国文化感兴趣而来到中国学习汉语的。2012 年 3 月我们结合学校的特色,在北京联合大学本科生三、四年级中开设了北京文化的选修课程,我们了解到希望通过该课程了解北京文化的学生占到了 73%。北京文化是中国文化的一部分,从这么多学生对北京文化的喜爱及渴求程度可以推想留学生们对中国文化的热爱。我们聘请了研究北京文化的专家讲授该门课程,对北京的历史、文物、风俗、建筑等做了详细的介绍,有丰富的照片、影像资料,学生课后写了自己的真实感受,从学生对一些北京文化现象的描述中我们看到了学生对北京文化的了解在逐步深入。50%以上的学生对名胜古迹部分特别感兴趣，“以前观光那些地方时，只是找漂亮的地方拍照片，没有什么知识，但是现在学到一些内容让我们更深入地了解了每个景观形成的原因”[⑤]。也就是说，以前只是看热闹，老师讲解了其中的文化寓意后，再次去参观时就能感受到其中深厚的文化底蕴了，某些建筑有什么象征，某些摆设有什么涵义，都能有较深的体会了。可见，开设北京文化课程是一个好的办法。许多学生希望以后的文化课程能开展得更加深入、更加具体。学生们提出：“想跟老师一起去那样的地方，亲眼看的话，印象更深刻。”[⑥]因此，我们认为，想取得更好的效果的话，这类课程可以分为两个部分开设，一部分以课堂讲授为主，另一部分以社会实践课的形式开设，在课堂讲授之后再带学生进行实地参观游览。让学生有机会感受北京当地的生活习惯、环境气氛，进而理解北京人的心理特质、审美观念等，认同北京文化。北京文化具有多元文化特色，是中国文化的一个重要组成部分，在认同北京文化的同时当然就实现了对中国文化的认同。在国内进行汉语国际推广的过程中，我们可以借鉴这种方法，开设中国文化体验课，按照不同的文化类型设计不同的体验内容：参观游览名胜古迹，品尝制作传统美食，了解学习建筑特色等都是我们可以尝试的方法。对外汉语中高级阶段的一些教材中有对北京什刹海、社稷坛、皇城根、小胡同、四合院的描写，我们可以充分利用这些材料，讲解练习时，多做一些相关的图片、影像资料的生动展示，让学生在通过文字资料了解的同时还能看到实物，加深对语言文字的理解。这部分内容以知识文化为主，主要包括历史、地理、汉字、宗教、建筑、教育、服饰、饮食、文学艺术以及风俗习惯等等，而对于在实际的交际过程中举手投足间所蕴含的交际文化的介绍和习得则需要渗透于语言课程的讲练中。

中国文化课内容以知识文化为主，其开设适用于汉语水平较高的本科生。而对于汉语水平不高，而且学习时间有限的语言生来说，如何使他们能在有限的时间内，用有限的汉语水平，了解和习得日常生活中的交际文化，是需要我们去探索的。汉语教学一般会分为初、中、高三个阶段进行，对于没有任何基础和汉语水平较低的学生，我们认为，可以适时地教习中国人的交际礼仪文化，比如在口语教学中对中国人的称呼、中国人的见面寒暄加以介绍并设置情景进行练习，在视听课中对一些体现中国人风俗习惯、婚姻爱情观、生活习俗的对话进行听练，使他们对中国人的交际文化有切身的体会，同时对中国人生活的环境有所了解。中高级阶段的学生表达能力已经较强，我们应该让学生充分展示他们的汉语表达能力，提供机会，比如征文比赛、演讲比赛，让他们谈谈自己心目中的中国，通过写和说挖掘出对中国的印象和感受，也使我们能够了解留学生对中国文化的了解程度，从而对课程内容加以调整和修订。

2. 注重非物质文化的体验

目前我们在汉语国际推广中对物质文化的介绍较多，而较少涉及非物质文化介绍，而中国的非物质文化遗产是相当丰厚的，这也是吸引来华留学生的一个重要方面。因此，我们应该充分利用这种优势，注重来华留学生对中国文化中非物质文化的体验。在开展物质文化介绍的同时，大量介绍非物质文化，并让留学生进行亲身体验。比如让留学生品尝各地小吃，参观制作过程，学习简单的制作方法；参观各种老字号店铺，让学生自己去了解中国的老字号，自己做出课件在课堂上详细地给同学介绍；欣赏、学习各种戏剧表演，让学生有机会了解学习中国的戏曲文化；观看、学习抖空竹等项目；参加一些节日庆典活动，感受节日文化内涵等等。

另一方面，在海外的汉语国际推广中，我们同样可以借鉴国内的一些方法，举办中国文化讲座，按照文化的不同类型介绍中国文化，从知识文化到交际文化，从物质文化到观念文化，从制度文化到习俗文化，分别进行生动有趣的介绍和讲解，营造中国文化的氛围，让学生们充分了解中国文化。在对中国文化了解的基础上，通过文化体验活动，在他们习以为常的“工作坊”“居住体验”等活动中自觉自愿地体验学习中国书画、舞蹈、剪纸、中国结、中国烹饪、婚丧嫁娶的民间习俗，加深对中国的了解，从而主动地学习汉语和接纳中国文化。

相信通过我们的努力，中国文化在汉语国际推广的过程中能够自然、自在、自觉地传播开来，世界各地的人们都能够更深入地了解中国文化，更加理解、认同中国文化，达到自身文化与中国文化的融合，更好更快地学习汉语，掌握汉语。

附注

① 本文是北京市属高等学校人才强教计划资助项目“从认知学的角度探讨对外汉语教学法”的研究成果，项目编号为 PHR201108423。本文受到教育部青年基金项目“句法与语用的接口：汉语句子信息结构研究”的部分资助，项目编号为 11YJC740161，谨致谢忱。

② 参见赵贤州《文化差异与文化导入论略》。

③ 参见张幼冬《汉语国际推广背景下的文化传播》。

④ 参见季羡林《西方不亮东方亮——在北京外国语大学的演讲》。

⑤ 本句子选自学生问卷。

⑥ 本句子选自学生问卷。

参考文献

［1］季羡林．西方不亮东方亮——在北京外国语大学的演讲．中国文化研究，1995(4)．

［2］邱军．北京语境在汉语国际教育的文化浸润作用．北京社会科学，2009(3)．

［3］盛炎．语言教学原理．重庆：重庆出版社，2006．

［4］赵贤州．文化差异与文化导入论略．语言教学与研究，1989(1)．

［5］张幼冬．汉语国际推广背景下的文化传播．现代传播，2010(5)．

［6］周思源，林国力．对外汉语教学与文化．北京：北京语言文化大学出版社，1997．

（作者简介：申莉，北京联合大学国际交流学院副教授，研究方向为对外汉语教学及现代汉语语法修辞；周士宏，博士，北京师范大学文学院语言学与应用语言学研究所副教授，德国洪堡大学访问学者。）

关于《语言培训服务　汉语培训基本要求》的思考

张宝林

提　要　本文研究非正规教育体系内面向外国人的汉语语言培训问题。目的是对这种服务的质量与评价方式进行规定，为制定国家标准《语言培训服务 汉语培训基本要求》提供理论依据，促进其尽快出台；并期待能以此来规范汉语培训市场，提高汉语培训机构的教学质量与管理水平，保障学员的学习利益，进而推动汉语国际教育的进一步发展。

关键词　汉语国际教育　语言培训机构　汉语培训基本要求

一、引言

1. 研究对象与研究目的

本文对非正规教育体系内的汉语语言培训的基本要求问题进行研究，目的是对这种培训服务的质量与评价方式进行规定，为制定国家标准《语言培训服务 汉语培训基本要求》(以下简称《基本要求》)提供依据。

所谓"非正规教育"(non-formal education)，指"初等教育、中等教育、高等教育等正规教育体系以外的有组织的教育活动"(中华人民共和国国家质量监督检验检疫总局 中国国家标准化管理委员会，2011a)。其要点有二：一是非学历教育；二是有组织的教育活动，而非无组织的个体行为。从我国目前的实际情况看，在语言教育领域进行"正规教育体系以外的有组织的教育活动"的主体是社会语言培训机构。②

2. 研究意义

目前，汉语国际教育在世界范围内蓬勃发展，学习汉语的外国人越来越多。在我国国内，正规教育体系内的高等院校始终是对外国人进行汉语教学的主战场，非正规教育体系内的社会语言培训机构则是高校汉语教学的有益补充(张宝林，2012、2013)。从整体上看，高校的汉语师资学历水平高，专业素质强，教学效果好，教学管理严格而规范。相对而言，社会语言培训机构的汉语师资情况较为复杂，专业知识与教学能力参差不齐，整体水平偏低，教学管理水平不高，课程设置与教材使用较为混乱，忽视对教学过程与质量的监管（陈琛等，2011）。这些情况必然会对社会语言培训机构提供的汉语培训的质量与结果产生不利影响，并直接影响到学员的学习利益。因此，制定针对非正规教育体系内的面向外国人的《语言培训服务 汉语培训基本要求》非常必要，具有十分重大的现实意义。

作为未来的国家标准，《基本要求》是语言培训服务领域里的标杆，要对语言培训服务市场起到引领与规范作用。例如，语言培训服务机构应与学员签定培训合同，虽然目前市场上能真正这样做的很少，但为了保障广大学员的学习权益，这一点却是必须坚持的。

二、基本原则

制定作为国家标准的《语言培训服务 汉语培训基本要求》，应遵循以下基本原则：

(1)科学性

《基本要求》应能够准确地考查汉语培训机构的相关情况，可据此《基本要求》对汉语培训机构的培训情况进行可靠的评估。

(2)全面性

《基本要求》应能综合考查汉语培训机构多方面的业务情况，包括教学水平、办学条件与管理状况等。

(3)系统性

《基本要求》对汉语培训机构各方面业务状况的考查顺序与权重应当是合理的，据此对不同汉语培训机构或同一汉语培训机构不同时期的业务状况的考查是可比较的。

(4)客观性

《基本要求》对汉语培训机构业务状况的考查应尽可能避免评价者个人的主观好恶，不同的评价者据此对汉语培训机构进行考查，可以得出基本一致的结论。

(5)公开性

《基本要求》所规定的评价内容与指标是面向社会公众开放的，评价过程是可以查询和质疑的。

(6)可量化

《基本要求》规定的评价指标应具备良好的可操作性，并可以量表的形式表现为数值，评价结果也应表现为数值形式。

(7)与学员相关

制定《基本要求》的根本目的是“规范市场，为学员服务”，因此本文关注与学员的汉语培训服务直接相关的事务，包括汉语语言培训机构的办学资质、咨询与报名的相关内容与程序、培训目标、课程设置、教学原则、教师能力、培训过程、对培训服务质量的评价内容与方式等，而与学员无关或关系不大的事项则不予讨论。这与对“学习服务提供者”的“基本要求”有所不同，例如“学习服务提供者基本要求”包括的学习资助者和利益相关方、机构内部人员的沟通与管理以及财务管理等方面的问题（中华人民共和国国家质量监督检验检疫总局 中国国家标准化管理委员会，2011b），本文即无须关注。

(8)最低要求

《基本要求》虽然最终将作为国家标准由相关政府部门发布，具有国家层面的权威性，但其基本性质却是语言培训服务领域的一个达标标准，或称之为最低标准，是开办汉语语言培训服务必须达到的最低要求。因而要实事求是，要定位于"非正规教育"，处处从"非正规教育"的角度看问题，而不能用正规教育体系内的相关标准来衡量与要求。例如对教师在学历上就不能做过高要求，不能不切实际地以博士、硕士为学历标准。

三、相关问题探讨

1. 办学资质

办学资质(qualifications for providing training services)，指语言培训机构开办汉语语言培训服务必须具备的资格与条件，主要包括具备法人资格和完全的民事行为能力，健全的监督管理体制，相应的固定资产及稳定的经费来源，专职校长及行政、财务、学员管理人员，合格的教师队伍，固定的校舍及教学设施，安全保障设施及公共配套设施。

显而易见，具备相应的办学资质是开办语言培训服务的前提，是判定语言培训机构能否开展相关语言培训活动的最重要依据。在对语言培训机构进行审查与评价时如果不符合本项标准，即可对其"一票否决"，不允许其进行语言培训活动。

作为国家标准，《基本要求》当然要以极大的社会责任感来关注此项条件。然而，《基本要求》又不能代替国家工商行政管理部门的职能，在对语言培训机构进行资格审查时，无须对办学资质中包含的各方面情况逐一审验，而只需列出一条规定即可：汉语培训机构应具有由政府相关管理部门颁发的、符合创办教育培训机构相关规定的证书和执照。任何机构只要持有这种证书与执照，就说明它已经过工商行政管理部门的检查与审核，具备了开办汉语培训服务的相应资格。

2. 培训合同

培训合同是语言培训机构与学员之间关于相关权利与义务的重要契约，是培训双方发生各种利益纷争时解决问题的最重要依据。因而在培训正式展开之前，双方必须签订合同。其内容主要包括：培训内容与培训方式，培训承诺与教学要求，培训效果的测试与评估，培训机构为学生提供的学习条件及相关保障，费用标准，协议纠纷的处理方式。

鉴于目前语言培训服务市场在这一问题上的做法并不规范，因而需要特别予以强调：除正式的培训合同之外，培训双方签定的语言培训协议书、培训机构的招生简章和网络宣传中的相应内容，以及听课证上的相关说明，均应视为合同的不同类型，具有与合同相同的法律效力。从《合同法》的角度来看，这样做也许不够严谨；但从保护消费者利益的角度看，明确做出这样的规定才能有力地约束语言培训机构，强化其责任意识，督促其更好地为学员服务。我们希望通过这一做法可以规范市场，提高语言培训机构的教学质量，改善其服务态度，更好地保护学员的学习利益。

因此，签订培训合同是非常必要的。

3. 评价内容

汉语培训机构的服务对象是学习汉语的外国人，对其业务工作进行评价，应围绕学员参与培训活动的自然过程进行。依照这一原则，应按照下列环节对汉语培训机构进行业务评价：

(1)咨询与报名。

培训机构应对自身情况(包括学校、师资与课程等方面情况)进行翔实的介绍，对学员的学习需求进行分析，根据学员需求对课程进行整体设计，给学员提供选课建议，和学员签订培训合同。

汉语培训机构应本着真实、全面、准确、清晰的原则，向学员介绍自身情况，包括学校性质、办学宗旨、教学环境、课程设置、地理位置、联系方式等学校概况，教师的数量、教师个人的专业背景、业务专长、所能提供的与培训相关的教学服务等师资情况，课程的名称、内容、特色、培训目标与教学进度、教材、教学方式、考查方式等课程情况，以便学员根据自身情况，选择适合自己的培训课程。

进行需求分析非常重要。虽然语言培训机构的基本办学目标是经济效益，这本身也无可厚非，但"在提供学习服务之前，为有效设计和实施学习服务，学习服务提供者应分析学习需求"(中华人民共和国国家质量监督检验检疫总局 中国国家标准化管理委员会 2011b:3)。汉语培训机构应深入了解学员的学习目标，并据此进行教学设计，制定教学计划，对学员进行培训，并考核、评测学员的学习完成情况和学习效果；应了解学员的汉语基础和学习能力，并据此合理安排与调整教学内容、教学方法与教学进度；应了解并核实学员可用于学习的具体时间，并据此制定相应的教学计划。

简而言之，汉语培训机构应根据学员需求，设计或调整相关课程的教学目标、学习周期、教材教法、教学时间安排、测试方法等；应在对学员的汉语水平及学习能力进行测试与评估的基础上，根据学员的实际情况和自身特点，以及学校课程的设置情况，建议学员选择适宜的课程。

(2)汉语培训服务的交付。

①在对学员进行培训的过程中，汉语培训机构应明确教学目标与教学原则，配备适宜的教学人员与教学支持人员，提供适宜的学习场所，选择与指定适宜的教材，提供与培训活动相适应的学习设备等。

②关于培训目标，汉语培训机构应在具体分析学员的学习需求的基础上，根据其现有的汉语水平与学习能力，在遵循语言学习规律的基础上，确定相应的培训目标。

③关于培训过程中的教学原则与教学方法，汉语培训机构应根据自身条件以及学员的具体情况，选择适合的方式实施语言培训。在教学中应遵循下列原则：

——以学员为中心的原则，所有教学活动都应围绕学员展开，为实现学员的学习目标服务；

——实践性原则，教学过程应精讲多练，组织学员进行丰富而有效的汉语能力训练；

——交际性原则，教学活动交际化，在真实或模拟的交际活动中培养学员的汉语交际能力；

——针对性原则，根据学员的具体情况，因材施教，进行有针对性的教学；

——由浅入深，循序渐进的原则；

——尊重学员母语文化的原则。

需要特别指出的是，在我国对外国学员进行汉语培训，学员相对处于弱势地位，心态难免比较敏感。为了保护并强化学员的学习积极性，在培训过程中，应特别注意尊重学员的母语文化，与学员平等相待，而不宜心怀优越感，简单化地向学员“展示和弘扬”目的语文化（李泉，2011），更不能在中国文化和学生的母语文化之间比较优劣。

④汉语培训机构的教学人员应具备下列基本任职条件：

——具备大学本科以上（含本科）学历；

——较为熟练地掌握一门以上（含一门）外语；

——达到汉语普通话水平考试二级甲等以上（含二级甲等）水平；

——具有良好的语言表达与人际沟通能力。

凡中文、汉语国际教育、对外汉语等相关专业毕业者，或参加过教学水平得到业界公认的高等院校或教师培训机构举办的汉语教学专业培训并获得相应培训证书者，均应视为已经具备了教学人员的基本条件。

⑤关于学习场所。汉语培训机构应提供有利于学员学习的场所与环境，包括安全、方便的教学地点，与教学规模相适应的教室，必备的生活保障设施等。

⑥关于教材。汉语培训机构应选用符合学员学习目标、难度适宜的教材。

⑦关于教学设备。汉语培训机构应根据教学活动的需要提供相应的教学设备，例如桌椅、黑板、投影仪、计算机与网络等。

4. 关于服务质量评价

（1）评价主体与评价的内容、方式

对汉语培训服务机构的评价，可以由学员、未成年学员的家长和第三方评价机构等不同评价主体进行，不同评价主体所适合评价的内容与方式也不尽相同。例如学员评价可以从培训课程是否符合自己的学习目标，教材是否难度适宜、新颖有趣，教学方法是否恰当有效，教学人员和教学支持人员的工作态度是否认真、耐心、热情，教室是否宽敞、明亮、舒适，培训机构是否很好地执行与落实了合同条款等方面进行评价；适宜采取问卷调查、座谈访谈的形式进行调查与评价。第三方评价可以包括以下内容：培训机构的办学资质，教学人员的任职资格，培训合同及其执行与落实情况，各培训项目的名称、类别，教学对象与教学计划，课程、教材、教学大纲、教案、课件、学员作业、成绩单、各阶段考试试卷及教师对学员的评价意见，教学人员的教学专业素养，学习场所与教学设备，学习场所的安全设施，学员休息空间和生活配套设施等。评价方式可以是实地考察、检查相关记录、文件和档案、随机听课等。

加入质量评价体系这部分内容主要是为了贯彻制定《基本要求》的公开性原则，既可以使汉语培训机构了解评价的内容、方式与实施过程，又可以在一定程度上督促汉语培训机构自查自纠，自觉提高自身的服务水平，最终更好地帮助学员达到其学习目标。

（2）评价指标体系

为了贯彻可量化原则，使标准具有较强的可操作性，便于对语言培训机构进行业务评价，我们把相应的评价标准制成一个三级评价指标体系表，为每一条评价标准确定了分值与权重。不同的分值与权重，体现了对相应内容重要性的不同看法与取向。

具体的打分与计算方式是：按照一级评价指标的综合得分，以 70 分为线，把评价结果分为合格与不合格两级。即对语言培训机构而言，只要达到最低标准，就可以取得进行语言培训服务的资格。

(3)评价周期

为了督促语言培训机构持续改进教学,不断提高服务质量,更好地为学员服务,对语言培训机构的评价应设定一个周期。该周期不宜太长,否则不能起到督促改进培训服务的作用;也不宜太短,以免过于繁琐,给培训机构增添不必要的负担。参考国内外语言服务行业的认证周期,以及我国语言培训服务市场的实际情况,我们认为语言培训服务的评价周期以3年为宜。

5. 关于职业道德

任何行业都有其必须遵守的职业道德,任何企业都有其必须尽到的社会责任。作为语言培训服务行业的企业化单位,汉语培训机构自然也不例外,应遵守其职业道德,尽到自己的社会责任。需要强调的是,《基本要求》应强调与学员相关的职业道德,例如信守承诺、诚信服务、使用正版教材,以及杜绝虚假宣传与合同陷阱等对消费者的欺骗行为等,因为这些内容和学员参与的培训活动直接相关,会影响到学员的学习利益。而依法纳税、公平竞争,以及培训机构与教学人员之间的权利义务等则应舍弃,虽然这些内容也非常重要,但并不与学员的培训直接相关,故无须列入《基本要求》,而应由其他标准或法规加以规定。

四、结语

汉语国际教育是我国当前非常重要的语言政策之一,社会语言培训机构在这一事业中具有非常重要的作用,但其自身存在的种种问题又给这种作用的发挥带来了十分不利的影响。本文在对汉语培训市场进行调查研究的基础上,对与研制《语言培训服务 汉语培训基本要求》相关的若干重要问题进行了初步探讨,希望有助于《基本要求》的研制,促使其尽快出台,以规范汉语培训市场,提高汉语培训机构的正规化水平和教学质量,从而更好地为外国汉语学习者的学习服务,为贯彻国家的语言政策服务。

附注

① 本文为受质检公益性行业科研专项经费资助项目。

② 需要说明的是,高等院校中面向外国人的非学历汉语教育不在本文的讨论范围之列。因为高校的汉语教育对师资的要求很高,在教学管理方面的要求非常严格;尽管是非学历教育,但实际上是非常正规化的教学管理方式。可参见张宝林(2013)《关于社会培训机构汉语教师的评价规范》。

参考文献

[1] 陈琛,张琪,刘珊,李瑶,唐倩."国内民办对外汉语培训机构现状"调查报告(未发表稿).2011.

[2] 李泉.文化内容呈现方式与呈现心态.《世界汉语教学》,2011(3).

[3] 张宝林.关于我国社会培训机构汉语教师从业标准的思考.第十一届国际汉语教学研讨会论文.西安,

2012.
[4] 张宝林.关于社会培训机构汉语教师的评价规范.见:北京语言大学对外汉语研究中心.汉语应用语言学研究(第2辑).北京:商务印书馆,2013.
[5] 中华人民共和国国家质量监督检验检疫总局,中国国家标准化管理委员会.非正规教育与培训的学习服务 术语(GB/T 26997-2011).北京:中国标准出版社,2011a.
[6] 中华人民共和国国家质量监督检验检疫总局,中国国家标准化管理委员会.非正规教育与培训的学习服务 学习服务提供者基本要求(GB/T 26996-2011/ISO 29990:2010).北京:中国标准出版社,2011b.

(作者简介:张宝林,北京语言大学研究员,西北师范大学兼职教授,博士研究生导师,主要研究方向为语言学及应用语言学。)

汉语作为第二语言教学在马来西亚的现状、问题及对策

（马来西亚）叶俊杰

提　要　本文对汉语作为第二语言在马来西亚教学的现状进行了梳理和总结，发现汉语教学中存在诸多问题，基于此提出了一些建议和对策，以期对马来西亚的汉语教学有所裨益。

关键词　马来西亚　汉语作为第二语言教学　现状　问题　对策

一、马来西亚汉语作为第二语言教学的背景

1. 马来西亚教育体制

在马来西亚，华文小学[①]（简称华小）的华文教育，是华裔学生的母语教育，其华语教学属于第一语言教学。在华文小学学生中，大部分华裔生的第一语言是华语或华族方言（汉语方言），其他华裔学生的第一语言是英语或其他语言；而华文小学非华裔学生的第一语言一般是其母语（马来西亚各民族语言）。华文小学以华语作为主要的教学媒介语，不论学生是华裔还是非华裔，不论华语是他们的第一语言还是第二语言，华语教学方法均属于第一语言教学方法。从母语和第一语言的角度而言，华文小学的华文教育对华裔学生来说既是母语教学，也是第一语言教学；而对非华裔学生来说，华语教学只是第一语言教学，却不是母语教学。

而马来西亚的国民小学（简称国小）以马来语作为主要的教学媒介语，在国小的华裔学生中，有的学生第一语言是华语或华族方言（汉语方言），有的则是英语或其他语言。从 1957 年马来西亚独立到 1995 年，国小的华语课程向来是仅供华裔学生选修的母语课，不论华语是他们的第一语言还是第二语言，都属于第二语言教学方法。1996 年，国小华语课开始对各族学生开放，各族学生均可选修，属于第二语言教学方法。

国民中学的教学对象和国小一样，而改制中学的教学对象和华小一样。改制中学的前身为华文中学，因《1961 年教育法令》而被改制为国民中学，也被称为改制中学；没接受改制的华文中学则成为独立中学。改制中学主要的教学媒介语由华语改为马来语，华语成为一个单独的科目，其他科目不再和华语有联系。这一点和国民中学的教学体制是不一样的。国民中学的主要教学媒介语为马来语，华语课一直是一门选修课。改制中学的华语课虽然也只是一门

选修课，但是课时数要比国民中学多得多。两种中学采用同样的课程大纲和教材。

由于华语课在国民小学、国民型华文中学和国民中学纯属选修课，因此在2007年之前，政府并没正式统计国民小学、国民中学和国民型华文中学选修华语课的人数，到了2007年，才开始统计。据2010年7月10日，《星洲日报・社论》提供数据，从2007年开始，马来西亚教育部在全国150所国小开办华文班，到了2009年全国已经有350所国小开办华文班。此外，据2008年6月教育部统计，国小共有10854名学生报读华文，其中马来人学生有6664名，华人学生有1834名。2010年对国小华文教师的人数进行统计，有373人。[②]

2. 国民学校的华文师资培训

国民学校师范培训的培养计划可以分为两类，一类是培训大学教师资格的师范教育课程；另一类则是教师专业文凭课程。提供大学文凭的课程有学期为五年半的"教师学士课程"(PISMP)。其目标是培养具有大学学历的小学教师。学员须先在师范学院修读为期一年半(三个学期)的预科班(Kursus Persediaan)，通过预科学习，才能继续修读学士课程。提供教师专业文凭课程的有"学士毕业生师范课程"(DPLI)。DPLI是给具有大学学历、非主修教育系且已经获得首个学位的学生提供一年半的教师专业文凭教育。以下是师范学院提供的师范培训课程：

表1　国民学校华文教师培训模式

培训课程模式	课程全名	资格	时间
PISMP	Program Ijazah Sarjana Muda Perguruan 教师学士课程	马来西亚教育文凭(SPM)	±五年半
DPLI	Diploma Perguruan Lepas Ijazah 学士毕业生师范课程	大学学历，非主修教育系	±一年半

马来西亚全国共有27所师范学院，而开办华文师范课程的有15所。这些师范学院如下表所示：

表2　开办华文师范课程的师范学院

序号	开办华文师范课程的师范学院
1	玻璃市师范学院 Institut Pendidikam Guru (IPG) Kampus Perlis
2	毅达师范学院 Institut Pendidikan Guru (IPG) Kampus Darul Aman
3	苏丹阿都哈林师范学院 Institut Pendidikan Guru (IPG) Kampus Sultan Abdul Halim
4	槟城师范学院 Institut Pendidikan Guru (IPG) Kampus Pulau Pinang
5	端姑百能师范学院 Institut Pendidikan Guru (IPG) Kampus Tuanku Bainun
6	怡保师范学院 Institut Pendidikan Guru (IPG) Kampus Ipoh
7	慕梨华师范学院 Institut Pendidikan Guru (IPG) Kampus Raja Melewar
8	东姑安潘阿富珊师范学院 Institut Pendidikan Guru (IPG) Kampus Tengku Ampuan Afzan
9	敦胡申翁师范学院 Institut Pendidikan Guru (IPG) Kampus Tun Hussein Onn

续表

序号	开办华文师范课程的师范学院
10	天猛公依布拉欣师范学院 Institut Pendidikan Guru（IPG）Kampus Temenggong Ibrahim
11	古晋师范学院 Institut Pendidikam Guru（IPG）Kampus Batu Lintang
12	美里师范学院 Institut Pendidikan Guru（IPG）Kampus Sarawak
13	拉让师范学院 Institut Pendidikan Guru（IPG）Kampus Rajang
14	加央师范学院 Institut Pendidikan Guru（IPG）Kampus Gaya
15	肯特师范学院 Institut Pendidikan Guru（IPG）Kampus Kent

二、马来西亚汉语作为第二语言教学的发展原因

马来西亚华文教育在东南亚乃至全世界一枝独秀，是除了中国以外唯一具有华文幼儿园、小学、中学和大专完整华文教育体系的国家。但汉语作为第二语言教学，则起步较晚。“在历史的早期，华人以外的族群学习华文是一个十分敏感的问题，不要说他们学习华文，就连华人学华文，马来西亚政府和马来集团都感到不悦。”（冯镇安，1995）所以当时在国民小学[③]（国小）学习华文的只限于华人，华文课称为“母语班”，教学规模很小，人数并不多。直到20世纪80年代，政府突然计划在国小开设华文班，其主要原因有：

1. 经济原因促使马来西亚政府鼓励开设汉语作为第二语言课程

20世纪80年代，中国台湾开始在马来西亚投资，1989年，在马来西亚的投资额达到了1.58646亿美元，1991年投资额达到4.42011亿美元（唐铜庄，2010）；虽然中国大陆在马来西亚的投资起步较晚，但早在1991年，贸易额已经突破10亿美元，达13.32亿美元，到了1996年已经达到37.9亿美元[④]。1987年，马来西亚教育部计划将华文班纳入国小正课，但因遭到马来文教团体的反对而搁置。但中国在马来西亚的投资额和贸易额不断提升，政府出于经济利益的考虑，呼吁国人学习华文的声音渐趋频密。1988年马六甲州政府为了吸引投资和迎合投资者的需求而率先为高官开设华文班，连首席部长也参加学习华文课程（莫顺宗，2002）。同年8月19日，当时的教育部长安华（Anwar Ibrahim）指出：“因华文在本区域的地位日形重要，政府已加紧鼓励各族人民学习华文。”（莫顺宗，2002）鉴于政府前期的呼吁及对各族人民做的动员工作，90年代初，政府计划逐步把国小华文纳入正课，并开放给各族选修。1995年12月在国会提呈通过“新教育法案”，即《1996年教育法令》，把华文纳入正课，让国小学生修读华文。从1996年开始，国小的华文课从“母语班”改名成“附加语文班”（Bahasa Tambahan），开放给各族学生选修。

2. 国小开设华文课可兼顾华裔和非华裔学习华文的需求

中国在马来西亚投资的扩大和贸易额的增长使非华裔觉得学习华文是非常必要的，但当时国小华文班很少，华文又是安排在正课外授课，这让非华裔感觉国小并不那么重视华文，进而把他们的孩子送进华小就读，华小学生人数逐年递增。1989年全国有17,309名非

华裔学生在华文小学就读，1993 年非华裔学生在华小的人数已经激增到 21,508 名，1995 年，华小非华裔的人数达到了 32,734 名(莫顺宗，2002)。政府感到，如果这种现象持续下去，将达不到 1956 年提出的“一个国家、一个民族、一种文化、一种语言和一种源流”单元化教育政策的最终目标，因而在国小开始开设华文班，并将其纳入正课。此举既能吸引非华裔把孩子送去国小就读，同时也很好地解决了国小华裔生上华文课的问题。

3. 政府日益重视国小华文课程

在 1996 年以前，国民小学华文课程的教学对象都是华人，在国民小学中的华文教育和华文小学中的一样，同属于母语教学。但其不同之处在于：(1)华文小学(华小)采用第一语言教学方法教授华文，而国民小学采用的则是第二语言教学方法；(2)华文小学的华文是从一年级开始授课，而国民小学的华文是从三年级开始授课。由于华文教学在国民小学同华文小学一样属于母语教学，因此国民小学的华文课程大纲和教材都是以华文小学的相应材料为基础的，而国民小学的华文课授课时间相对华文小学来说又比较短，因此最终国民小学的华文课程大纲和教材都在华文课程大纲和教材的基础上稍微进行了简化。但随着近些年中国经济实力不断的提升，政府逐渐开始呼吁各民族学习华文。1990 年 4 月 24 日，在《通报》的报道中，教育部副部长云时进披露，将在两到三年内，把华文列为国小的必修科，这是政府第一次提出在国小推行华文班。从 1996 年开始，国小的华文课程从“母语班”改名成“附加语文班”(Bahasa Tambahan)，并开放给三年级的各族学生选修，华文逐步被纳入正课。1997 年，适用于各族的第一套课程大纲及教材开始启用。对其他族群而言，华文作为他们第二语言的教学真正拉开了帷幕。教育部于 2003 年开始从国小一年级就推行“附加语文班”(Bahasa Tambahan)，从那以后，国小从三年级开始上华文课变成一年级开始上华文课。课程内容随之更改，以交际功能为主的课程大纲及教材也随之出台。2005 年，首相阿都拉希望把国小打造成促进各族团结的中心，力图吸引华族学生进入国小。因此，在 2007 年又把国小的华文课程内容做了一番调整，要求课程水平调整到跟华小不相上下，并在国小试行新的“国小华语”课程，供一年级新生选修，逐年推展，代替旧的“交际华语”课程，直至小学生六年级毕业为止。

三、马来西亚汉语作为第二语言教学的问题

1. 国小汉语教师分配不均匀，政策执行不到位

在马来西亚，汉语作为第二语言教学始于 1996 年。但直到 2007 年，教育部增设大学毕业生师范课程(DPLI)国小华文组，才第一次真正开设了汉语作为第二语言教师的培训课程。据 2010 年 7 月 10 日《星洲日报・社论》提供的数据，国小华文教师共有 373 名。在此之前华文教师都是由学校的华裔教师或校外兼职教师来担任。因为汉语作为第二语言教师培训起步较晚，师资较为匮乏。因此，教育部把华文小学的华文教师调到国民小学执教。缺乏规划而且对教师的专业背景考虑不够[5]，造成有的国小华文教师过剩，有的学校则严重短缺，也影响了国小华文课的教学质量。此外，在国小教学的华文教师，因其所承担的华文教学课时不被校方计算在正课课时内，所以他们比其他教师的教学任务更重。

2. 国小和国中华文课程缺乏整体规划，国民对其重要性认识不够

早期国小的华文课安排在课外，虽然后来被逐步纳入正课，但却被编排在宗教课或道德教育课时段，严重影响国小汉语班的出勤率。到了中学阶段，并没有延续小学阶段汉语作为第二语言教学的汉语课，而是将改制中学汉语作为母语教学的华文课的课程和设置方式直接用于国民中学汉语作为第二语言教学的华文课，造成很多学生因程度不够而放弃选修华文。此外，由于马来西亚的马来人大多信奉伊斯兰教，印度人则热衷于自身的母语教育，因此把孩子送进国小的马来人社会较热衷于学习阿拉伯文⑥，印度人社会则较热衷于学习泰米尔文，而华人社会则较不重视华文，对国小华文课程的反应并不热烈，这使得国小华文教学达不到预期的效果。

3. 国小汉语教材单一，缺乏辅助性汉语读本

表 3　国小汉语教材

序号	作者	教材名称	出版社	出版年份(年)
1	陆霞梅，陆永祥	一年级国小华语课本	Penerbitan Pelangi Sdn. Bhd.	2007
2	刘香妘，谢玠畛	二年级国小华语课本	Bangi Sdn. Bhd.	2007
3	郑秋萍	三年级国小华语课本	The Malaya Press Sdn. Bhd.	2008
4	郑秋萍	四年级国小华语课本	The Malaya Press Sdn. Bhd.	2009
5	郑秋萍	五年级国小华语课本	The Malaya Press Sdn. Bhd.	2010

国小汉语教材由教育部统一编写，并免费提供给全国国小学生使用。国小只有一套汉语教材(见上表)，共五册，一至五年级已出版，六年级教材尚未出版，每年级各一册。国小的汉语教材有限，教科书是唯一的来源。由于政府没有把国小华文列为必修和必考科目，加上校方并不那么注重国小华文班，因此在市场上，很难找到适合国小学生的辅助性华文教材，甚至课堂上所采用的教具或教材也因为经费问题，而让华文教师自行承担。

四、加快马来西亚汉语作为第二语言教学发展的策略

鉴于马来西亚汉语作为第二语言教学的发展现状及存在的问题，本文对促进马来西亚汉语作为第二语言教学持续、稳定和健康的发展提出几点建议。

1. 政府应高度重视和中国的合作，促进汉语教学的发展

政府应高度重视马中友好关系，增加互访机会。频密的互访能增进两国经济和文化的交流，能为汉语学习者营造良好的学习氛围。马来西亚没有太多关于汉语作为第二语言教学的经验与实践，因此，马来西亚有关政府部门应该常和中国教育部、国家汉办及中国各所高校交流，将汉语作为第二语言教学的理念和方法引进马来西亚，并且每年组织汉语教师到中国进行短期或长期的汉语作为第二语言教学的培训。目前，马来西亚只有两所孔子学院⑦，不能满足

国内学习汉语的需要，所以，政府应鼓励有关高校与中国合作，增设孔子学院，以孔子学院为龙头，将先进的教学理念和方法引进马来西亚高校，建构和完善马来西亚高校汉语作为第二语言教学的课程。

2. 政府应引导和积极发展汉语教学事业

随着中国经济的快速发展，汉语的重要性日益增强，中国在国际交往中的地位也在不断地提高，学习汉语已成为世界各国人民自发的选择。马来西亚政府如果再继续坚持单元语言政策，将会影响本国与其重要的贸易伙伴中国的正常贸易，同时也将削弱其国际竞争力。因此，在制定国小的华文课程上不能再像以往那样采用单元教育政策，把国小华文课作为幌子，吸引华裔把孩子送进国小就读，而忽略了其他民族学习汉语的态度。对于汉语的态度，政府应该比人民更敏感和积极。如：(1)制定一套从小学、中学到大学适合各族学习的华文课程；(2)制定出各个阶段零起点的华文课程；(3)考虑各民族的语言起点不同，编写有针对性的课程大纲和教材，让各族可以自由选择某个阶段学习汉语或从小学直接延续学习到大学，学校则能更自主地根据学生的学习程度采用更合适的课程大纲和教材；(4)避免把华文课安排在和宗教课或道德教育课同个时间段，影响学生选修华文。[8]

3. 国民应积极响应，加快汉语作为第二语言教学的发展

随着中国经济的日益发展，汉语已成为国际重要语言。目前，全球超过 4000 万外国人修读汉语。学习汉语已经成为一个不可抵挡的趋势和潮流，加上马来西亚政府已经排除了非华裔学习汉语的不利因素，所以第一语言为非汉语的马来西亚人更应该积极选修汉语，要知道学习汉语不只能提高交际能力，而且也能提高马来西亚的国际竞争力。除此之外，马来西亚的华人对政府在国小开设汉语课也不要过分忧虑。全球贸易自由化是必然趋势，各个国家都和中国开展日益密切的贸易往来，汉语热已成为世界新潮流，马来西亚政府应顺应历史潮流，既支持作为母语教学的华文教学，也应规划和发展主要针对非华裔的汉语作为第二语言的教学，建立从现有的小学发展到中学，最后到大学的汉语作为第二语言的教学体系。

4. 媒体应逐步加大宣传力度，唤起民众的汉语学习意识

马来西亚的媒体必须具备国际视野，跟随国际潮流，让占人口 75.1%的非华裔[9]了解中国拥有极大的经济发展潜能，他们若能够掌握汉语，将对国家未来的经济发展有很大的帮助。所以媒体要时时刻刻留意马来西亚的汉语作为第二语言的教学活动、中国和马来西亚政府官员与汉语教学相关的活动及言论，并引进中国的一些汉语教学节目，让更多的人能接触和了解汉语。马来西亚的平面媒体，如报纸和杂志，应该设立学习汉语的专栏，教授汉语并介绍中国地理、国情、文化、艺术和民俗等；而立体媒体，如电视和网络，则应该引进中国汉语教学节目，以多种方式引导各族人民学汉语。

5. 加强本土师资培养，解决汉语师资不足

在解决汉语教师人员不足问题方面，政府必须开明和理智，应对汉语师资培养政策做出如下改革:(1)不得拒绝国小华文组教员的华裔申请者;(2)停止把华小华文组申请者调到国小华文组,并控制培养国小的华文教师的数量,以免使国小的华文教师过剩;(3)停止把华小的华文老师调派到国小任教,因为以第一语言教学师资承担第二语言教学任务,既影响作为母语教学的华文教学,也影响国小汉语作为第二语言教学质量。政府如能对相关政策做以上调整,那么马来西亚汉语教师短缺问题就能迎刃而解。

6. 加强课程教材建设,使教材能适合不同阶段的汉语学习者

马来西亚虽然有一套汉语作为第二语言课程的大纲和教材,但是只限于小学阶段,课程和教材单一,没有零起点中学汉语课程,也没有延续性的中学汉语课程。课程设置没有照顾到不同语言起点的汉语学习者,教材较难,不符合第二语言教学的要求。因此,马来西亚课程局中文组在制定和编写汉语作为第二语言教学的课程和教材时,必须考虑不同语言起点的汉语初学者(即母语为汉语者和母语为非汉语者),以科学性为首要原则,编写出适合各族的课程和教材,达到课程和教材多样化。除此之外,把汉语作为第二语言教学逐渐延伸到中学,设置零起点的汉语课程和延续性的汉语课程,延续性的课程又可分为母语为汉语者和母语为非汉语者两种,以此实现因材施教。

以上建议如能被采纳,将对马来西亚汉语作为第二语言教学产生有益而深远的影响。马来西亚已有一个健全的华文教学体系,也应该有一个健全的汉语作为第二语言的教学体系。两者之间的互动、交融,将加深马来西亚其他民族对马来西亚华人乃至于中国人和中华文化的理解,增进马中两国人民之间的友谊,促进两国关系的持续健康发展。

附注

① 被列入国家教育体系之一的一种源流学校。

② 由于数据并不是每年进行统计,因此很难得到较完整的学校、教师和学生人数。

③ 国民小学以马来语作为主要的教学媒介语。

④ 1991 年和 1996 年贸易数据源自:中国—东盟自由贸易区对中国台湾经济的影响,2005 年中国经济学年会论文。http://wenku. baidu. com/view/23f263c76137ee06eff918fb. html

⑤ 国小华文教师的专业是华文作为第二语言教学,华小华文教师的专业是华文作为第一语言教学。

⑥ 伊斯兰教《古兰经》以阿拉伯文书写,要读懂《古兰经》必须学习阿拉伯语。

⑦ 即马来亚大学孔子学院和马来西亚全球汉语中心(2006 年 9 月,国家汉办将该中心纳入孔子学院系列)。

⑧ 在马来西亚教学课程里,宗教课和道德教育课是必修课:宗教课是穆斯林的必修课,而道德教育课是非穆斯林的必修课。

⑨ 民族比例数据源自:Department of Statistics Malaysia, *Population and Vital Statistics*, 2011. 02.

参考文献

[1] 杜珠成.马来学生读华文有助国民团结. 中国新闻网. http://www. chinanews. com/hr/hr - hjsp/

news/2009/07－10/1769588. shtml，2009－07－10.

［2］冯镇安. 华文列入国小正课有利无弊，华语成国家第三语文. 马来西亚南洋商报，1995－1－29.

［3］洪丽芬. 马来西亚博特拉大学非华裔生汉语学习情况调查与分析. 海外华文教育，2008(1)：65—70.

［4］莫顺宗. 从非华裔学习华文热潮看马来西亚华文教育的新变化与旧问题. 孝恩文化网. http://www. xiao－en. org/cultural/library. asp? cat＝23&doc＝en&id＝106 2002－11－12.

［5］唐铜生. 中国对马来西亚贸易发展策略. 创新，2010(2)：10—14.

［6］郑文龙. 马来西亚国民小学华语课程及教材的沿革研究. 暨南大学硕士学位论文，2008 年.

［7］叶俊杰. 马来西亚华文教学研究. 中央民族大学博士学位论文，2012 年.

［8］叶俊杰. 马来西亚华文课程大纲与华文教材的编写. 吴应辉主编. 汉语国际传播研究. 北京：商务印书馆，2011(1)：179—188.

［9］中国—东盟自由贸易区对中国台湾经济的影响. 2005 年中国经济学年会论文. http://wenku. baidu. com/view/23f263c76137ee06eff918fb. html

［10］Department of Statistics Malaysia. *Population and Vital Statistics*, 2011－02.

（作者简介：叶俊杰，马来西亚籍，博士，马来西亚新纪元大学学院讲师，中国中央民族大学国际教育学院语言学及应用语言学专业汉语国际传播研究方向博士。）

现代专门用途汉语教学的形成

张　黎

提　要　本文在查阅文献及其他信息的基础上，对现代意义的专门用途的汉语教学的起源与形成独立的教学类型的过程进行研究，并将其划分为四个阶段：一、20世纪初，以用途为导向的汉语教学意识开始萌芽；二、60年代初，专门用途汉语课程形成；三、80年代初，专门用途汉语教学成为独立的教学类型和教学模式；四、80年代末，专门用途汉语教学基本理论认识形成。

关键词　专门用途汉语　汉语教学史　科技汉语　商务汉语　医学汉语

1977年，北京语言学院(北京语言大学前身)的杜厚文老师在内部试刊的《语言教学与研究》第一辑上发表了一篇题为《在专业汉语教学中试行突出听说、读写跟上的教法》的论文，这是我们见到的最早的有关专用汉语教学的一个概念名称。这说明至少在上世纪70年代后期，我国对外汉语教学界已经划分出专业汉语教学这一特殊用途。但在此之前，具有专门用途特征的汉语教学实践已经有相当长一段历史了，只是还不能算是现代意义的专用语教学，也没有形成明确的系统理论和方法。下面就概括性地梳理一下汉语作为第二语言的专门用途教学的发端和发展历程。

一、以用途为导向的汉语教学意识的萌芽

前文提到，针对一定用途的第二语言学习和教学古已有之，但那时候的外语教育还算不上是一个独立的学科。例如古代外国人学汉语，是通过读经、读文学作品等进行的，不是把语言教学单独作为一门学问和课程进行的。我们讲的专用语教学是在第二语言教学作为一个独立学科的背景下进行讨论，并且以现代专用语教学的概念去界定。现代专用语教学是在区分学习者需求和语言用途的基础上，进行系统的课程设计和资源开发的教学理念和系统方法。所以对专用语教学的界定，应排除古代的那种语文式教学，以及像《老乞大》那样的课本内容所反映的没有明确指定专门用途的教学，只有明确揭示语言用途以及显示出专门用途意识的教学才算。按此标准看现代意义的汉语作为第二语言教学的历史，体现专门用途汉语意识的汉语教学实践恐怕可以认为20世纪初就已出现了。而这些实践探索是先从朝鲜和日本开始的。19世纪末朝鲜和日本出现了明确以商务汉语为主题的教科书，说明他们开始关注针对商业用

途的汉语教学，日本在这方面尤为明显。日本在明治维新后，开始重视汉语学习，但这是在其对华侵略扩张的不光彩的战略背景下产生的，完全是为其对华侵略扩张的实用目的服务的，包括军事的和商业的两种目的。对他们来说，汉语就是“商人中国语”和“大兵中国语”，而他们学习英语、法语、德语等西方国家的语言是为了学习他们的文化（闫峰 2001:36）。在这种背景下，以商业用途为目的进行汉语教学就成了一种趋势，并出现了一批商务汉语性质的教材；一些商业学校开始教授汉语课程，如东京高等商业学校、神户高等商业学校等，甚至还在中国上海开设了汉语学校——“日清贸易研究所”等（王顺洪，1989:32）。编写《官商须知文案启蒙》《沪语便商》等教材的御幡雅文就曾经在日本的商业学校教过汉语，并于 1898 年被三井物产公司聘请到上海的职员培训所“三井书院”教授北京官话、上海话及中国经济、商业、习俗等课程（王顺洪，2003:76）。据统计，日本明治时期总共刊行了 20 种商务汉语教材（闫峰，2001:36，见表 1），可见当时日本对商务用途汉语学习的重视。1905 年日俄战争以后，日本在中国东北的势力大增，成批的日本人不断涌入中国东北，从 20 年代初开始，以所谓的“南满铁道株式会社”为中枢，通过办学校，出版教材，举办广播讲座，搞中国语学鉴定考试等，进行对在华日本人的汉语教学。到伪满洲国建立以后，日本为了巩固在中国东北的统治，为了使上百万的日本人适应中国环境，从小学六年级就开始开设汉语课。而这时候的日本人在东北搞的汉语教学依然继承了其“传统”，注重实用用途，这从当时出版的汉语普及教材，诸如“实用汉语”“军用语”“警务用语”“参观旅行用语”“商业用语”等可见一斑（王顺洪，1989:35）。但以专门用途语言教学理论来分析，所有日本人实施的以用途为导向的汉语教学，只是体现了专门用途的意识，并没有形成系统的理论和方法，还称不上是专门用途语言教学。

表 1　日本早期的商务汉语教材（闫峰，2001:36）

编号	编者	书名	出版时间	出版单位
1	御幡雅文	《官商须知文稿启蒙》	1889 年 11 月	
2	御幡雅文	《沪语便商》	1892 年 9 月	
3	御幡雅文	《沪语便商意解》	1892 年 9 月	
4	星文山人	《军用商业会话自在支那语自学入门》	1895 年 4 月	柏原政次郎
5	川边紫石	《日英支那朝鲜对照四国会话军务贸易翻译自在》	1895 年 8 月 30 日	大川锭吉
6	吉岛俊明	《日本支那对译商业日用文例》	1896 年	
7	徐东泰、井上孝之助	《日本翻译北京官话贸易丛谈》	1901 年 5 月 20 日	井上孝之助
8	金国璞	《北京官话士商丛谈便览》	上卷 1901 年 12 月 20 日 下卷 1902 年 6 月 20 日	文求堂
9	御幡雅文	《燕语生意筋络》	1903 年 7 月 8 日	文求堂
10	田中庆太郎	《东语士商丛谈便览》	1905 年 6 月 29 日	文求堂

续表

编号	编者	书名	出版时间	出版单位
11	孟繁英	《华语教科书商贾问答》	1905 年	
12	孟繁英	《华语教科书商店问答》	1905 年	
13	金国璞、镰田弥助	《晋绅谈论新集》	1907 年 3 月 15 日	文求堂
14	西岛良尔	《清瀛商业用语》	1907 年 8 月 1 日	柳原书店
15	冈崎太郎	《日清英实用商业书简文》	1907 年 10 月	
16	中岛锦一郎	《日清商业作文及会话》	1907 年 12 月 1 日	广文堂
17	宫锦舒著、田中庆太郎译	《清国商业用文附译解》	1908 年 1 月 5 日	文求堂
18	足立忠八郎	《北京官话日清商业会话》	1909 年 2 月 1 日	金刺芳流堂
19	刃山逸也述、仓野元藏记	《支那商业尺牍讲习录前·后编》	1911—1912 年	崇文会

（说明：为保留历史事实，表中书名保留了当时日本对中国、汉语的不当乃至错误的称谓，如："清国"、"支那"、"支那语"等。特此说明。）

另外，二战时，美国因为向中国派兵，曾专门组织过对美国军人的汉语培训，著名语言学家赵元任就曾参与这一项目。1946 年，美国陆军语言学校在当时的北平设立分校，设汉语专业，学制三年，采用讲解与操练分别进行的教学模式（殷华琈，1991：186），这跟后来赵元任在哈佛大学所采用的汉语教学模式类似。由此可见，美国现代汉语教学的兴起，也是在一定程度上由专门用途推动的。不过，这同样也称不上是现代意义的专门用途语言教学，只是体现了所针对的教学对象的分类，可以看作是有了专用语的意识。而且，当时的教材和课程实践中，也没有见到明确的"用途 + 语言"的概念名称出现过，所以还没有按用途对语言进行功能划分的理念和方法。

二、专门用途汉语课程的形成

我们发现，1950 年香港大公书局出版过一本《实用商业国语会话》（陈瑞华编，分上下两册），这是我们查到的第一次出现"用途 + 汉语（国语）"的名称。但它是粤方言和普通话对照的读物，是用来教粤方言区的人学习普通话用的，不属于汉语作为第二语言教学的性质，也与第二语言教学没有历史和学科联系。

从新中国成立后，一直到 80 年代，对外汉语教学的对象主要是来华留学生以及少数的在华外交人员、专业技术人员等。来华留学生的教育分为语言学习和专业学习两个阶段，先打下一年左右的汉语基础，然后进入各个院校学习专业，在专业学习阶段有的学校还为他们继续开设汉语课程。50 年代，对外汉语预备教育不管是什么专业的预科生，都学习同样的汉语课程，而且因为最初的来华留学生绝大部分是学习文史哲专业的，所以所用教材尽管年年修改，内容总不出文史哲的范围（钟梫，2006），这对于那些学习理工专业的留学生就不太合适。这个问题很快引起了重视，当时设在北大的外国留学生中国语文专修班的教师们开始探索如何将打语言基础与专业需要相结合。1957年，为了解决政经专业学生结合语言与专业的问题，在第二学期末增加了政治经济学的阅读材料，以大量阅读、课堂讨论的形式进行了一个多月，取得了较好的效果（钟梫，2006:2）。1960年第二学期又开始为理工专业的学生设立了四周至六周的专业阅读阶段，后来逐渐增加到两三个月。虽然效果并不太理想，但大部分教师认为这不失为结合专业的一条出路，后经过不断改进，就坚持了下去（钟梫，2006:2—3；杜厚文，1986:42）。1962年，已经并入北京外国语学院的汉语教研室（原北大中国语文专修班）还派出四位教师到清华大学蹲点一个多月，调查入系留学生学习专业时遇到的问题，了解到留学生听课的困难之一就是专业词汇不足。由此教师们对语言教学与专业学习之间的关系有了更清楚的认识：外语（对外国留学生来说汉语就是外语）是一种工具，它必定是为某一种用途服务的、学用必须一致，学要考虑到用。教文史专业的学生与教理工专业的学生学习外语，这二者具有一定的共同性，但是又各有各的特殊性。不能要求一个以外语为工具的理工学生具有这一外语的全面知识，只能要求他具有一般的基础知识（和熟巧）以及与他的专业有关的知识（和熟巧）。笼统地说"多掌握一些总是有用的"，当然并不算错，但是这种想法既不经济，也不实际。在这样的认识基础上，提出了针对理工科学生的语言教学基本目标：能应付日常生活，掌握必要数量的数理化词汇，具有一定的阅读数理化浅易原文的能力；初步受到听数理化通俗讲座的训练，并具备必要的口头表达能力；入系后能借助字典读懂参考书的基本意思，听懂专业课的80%—90%（钟梫，2006:3—4）。1964年9月，外国留学生高等预备学校（北京语言大学前身）开始编写专供准备学习理工专业的学生使用的汉语教材《基础汉语》和《汉语读本》（李景蕙、吕必松、赵椒华等编），前者于1965年开始试用（施光亨，1990a:102）。

从上述情况看，我国对外汉语教学界从上世纪50年代末期就已经开始探索针对专业学习用途的汉语教学实践，首先是在局部教学内容和材料上的调整（选择政治经济学阅读材料），随后就明确划分出理工科学生的专业阅读阶段，而这就是独立的课程了。它体现了以用途需求为导向的指导思想，并且是在正规的语言教育体系内开设的常规课程，有比较明确的教学目标和特别的教学内容（主要是科技词汇），还运用了调查研究的方法。所以这已经很接近现代意义的专用语教学了，可以称得上是一种专门用途汉语课程，只是还没有系统的语言学和语言教学等理论的指导。但那时候国外的ESP（English for Special Purpose）理论还没形成，不可能引入到汉语教学中来。这个事实也说明，我们对专门用途汉语教学的实践探索以及思想认识，跟ESP的兴起差不多是同时的，且这种类型的教学和课程后来得到延续，发展为科技汉语教学和课程类型。所以我们可以将理工科留学生预备教育的专业阅读课程的开设，看作是中国专门用途语言教学的发端，可以将专用汉语教学的起始点定在1960年。由此也可以看出，专用汉语教学和专用英语教学一样，也是从针对科技专业学习用途语言教学发端，最先出现的是科技领域的专用汉语教学。

上世纪70年代的汉语预备教育，实际上是把学生按专业分班分别进行教学。因为根据规定，准备学习理工和西医专业的学生要首先学习一年的汉语，准备学习文科和中医专业的学生要首先学习一年（有一定的汉语基础者）至两年（零起点学习者）的汉语，所以在教学中，不同专业的学生是在不同的班上课的。北语的汉语课当时分成文科班、理工班、西医班、中医班四种类型，在课时安排上也略有不同（见表2）。这体现了按用途区分教学类型的理念。

表 2　20 世纪 70 年代北京语言学院课程与课时安排(吕必松,1990:49)

<table>
<tr><td colspan="2">第一阶段(五周零四天)</td><td colspan="2">第二阶段(十四周)</td><td colspan="3">第三阶段(十六周)</td></tr>
<tr><td>课型名称</td><td>周课时</td><td>课型名称</td><td>周课时</td><td>课型名称</td><td>周课时</td><td></td></tr>
<tr><td rowspan="4">精读</td><td rowspan="4">24</td><td rowspan="4">精读</td><td rowspan="4">20</td><td rowspan="4">精读</td><td>文科班</td><td>8</td></tr>
<tr><td>理工班</td><td rowspan="3">16</td></tr>
<tr><td>西医班</td></tr>
<tr><td>中医班</td></tr>
<tr><td rowspan="4"></td><td rowspan="4"></td><td rowspan="4">听力</td><td rowspan="4">2</td><td rowspan="4">听力</td><td>文科班</td><td rowspan="4">4</td></tr>
<tr><td>理工班</td></tr>
<tr><td>西医班</td></tr>
<tr><td>中医班</td></tr>
<tr><td rowspan="4"></td><td rowspan="4"></td><td rowspan="4">口语</td><td rowspan="4">2</td><td rowspan="4">阅读</td><td>文科班</td><td>8</td></tr>
<tr><td>理工班</td><td rowspan="3">4</td></tr>
<tr><td>西医班</td></tr>
<tr><td>中医班</td></tr>
</table>

值得一提的是,因"文革"爆发而中断的来华留学生汉语预备教育,在 1972 年 6 月重新恢复后开始接收的留学生当中,就有一批清一色的要学习同一个专业的学生——200 名准备学习铁路运输专业的坦桑尼亚和赞比亚留学生,他们全部于 1972 年 6 月进入北京铁道学院(北京交通大学前身)学习,为对这些学生进行汉语预备教育,该校专门成立了汉语培训班(施光亨,1990a:104)。当时中国正在非洲援建坦赞铁路,这批留学生就是为该工程培养的管理与技术人员,对他们的教学就更有明确的目的性,必然要解决语言与专业学习的关系,也是一种专门用途汉语教学的实践。

上世纪 60 年代,除了汉语预备教育外,我国的高校里还为专业学生开设汉语课。1963 年 8 月,当时的国家高教部召开了新中国成立以来第一次全国留学生工作会议,提出了有计划有步骤地在专业学校开设汉语课的要求,认为掌握汉语工具是留学生学好专业的首要条件,只在预备学校学习一年汉语还是不够的,因此有必要规定以汉语作为在华留学生的第一外国语,主要目的是进一步提高留学生的汉语水平,帮助他们克服在学习专业时语言上的困难。虽然当时还没形成专用语教学观念,但这客观上推动了有专业针对性的教学发展。

在新中国建立后,还一直存在着另一种具有专门用途语言教学特征的教学,即对外国外交人员的汉语教学。解放前就有一些汉语教师分散在外国驻华外交机构中教汉语(殷华玗,1991),50 年代初,其中一些教师继续以个人名义在驻京外交使团(主要是西方国家)进行教学工作,教师人数不少于 8 人。1956 年,在北京成立了外交人员服务处,原本分散从事外交人员汉语教学的教师归口由该服务处管理。1962 年外交人员服务处扩大为外交人员服务局,这时已有汉语教师 20 人(施光亨,1990a:99—100)。即使在"文革"期间,这种教学也没有中断过。1971 年,北京外交人员服务局成立了汉语教员组,1973 年改名为汉语教研组,专职教师发展到 50 多人(施光亨,1990a:104;程裕祯 2009:67)。1976 年 8 月上海市外国机构人员服务处也开始进行汉语教学(施光亨,1990a:105)。这是一种有组织地进行分散的个别教学的模式,其教学对象是从事外交这一职业的人,教学的针对性和目的性比较明确,所以带有专门用途汉语教学的特点，而且它后来逐渐发展成为具有一定规模的对外汉语教学类型，所以也可以将其看作是专用汉语教学的另一个发端。

上世纪六七十年代，我国的对外汉语教学界还曾为个别国家的军事人员做过汉语培训，目的是为了让他们能够在中国学习军事与作战知识。据曾经参加过这类项目的教师介绍，当时不能完全采用现有的教材，而是要针对学习者的特殊情况，选择很多跟军事和武器有关的语言内容进行教学。这也是一种专用语教学的实践，只不过这些项目当时是保密的，所以鲜为人知，且规模和持续时间都有限，没有形成相对固定的教学类型。

三、专门用途汉语教学成为独立的教学类型和教学模式

经过多年的实践探索，按专业用途划分教学类型的观念已经被普遍接受，在此情况下，1982 年 9 月，北京语言学院开始对汉语预备教育进行重大改革。这一改革是综合性的，内容涉及教学计划和教学大纲的制定、课型设计、教材编写、课堂教学和测试等各个教学环节。进一步划分了文科汉语班、理工汉语班、西医汉语班、中医汉语班教学类型，并打破以精读课为主的模式，改成分技能教学的模式，针对不同类型开设精读、听力理解、口语、阅读理解等课程。理工汉语班分听说、阅读、听力三种课型，文科汉语班和中医汉语班分读写、听力、说话三种课型，西医汉语班分读写、听说、听力三种课型，并且将每一学年分三个不同的教学阶段，各个教学类型每个教学阶段的课型项目都不一样。文科汉语班和中医汉语班以读写课为“打头课”，而理工汉语班以听说课为“打头课”；理工汉语班和中医汉语班都以听力课为“押尾课”，而文科汉语班以说话课为“押尾课”。打头课教学任务最重，押尾课教学要求最高。每种课型在不同的教学阶段的周课时也不一样，但课型之间的横向关系相对固定。为此还先后研究制订了理工汉语班、文科汉语班（一年级）、中医汉语班和西医汉语班的教学大纲以及包括课型设置计划在内的教学计划，还针对不同专业的特点制订了包括语法范围、词汇范围和功能意念项目的教学大纲（吕必松，1985）。这时候开始使用“科技汉语”“医学汉语”“中医汉语”的课程名称。之后根据新的教学计划和教学大纲分别编写了《现代汉语教程》（文科用，李德津、李更新主编，1984 年试用，1988—1989 年北京语言学院出版社出版）、《科技汉语教程》（杜厚文主编，分为《听力课本》《阅读课本》《听说课本》，1983 年试用，华语教学出版社 1990 年出版；其一、二册合称《普通汉语教程》，1989 年华语教学出版社出版）、《中医汉语》（王砚农主编，分为《汉语读写课本》《汉语说话课本》《汉语听力课本》1983 年试用，1991—1993 年由国际文化出版公司陆续出版）和《医学汉语教程》（杨靖轩主编，1985 年编写，1987 年试用）等系列教材。每套教材都包括读写、听力、说话、汉字等课本，采用结构、情境、功能相结合的编写方法。这一改革是以专业与学科用途划分为出发点而形成的系统的语言教育和教学模式，已经具备真正意义的专用语教学的性质。

这一时期的一个重要事件是 1986 年 5 月 21 日—24 日在北京语言学院举行的第一次对外科技汉语教学研讨会，有来自全国 32 所院校的 43 名代表与会，讨论有关对外科技汉语教学体制和教材建设等问题，会上成立了科技汉语教学研究小组，并就科技汉语两段制问题（即专业教育前的集中强化汉语教学和跟专业教育平行的后续汉语教学）向国家教委提出了建议。国家教委同意这些建议，发出了《关于加强外国留学生科技汉语教学的通知》（施光亨，1990b：

164)。针对国家教委的这一通知精神,12 月 3 日—5 日对外科技汉语教学研究小组在广州举行工作会议,研讨制订第二阶段(专业院校的后续汉语教学)的对外科技汉语教学大纲和教材建设问题(施光亨,1990b:165)。之后,1987 年 6 月 23 日至 7 月 4 日、7 月 29 日至 8 月 7 日先后在上海医科大学、天津大学召开《大学医用汉语教程》《大学科技汉语教程》编写会(施光亨,1990c:251)。这一系列的会议使全国的对外汉语教学界形成了有关科技汉语以及医学汉语的一些共识,推动了专用汉语教学的发展,也使其更加成熟。

在上世纪 80 年代,针对外交人员的汉语教学也在延续并得到了较大发展。除北京和上海外,广东省和辽宁省外事办公室外国机构人员服务处先后于 1980 年和 1984 年开展对外汉语教学(施光亨,1990a:107;施光亨,1990b:163)。1984 年 9 月北京外交人员汉语教学中心在原外交人员服务局汉语教研室的基础上成立,至 1989 年底,该中心已有专职教师 76 人,兼职教师 40 余人,学员 700 人左右(施光亨,1990b:162)。该中心编写了《桥——外国人系列汉语教材》,于 1990 至 1992 年相继出版(北京语言学院出版社),这是中国第一种针对外交用途的汉语教材,也是这一类型专用语教学走向成熟的标志。

同样在 80 年代,商务用途汉语教学的出现为专用汉语教学拓展了空间,并增添了前所未有的活力。1979 年 11 月,北京市外国企业服务总公司及下属的为外企的外国人及其家属进行汉语教学的汉语部同时成立,至 1989 年底,有教师 20 人,兼职教师 100 人,学员 450 人(施光亨,1990a:106)。这体现了针对商务用途需求而进行汉语教学的初步意识,但还没有形成专门的课程类型。1982 年北京语言学院和北京对外贸易学院(对外经济贸易大学前身)联合编写的《汉语外贸洽谈 500 句》(外文出版社)出版,这是新中国第一本商务用途汉语教材。虽然这本教材当时是供留学生自学用的(李杨,1999:92),并不是像科技汉语和医学汉语那样先从教学实践产生,但它明确地体现出商务专门用途汉语教学的理念,并将其转化成看得见和可操作的语言教学内容,是具有开拓意义的探索。事实上,它也成为 80 年代及 90 年代很多外国企业派来的留学生接受个别辅导和自学的主要课本。在它出现以后,新中国的对外汉语教学领域才出现商务汉语教学,所以这本教材的出版可以看作中国商务用途汉语教学开始的标志。1985 年,北京语言学院编的一本《对华贸易汉语会话》由香港联合出版公司出版,这是我们见到的新中国第二种商务汉语教材。

80 年代中期,当时以日本为代表的经济发达国家开始派遣一些公司职员来中国学习汉语,以商务活动和交往为目的的汉语学习需求凸显出来。针对这种情况,1988 年春,当时的北京语言学院来华留学生二系决定面向二年级汉语言专业生和进修生开设学制一年的外贸汉语班,专门开设“外贸口语”“外贸写作”两门必修课,并组织编写这两门课的教材。之后还陆续增加了国际贸易实务、中国涉外经济法等经贸知识课与其配套。1988 年 9 月,外贸汉语班正式开课,报名参加学习的学生有 70 多人,共开设了 5 个教学班。当时为该班编写的两种教材经过几年试用和修改,定名为《汉语外贸口语 30 课》和《外贸写作》,分别于 1991 年和 1994 年由北京语言学院出版社正式出版,它们是最早的供长期进修汉语的学生使用的商务汉语教材。其后这种课程班一直延续到 1995 年,并被其他一些院校效仿。这是新中国最早正规开设的商务专门用途汉语课程,从此以后,商务专门用途的汉语教学开始在蓬勃发展,逐渐成为专用汉语教学领域最大的分支。

四、专门用途汉语教学基本理论认识的形成

在以科技汉语为主导的专用汉语教学实践发展的同时，国内有关的理论认识和研究也开始了，从而为专用汉语教学的成熟打下基础，具体表现在：

第一，开始引入了ESP的概念。张道一1985年在第一届国际汉语教学讨论会上提交的论文《建设对外汉语教学这个新兴学科》中明确提出："在基础汉语阶段的教学中，考虑到学生将来所学的专业不同，在汉语预备教育中应该尽可能为学生将来学专业打下语言基础。这就产生了类似于国外ESP（English for Special Purpose）的为特殊目的的汉语教学（Chinese for Special Purpose）。像有些同志所称的'科技汉语'（Scientific Chinese）之类的东西。"（张道一，1986：528）这说明在上世纪80年代，对外汉语教学界已经开始关注ESP理论，并将其概念引入对外汉语教学。

第二，对专用汉语教学的性质和地位等有了系统性的总结。这主要体现在吕必松的《对外汉语教学概论（讲义）》中。该讲义自1991年开始在北京语言学院内部使用，1993年开始在《世界汉语教学》上连载，它反映了此前的80年代对外汉语教学的理论认识过程。该讲义的第三章"语言教学"中，按照教育性质把第二语言教学类型划分为普通教育、预备教育、专业教育和特殊目的教育四种。其中对"特殊目的教育"的解释是："这是针对特殊需要而设立的第二语言教学类型，可以适应各种学术目的、职业目的、职业工具目的和临时目的。跟普通教育、预备教育和专业教育相比，特殊目的教育的教学目的和教学目标更具体，针对性更强。我国对外汉语教学方面开设的经济汉语班、外贸汉语班、以提高学生的汉语水平为主要目的的汉语教师培训班（注：汉语教师培训班的主要任务是对在职的汉语教师进行培训，教学内容一般以跟汉语教学有关的理论和知识为主，对某些特殊的对象则以提高汉语水平为主）以及专对外国驻华机构工作人员及其家属的汉语教学等都属于这种类型，为帮助学生准备出国留学的外语强化班等也属于这种类型。"（吕必松，1993：121）虽然吕必松没有使用"专门用途语言教学"或"特殊目的的语言教学"的概念，但从其解释上看所指是相同的。

第三，对科技汉语的语言学研究有了进展。杜厚文（1981，1982，1986，1988）、李裕德（1985，1988）、黄振英（1986）等对科技汉语的词汇、语法和文体等的研究，揭示出科技汉语的一些基本特点。这其实就是语域分析，并且不再只是词汇层面上的分析。通过这种研究，使得将科技汉语与通用汉语教学分别开来有了语言学的依据，也使得科技汉语教学内容更为明确。

至此，专用汉语教学从实践到理论，形成了相对完整的体系。专用汉语教学与专用英语教学是在不同的环境下几乎同时发展起来的，二者没有共同的渊源，各有其特色和特点。但在发展过程中，所遇到的问题和解决的思路有很多一致之处，最后殊途同归，都形成了相对独立的专用语教学分支领域。

参考文献

[1] 杜厚文. 在专业汉语教学中试行突出听说、读写跟上的教法. 语言教学与研究，1977(1).

[2] 杜厚文.汉语科技文体的语言特点．语言教学与研究,1981(2).

[3] 杜厚文.科学术语的构成方法．语言教学与研究,1982(2).

[4] 杜厚文.关于外国留学生科技汉语教学体制和教材问题．语言教学与研究,1986(4).

[5] 杜厚文.科技汉语中的长定语．语言教学与研究,1988(3).

[6] 黄振英.科技汉语中的长句试析．语言教学与研究,1986(2).

[7] 李杨.对外汉语本科教育研究．北京:北京语言文化大学出版社,1999.

[8] 李裕德.科技汉语语法．北京:冶金工业出版社,1985.

[9] 李裕德.科技汉语修辞．北京:冶金工业出版社,1988.

[10] 吕必松.基础汉语教学课型设计和教材编写的新尝试．语言教学与研究,1985(4).

[11] 吕必松.对外汉语教学发展概要.北京:北京语言学院出版社,1990.

[12] 吕必松.对外汉语教学概论(讲义)(续四).世界汉语教学,1993(2).

[13] 施光亨.新中国对外汉语教学 40 年大事记．世界汉语教学,1990(2).

[14] 施光亨.新中国对外汉语教学 40 年大事记(续一).世界汉语教学,1990(3).

[15] 施光亨.新中国对外汉语教学 40 年大事记(续完).世界汉语教学,1990(4).

[16] 王顺洪.日本汉语教育的历史与现状.语言教学与研究,1989(4).

[17] 王顺洪.日本明治时期的汉语教师.汉语学习,2003(2).

[18] 闫峰.日本明治时期商业汉语教科书出版情况初探．长春教育学院学报,2001(2).

[19] 殷华琛.中国早期的外交人员汉语教学．世界汉语教学,1991(9).

[20] 张道一.建设对外汉语教学这个新兴学科．第一届国际汉语教学讨论会论文选．北京:北京语言学院出版社,1986.

[21] 钟梫.钟梫对外汉语教学初探．北京:北京语言大学出版社,2006.

(作者简介:张黎,文学博士,北京语言大学对外汉语教材研究中心教授,博士生导师,主要研究方向为商务汉语与教学、汉语口语及教学、社会语言学。)

论高校国际化建设背景下的汉语言(对外)专业本科生教育改革

王小曼

提　要　“985 工程”实施以来,不少高校都把建设世界一流大学作为努力方向。高校是学术发展中心,更是国际化人才的培养基地,能否吸引本国和世界各地优秀学生就读,以及外国学历生在学生总数中所占比例的大小,直接关系到一所高校在国际上的知名度与声望。因此,汉语言(对外)专业本科生教育管理机制的革新,应该纳入我国高校体制改革的轨道之中。

关键词　一流大学　汉语言(对外)专业　学科地位　国际化教育

一、“985”工程与留学生发展目标

“985 工程”实施以来,中国不少高校都把建设世界一流大学作为努力方向和最终目标。那么,何为一流大学?曾担任哈佛大学校长长达十年的陆登庭(Neil L Rudenstine)教授在谈到一流大学的概念时,用了四个“一流”加以概述:一流的设施,一流的师资,一流的学生,一流的评价。

根据上海交通大学二十一世纪发展研究院和高等教育研究所的一份研究报告,世界一流大学的基本特征是:教师素质很高,不乏包括诺贝尔奖获得者在内的世界杰出科学家、划时代科技成果的发明者;科研经费充裕,年度科研经费少则 1 亿美元左右,多则数亿美元,同时拥有庞大的研究生队伍;吸引本国乃至世界最优秀的学生就读,学科门类较为齐全,全方位开放式办学。这些学校不仅是世界著名学者学术交流的中心,而且是国际化人才培养的基地,其研究生中留学生的比例一般在 20%以上(高效,2003)。以这样的标准来衡量,我国的知名高校与哈佛、牛津、剑桥等世界一流大学之间,仍存在着一段相当大的距离。

在“一流”大学的各项指标中,都有对于学生数量和质量的描述说明,这一指标同教师素质一样,是衡量“一流”与否的一个重要标准。能否吸引本国乃至世界各地优秀学生就读,以及国际学历生所占比例的大小,直接关系到一所高校在国际上的知名度与地位。根据上海市政府发布的《上海中长期教育改革和发展规划纲要(2010-2020 年)》所列目标,到 2020 年,上海普通高等学校在校生中留学生所占比例将达到 15%左右,而届时全国的发展目标是 50 万在校留

学生。[①]

然而，理论上的数据要变为现实，还有许多障碍需要跨越。比如，高校依靠什么吸引留学生？学科专业的优势在哪里？如何吸引高质量的留学生来华学习？这些问题可能需要依靠战略眼光加以思考、解决。

二、汉语言(对外)专业教育的传统模式

目前，上海许多高校如复旦大学、上海交通大学、同济大学等正将国际化作为学校的发展战略，通过专业设置国际化、课程设置国际化、中外交流项目及国际化“软环境”“硬环境”的营造等等来吸引留学生。[②]但毋庸讳言，我国大部分高校吸引外国留学生的手段仍然有限。拿学历生来说，类似低学费、低门槛、低标准等招收录取及授予文凭的做法，使得大量在其国内考不上大学的应届高中毕业生涌入我国各地高校，成为高等学历教育中的一个特殊群体。从各高校招生网站公布的入学条件来看，即便如北京语言大学这样有着吸纳留学生优势的大学，也只是将(旧)HSK3级作为唯一的入学门槛。即使未达到3级，仍可作为预科生在该校汉语学院学习半年汉语，成绩合格后即可转为本科生。这一状况的形成，与我国留学生本科专业形成之初的自身定位有很大关系。

1. 汉语言(对外)专业的学科定位

我国最早招收本科留学生的大学是北京语言大学。据吕必松先生(1990)介绍，招收本科留学生的专业最初叫现代汉语专业，于1978年正式创建，是专门面向外国留学生的汉语言本科专业，学制四年，一年级为汉语预备教育，从二年级开始为专业教育，包括七门必修课和二十七门选修课。其中七门必修课都是语言课，中级汉语和高级汉语为全部课程中的主干课。其他课程主要为语言知识课、文化课和文化课性质的语言文化课。[③]

北京语言大学针对来华留学生所进行的“汉语言专业本科留学生单独学历教育”的模式对全国各高校产生了很大影响和启发。九十年代初期开始，随着中国经济改革步伐的加大，越来越多的汉语学习者来到中国，扩大了国内汉语教学的市场，产生了多种汉语学习需求。为满足这一形势变化，国内不少有条件的高等院校纷纷参照“北语模式”，先后设立了专门为外国留学生开设的本科专业。例如，复旦大学国际文化交流学院于1993年开设了专门面向外国留学生的本科专业——“中国语言文化专业”，后改名为“汉语言(对外)专业”，旨在培养能熟练掌握汉语、全面了解中国文化、能同中国进行各种交流的通用人才，并在制订《中国语言文化专业教学计划》时明确规定：“本专业是为外国来华留学生设立的本科专业，主要培养世界各国从事中国语言文化教学、翻译、科研以及同中国进行语言文化交流工作的专门人才。”(吴中伟、刘鑫民、沈文忠，2010：354)该计划强调的是“培养具有比较系统的汉语知识和中国文化知识，以及较强的综合运用汉语的能力，能比较熟练地运用汉语从事各类交流活动的通用型汉语人才”。(吴中伟、刘鑫民、沈文忠，2010：354)

对于汉语言(对外)专业学科性质的认识，王国安(2004)曾在《关于“汉语言专业”(本科)的若干思考》一文中有这样的论述：“面向外国留学生开设的汉语言专业目标是培养人才，其本质

是'汉语人才教育'","汉语言专业总体上是为了造就熟悉中国国情文化背景的应用汉语人才"。[④]这就意味着,汉语言(对外)专业的根本性质就是对外汉语教育。而从不少已开设汉语言(对外)专业的高等院校所公开的资料看,这些院校对专业定位、培养目标、课程设置等内容的描述基本上大同小异,是以国家汉办《高等学校外国留学生汉语言专业教学大纲》的相关规定为指导思想的。这一专业定位,从起步之初就明确了其工具性、应用性而非研究性的学科性质。

2. 汉语言(对外)专业的人才培养

作为各高校本科生培养计划的一个部分,汉语言(对外)专业的本科留学生能够在多大程度上代表中国大学的人才培养水平呢?他们的知识水平与工作能力能否成为我们评价汉语言(对外)专业这一学科成功与否、价值高低的标准呢?自然,汉语言(对外)专业毕业的外国留学生中不乏一些佼佼者,他们"在口头或文字翻译、相关客户的接待、协调与中国公司的关系和中国市场调查等方面都发挥着积极的作用",甚至有"被聘入在中国的外资企业或中外合资企业工作,其中包括面向在华外国人的广告杂志和网络",还有"少量的毕业生自己创业,在中国创办自己的公司"。[⑤]但值得注意的是,大部分本科留学生毕业之后基本上都回国择业,其职业走向与事业建树等情况较难追踪。我们一般只能根据在读学生提供的少量信息及部分毕业留学生的情况反馈了解到,汉语言(对外)专业留学生回国后从事与汉语直接相关职业者并不多见。对一些日本籍学生来说,大学毕业证只是找工作的一个必要条件,学什么专业并不重要。在日本,无论从事什么职业,工作之后一切都要从头开始。而韩国籍留学生毕业之后往往选择在韩国国内的贸易公司工作,或者进入家族企业,他们所从事的基本上是业务工作,而非纯粹的语言工作,而且大多数公司与中国也并无业务来往。还有不少女性毕业生,回国不久就成为了专职家庭主妇,大学经历也只是为找对象增加一个砝码而已。

上述情况表明,汉语言(对外)专业毕业的留学生所从事的行业与国家汉办乃至各高校汉语言(对外)专业所谓"熟练地运用汉语从事各类交流活动的通用型汉语人才"的培养目标之间其实是存在较大差距的。该专业的工具性、应用性培养目标的达成尚且如此差强人意,其研究性就更加无从谈起了。如此现象长年持续下去,对于中国各高校维护自身形象、营造良好口碑、争取进入一流大学行列是十分不利的。那么,这一现状的形成,究竟是专业性质的问题,还是留学生素质的问题呢?恐怕二者兼而有之。

三、复旦大学汉语言(对外)专业的改革探索

1. 汉语言(对外)专业学科性质的再认识

尽管增加外国学历生的数量是创建一流大学的目标之一,但有数据显示,截至2010年,我国教育部及工信部所属80余所大学的平均留学生比例不足3%,其中本科以上的学历生所占比例更低。[⑥]而这些为数不多的外国本科生的教学培养任务大多是由各高校的对外汉语教学机构承担的。多年来,这一教育板块在各高校的地位有些无足轻重,原因不外乎学科性质模糊、学位标准较低、专业学习与毕业就职脱钩、生源质量良莠不齐等等。

此外，汉语言(对外)专业长期以来在教学管理上是一个相对封闭的独立体，本科留学生在受惠于该专业进出门槛偏低的特殊待遇的同时，也从未打开过视野，真正享受过所在高校拥有的各种资源，如校际交流、通识教育、奖学金制度、社会实践、图书馆资源、社团活动等等，成为了一群游离于高校学生群体的"编外人员"。如果汉语言(对外)专业一直游离于高校的教育发展体系之外，那么它充其量只是一个满足市场需求的经济体，其存在价值仅仅在于为高校及教学机构自身创造效益，其学科地位要受到重视并得到大幅提升几乎是不可能的。作为国内高校综合排名第一的北京大学，自始至终没有设立汉语言(对外)专业，应该跟这一学科的性质不被广泛认同有着很大关系。

2. 复旦大学的教育改革举措

2010年，《国家中长期人才发展规划纲要(2010-2020年)》与《国家中长期教育改革和发展规划纲要(2010-2020年)》相继出台，作为首批进入"985"工程名单、国内综合排名第三的著名学府，复旦大学决策层对自身的定位较高，在招收国内外学生质量的把关上日趋严格。2011年6月在复旦大学公开信息网上发布的"复旦大学关于提高人才培养质量工作的报告"⑦显示，复旦大学各项教育改革措施开始落实和推进，尤其是对本科教学改革提出了一系列新的举措。例如，控制本科招生规模，优化选拔方式，加大国际化办学力度等等，都与汉语言(对外)专业本科生的招生培养工作直接挂钩。自2011年9月起，复旦大学国际文化交流学院汉语言(对外)专业本科生被学校纳入全校教学管理体系，意味着从招生、管理、课程设置、考核方式到学位认证等各个环节都不再孤立于大学其他院系的标准之外了。大学政策的变化为这个运行二十年之久的专业学科未来的生存和发展带来了严峻的挑战。

一流的大学不仅需要硬件上的投资和更新，更需要灵活的人才培养和管理机制。如果复旦大学将汉语言(对外)专业纳入正规教育体系的做法有可能在未来成为一种改革榜样的话，那么该专业招生与人才培养的传统模式被打破也将成为必然。

3. 复旦汉语言(对外)改革的后续效应

目前，复旦大学国际文化交流学院汉语言(对外)专业的本科生教学管理纳入全校教学管理体系不足两年，各个环节尚处于磨合期，但传统模式的消解则是明显的。

3.1 招生数量的变化

汉语言(对外)专业本科生的数量受到极大限制，从原来一年5—6个班级、每班20名左右的规模缩小为每年2个班、总数40名的格局。在入学门槛上，汉语水平不再是唯一的标准，申请入学者需参加数学、英语、汉语、中国概况等四门课程的笔试，通过者还要进行面试，由学校教务处统一命题，随机抽取，目的是考核学生的知识面、思维能力以及应变能力。这样的高门槛，使得每年的实际入学人数不一定能达到学校规定的40名上限。如2011年实际招生数量为39名，2012年更是下降到26名。与往年一届120名左右的规模相比，复旦大学汉语言(对外)专业近两年的外国本科生数量可谓直线下降。

3.2 生源质量的变化

尽管留学生数量大幅下降，但质量却在逐年提高。因为入学门槛的上抬，汉语言（对外）专业淘汰了大量综合素质不合要求的入学申请者；此外，近年来外企一些外籍管理人员的随迁子女日渐增多，成为各高校包括汉语言（对外）专业在内的外国学历生的主力军。他们大多在中国中学的国际部就读，有着良好的汉语基础，语言技能不再是他们的学习目标。这样一来，我国高校实施多年的语言学习加文化学习的对外本科学制，有可能随着这一形势的变化而面临被淘汰的危机，传统的教学模式也可能难以为继。

这两方面的变化，虽然在某种程度上造成了经济效益的缩水，但汉语言（对外）专业的留学生却明显感受到了成为复旦大学"正规军"的利益与荣耀，在选课、成绩查询、奖学金制度、学分统计等方面顺利地进入了全校本科生管理的轨道。而在课程共享、课程拓展、通识教育及第二专业领域，汉语言（对外）专业还具有服务于留学生培养的更大的上升空间。

4. 国际化教育与汉语言（对外）专业的学科建设

高等教育国际化是一个近几年出现频率很高的概念，它的提出带动了我国高校在教育观念、发展战略、竞争策略上的深刻思考与调整，具体化为组织结构、教学管理、课程设置、师资培养、合作交流等方面向国际通用标准的看齐。在这样的大环境下，我国高校汉语言（对外）专业需要与时俱进，在培养目标、专业走向、课程设置、教学模式、测试评估、师资建设、教材编写等领域有所作为。

而如复旦大学的做法，将这一专业学科纳入到全校本科生学历教育的体系之中，倒不失为一个契机，促使我们不仅思考汉语言（对外）专业本科生教育的出路问题，更应该思考如何在教学管理、课程改革、教材开发、师资建设，乃至提升学科地位、探索学科方向等领域进行一系列的调整和变革，使本学科的水平逐步向大学其他学科靠拢，并与国内大学所倡导的国际化教育接轨。上述任何一项内容都可谓新领域的研究课题，值得我们探索。

4.1 专业方向与课程设置

复旦大学汉语言（对外）专业受制于学校招生数量的规定，目前只开设了语言文化、商务汉语两个专业方向，但在选修课范围内开辟了多样化课程。例如，日汉翻译、英汉翻译、韩汉翻译都设为专业选修课，可以部分满足有这类专业志向的留学生的需求。由于入学门槛提高及生源结构的变化，进入一年级的本科生，大多数已达到中级以上汉语水平，传统的一、二年级学习语言技能，三、四年级学习文化知识的教学模式自然被打破，课程改革也势在必行。

在新的课程规划中，文化知识从一年级开始，就渗透到语言教学中，如精读课被分割成五个板块：精读、历史知识文选、人文地理知识文选、文学艺术知识文选、汉语知识文选；选修课下放，从一年级开始，留学生可以选择的专业选修课包括中国哲学、中国绘画、文物鉴赏、中国神话传说、中国传统医学文化、当代国际关系、中国传统建筑文化、中国历史名人、汉字研究、中国电影与文化、中国旅游文化、中国传统戏曲欣赏等，这些课程有的被纳入全校性的通识教育课程体系，有的则是面向全校留学生的选修课；同时，汉语言（对外）专业本科生也可以跨系选修或旁听感兴趣的课程，可以说在课程资源上实现了较大程度的共享。这对汉语言（对外）专业传统的封闭式学科体系和课程设置而言是一个巨大的突破，同时对提升汉语言(对外)专业学科水平与地位、提升该学科留学生的质量也起到了极大的促进作用。

4.2 师资建设与教材开发

商务汉语是近几年汉语言(对外)专业新设的方向，与语言文化方向相比，专业性质更强。该方向所涉及的课程开发与教材开发的面不是很广，但深度与难度较强，亟需储备具有经济学专业背景的师资力量。在高校普遍压缩编制的人事政策下，光靠招聘经济学专业人才来扩充师资力量并不足以应付现实需求。因此，现职教师如何跨越学科界限、胜任商务汉语课程教学、开发具有专业水平的商务汉语教材，将成为未来汉语言(对外)专业学科发展的一大课题。

面对这种两难的困境，复旦大学汉语言(对外)专业目前采取了以下措施：

4.2.1 充分发挥具有专业背景的专职教师的作用

相对汉语教师而言，具有经济学专业背景的专职教师可谓"稀有资源"，他们不仅可以胜任商务方向的各门课程，还可以成为商务类教材建设的主力军，甚至可以成为其他汉语类教师的"老师"，为商务汉语课程的教学提供一些专业性的指导，起到答疑解惑的作用。对这部分教师的使用和深度培训，应成为商务方向课程与教材建设的重要内容。

4.2.2 聘用具有专业背景的兼职教师

聘用经济学专业的兼职教师担任部分商务汉语方向的课程，可以较好地弥补大多数汉语类或文化类教师在商务知识方面的欠缺，提高商务方向的专业性。在目前高校编制受限的情况下，是一个较为快速、便利的师资补充渠道。当然，兼职教师队伍含有稳定性不足及管理方面的缺陷。

4.2.3 系列教材的规划和建设

不论是新设的商务汉语方向，还是传统的语言文化方向，在复旦大学汉语言(对外)专业教育改革的背景下，都面临着或建设或调整的形势。如原有教学模式下的文化知识类课程如何在新形势下进行文化知识广度的开辟与深度的挖掘，商务方向的课程与教材如何进行科学的开发与建设等等，都成为新的研究课题，也成为每一位熟谙语言教学技巧的汉语教师自身发展的新契机与科研动力。因此，新的语言文化类及商务类系列教材的规划和建设，也势在必行。

四、结语

二十年来，汉语言(对外)专业的发展一直处于上扬趋势，不仅学生人数递增，而且开设的院校也越来越多，一些内陆省份的大学也顺势而为，开始招收该专业外国本科留学生。据统计，"在2000—2004年间，我国外国留学生的平均年增长率为22.5%。本科生、研究生、普通进修生、短期生的平均年增长率分别为31.5%、15.8%、21.2%和21.7%。本科生的平均年增长率最高，高出整个留学生平均年增长率9个百分点。"(于富增，2007)[⑧] 这一看似繁荣的局面令不少业内人士欢欣鼓舞。但是，也有不少专业人士在思考这样一个问题：要提升汉语言(对外)

专业的学科地位，能否仅仅满足于招生数量的增长？大学的名气诚然要靠科研水平、教学队伍、资金设备等条件来支撑，而高质量人才的输出更是最直观的实力证明，很大程度上影响着一所大学的口碑。

复旦大学汉语言(对外)专业被纳入全校本科教育体系既是提升学科地位的契机，同时也带来了专业发展的难题。首先是复旦大学控制本科招生规模的政策与国家教育部门提高留学生比例的发展规划之间存在的矛盾；其次是门槛提高带来的招生数量的大幅缩水对经济效益的影响；此外还有课程拓展、教材开发与师资建设方面的巨大压力和挑战。

尽管复旦大学汉语言(对外)专业的新模式在全国高校中尚属特例，但争创世界一流大学的潮流或许会迫使不少高校在经济效益与大学声望之间做出选择。因此，从长远看，复旦大学的新模式或许是"第一个吃螃蟹"的大胆之举，有可能引领国内高校重新思考汉语言(对外)专业的定位问题：是维持现状，还是努力提高专业含金量？时间也许是最好的答案。

附注

① 参见新华网 2010 年 3 月 30 日文章《预计到 2020 年留学生占上海普通高校在校生的 15%》，http://news.xinhuanet.com/edu/2010-03/30/content_13272075.htm。

② 参见沈文忠、陈强《来华留学生教育发展中课程国际化问题初探》，载于论文集《来华留学教育管理研究(2006—2008)》，121 页。

③ 参见吕必松《对外汉语教学发展概要》，93—105 页。

④ 参见王国安《关于"汉语言专业"(本科)的若干思考》，载于《汉学论丛》第四辑，1—14 页。

⑤ 参见《21 世纪外国留学生汉语言专业人才培养目标体系分析报告》，载于上海交通大学网站教学管理栏目，http://cc.sjtu.edu.cn/chinese/ListArticle.aspx? menuID=97&infoId=399，2013-03-12。

⑥ 数据来自中国人民大学高等教育研究中心 2010 年 6 月发布的"中国大学 50 强排名"，载于人民网教育频道，http://edu.people.com.cn/GB/116076/11997412.html，2013-03-12。

⑦ 参见复旦大学网站 http://xxgk.fudan.edu.cn/s/68/t/297/65/dd/info26077.htm，2013-03-15。

⑧ 参见于富增 2007 年 8 月学会年会论文《世界留学生流动的规律与我国外国留学生教育的发展》，刊登于中国高等教育学会外国留学生教育管理分会网站，http://www.cafsa.org.cn/index.php? mid=51&tid=5127，2013-03-15。

参考文献

[1] 高效.清华、北大离世界一流大学有多远.希望月报，2003(16).

[2] 吕必松.对外汉语教学发展概要.北京：北京语言学院出版社，1996.

[3] 沈文忠，陈强.来华留学生教育发展中课程国际化问题初探.见：中国高教学会外国留学生教育管理分会编.来华留学教育管理研究(2006—2008).北京：北京语言大学出版社，2010.

[4] 吴中伟，刘鑫民，沈文忠.复旦大学汉语言(对外)本科专业的实践及探索.见：中国高教学会外国留学生教育管理分会编.来华留学教育管理研究(2006—2008).北京：北京语言大学出版社，2010.

[5] 于富增.世界留学生流动的规律与我国外国留学生教育的发展.中国高等教育学会外国留学生教育管

理分会年会论文，2007.
[6] 朱立元主编.汉学论丛(第四辑).山西:山西人民出版社,2004.

(作者简介:王小曼,复旦大学中文系博士生,复旦大学国际文化交流学院副教授,主要研究方向为国际汉语教学、文化语言学。)

北京外国语大学举行“北外承办海外孔子学院年会2013”

2013年12月4日至6日,“北外承办海外孔子学院年会2013”在北京外国语大学举行。来自16个国家的19所孔子学院的近80位中外方院长、理事和嘉宾参加了会议。

北外校长韩震在开幕式致辞中表示,北外将秉承孔子“和而不同”的理念,践行“让中国了解世界,让世界理解中国”的双重使命,努力为孔子学院的相互合作、健康发展做出积极的贡献。

为期两天的会议围绕如何进一步提升孔子学院的影响力展开。参会代表就孔子学院如何参与各国多元文化教育交流、如何加强资金的规范有效管理、如何办好全球“孔子学院日”等议题展开讨论。北京外国语大学在会议最后发布了2014年重点项目:“你和我・在北京”夏令营、孔子学院大学/中小学校长团、“文化中国你我谈”北外学者海外巡讲、“孔子新汉学计划”、国外高校设立汉语师范专业等。各孔子学院均表示要根据自身特点与优势,参与相关项目,推动孔子学院的发展。

截至目前,北京外国语大学共承办20所孔子学院,分布在亚、欧、美16个国家,承办数量位居中国高校之首。2013年,学员总数达1.9万人,同比增长43%;参加汉语水平考试的人数达5600人,同比增长73.5%;开展各类文化活动、学术讲座和研讨会共715次,受众人数达22.6万,孔子学院下设教学点131个,合作机构236个。

孔子学院深入了解当地民众的需求,为当地大学、政府、国际组织和社区提供了汉语学习和中国文化咨询方面的支持。正如北外副校长闫国华在年会闭幕式上所说,“提升信誉”与“突出特色”对孔子学院的生存和发展起着至关重要的作用,孔子学院将在今后的建设中继续探索,不断创新,逐渐成为当地多元文化的重要组成部分。

北京外国语大学孔子学院工作处　龚婧供稿

跨文化交往中的意义拒斥①

——国际汉语教师课堂评价语探析

王添淼

提　要　评价语是国际汉语教师课堂语言表达的重要部分。本文通过课堂观察和师生访谈发现，由于国际汉语课堂教学中师生文化差异的客观存在，教师的某些课堂评价语往往会产生文化冲突，导致学生的某种意义拒斥，并直接影响到课堂教学效果的好坏。在此实践分析的基础上，笔者根据教育学和跨文化交往理论提出了国际汉语教师课堂评价语合理运用的有效策略，包括敞开心灵：教师的包容心；走进心灵：意义协商；完善自我：生成与发展。

关键词　国际汉语教师课堂评价语　跨文化交往　意义拒斥　有效策略

一、意义呈现：教师课堂评价语研究

课堂交流可能有多种方式。但是，毋庸置疑，语言是教师表达自己思想与情感最重要的方式，是师生课堂教学的先决条件，是最重要的交流手段。教学活动正是以语言为手段并通过语言进行和实现的。“语言不仅是教育的手段，而且它本身就是教育，语言就是教育的目的。”（刘铁芳，2001）评价语是教师课堂语言表达的重要部分，所谓教师评价语就是教师在教学过程中，对学生的语言表达或举止行为进行纠正、教育和补充的语言，实际上就是对学生的活动进行某种判定或评价，既包括表扬，也包括批评。“教师的指导性评价能否对学生的学习和成长产生有利的影响，很大程度上取决于伴随性评价语言产生的情感效果。”（王枬，2008：123）在国际汉语课堂教学过程中，教师如何运用评价语，在学生心中引起共鸣和激荡？学生又如何在教师评价语的感染下，用言说表达自己的疑问、好奇、不解和焦虑？笔者以教育学和跨文化交往理论为基础，通过国际汉语课堂教学观察和师生访谈，发现国际汉语教师的课堂评价语和其他教师有着很多共性，但是由于师生文化差异的客观存在，教师受到中国文化传统影响的课堂评价语往往会在跨文化交往过程中产生文化冲突，导致学生的某种意义拒斥，并直接影响到课堂教学效果的好坏。本文主要针对跨文化交往下教师评价语的运用情况、产生效果以及应对策略进行评析。

二、实然样态：国际汉语教师课堂评价语的文化失语

1.“积极”抵抗与“消极”抵抗

辩论是国际汉语课堂教学过程中一种常见的教学方法，是检验学生汉语学习效果和提高

汉语水平的有效手段。笔者曾在课堂观察中看到这样一幕:教师在上一堂课已经讲过辩论的题目和辩论赛的规则。辩论过程和结果较为理想,几乎每个学生都能够积极参与到辩论中来。只是在自由辩论阶段,正方的六个人,几乎只有一个美国男孩在发言,而反方则较为均衡。教师对辩论赛进行总结时首先对学生们的积极发言予以表扬,"只是自由辩论时不太理想"。但是,教师并没有批评那个美国男孩,而是肯定了他踊跃发言的精神,并希望大家向他学习。教师的话音刚落,作为主持人的法国女孩立刻较为严肃地看了看老师,又看了看正方发言最踊跃的那个美国男孩,说:"这边只有你说,别的人很少说。可是这边(她看着反方)每个人说。你说得太多了,我觉得下次你过来,当主持人吧。"那个美国男孩没有作声,不过脸有一点红。课后,这个法国女孩和另一个学生对老师说:"老师,你应该批评某某某!他说得太多,别人不能说。"

有位教师还向笔者讲述了这样一件事情:她班里有个俄罗斯男孩只有16岁,而其他的学生都已经上了大学,最小的大学二年级。这个男孩上课时很爱和旁边的同学说话,一开始还有同学和他聊。可是后来就只剩下他自己在说,旁边的同学似听非听。这位教师曾在课后找这个男孩谈过,可只好了一天,就又复发了。班里的一个美国女孩也找到了老师,希望她能解决这个男孩总是上课说话打扰别人的问题。老师为了不伤害这个男孩学习汉语的积极性,每当他说话时,就立刻提问这个男孩,或是一边微笑地看着他,一边把手指放在嘴前"嘘——"。然而,安静的时间总是很短。有一天,当老师正在讲课时,这个男孩一边对旁边的同学讲着什么,一边还笑出了声音。这时,那名美国女生很快地收拾好东西,背起书包走到了教室门口,打开了门。老师很惊诧地问她去哪里。这个女孩很严肃,也很生气地告诉老师:"你是老师,你不说,教室太吵,我没办法上课。"说完这句话就离开了教室。过了一个星期,评估结果出来了。老师看到了学生们这样的评语:"我们的老师不合适当老师!""她不公平,有的学生说,她不批评他。""她没有责任感。""课堂很糟糕!""中国人没有原则,很不严格。"

以上这些学生对教师的"批评"实际上是对教师们课堂评价语的一种反抗。著名教育学者周宗伟认为,学生的这种反抗主要有两种:"积极"抵抗和"消极"抵抗。以上案例属于"积极"抵抗,也就是通过种种"权且利用"的策略为自己争取利益的行为,反抗的目的是在不损害自身的情况下尽量为自己争取利益。比如,法国女孩和她的同学对教师的"批评"是因为他们认为教师应该批评那位发言太多的美国男孩而不是表扬他,反抗的目的是希望学生的发言机会能够均等,每个学生都能够受到公平对待。同样,在第二个案例中,学生们认为该名教师应该严厉批评上课爱讲话的学生,而不是如此含蓄,处处给他留情面,只是用一些体态语作为提示,反抗的目的是希望老师对课堂纪律严格管理,不要因为某一个学生影响课堂的正常教学和学习。

学生们对教师课堂评价语的另一种反抗是"消极"抵抗,此种反抗仅仅是为了保证自己不受伤害,并没有利益的争夺。比如,在一个高级口语班,有一名发言非常踊跃的美国男生经常举手回答老师的提问,而且还会主动提出问题。这名男生在山西住了四年,完全是自学的汉语。到北京以后,才开始正规的汉语学习。他知道的汉语词汇很多,但是语法错误层出不穷。比如他会说"我们去北京郊外爬山一起,上个周末"。他还会时常用一些很难的汉语词汇造句,如"我希望中国会归还1919的精神。我们不只要'讲文明'我们不只要'做和谐的社会'"。他也很好学,说完一个句子经常问老师"这样说对吗?"老师怕他会误导其他的学生,就告诉他"不对""不行"。可是,渐渐地这名学生课堂发言次数越来越少。一天课间,老师关切地问他:"最近还好吗？我觉得你发言的次数越来越少，身体不舒服吗？”这名学生迟疑了一下，回答道：“老师，你知道吗？在美国时我的老师不会说我‘不对’‘不行’。可是你总是说我‘不对’‘不行’。我的中国朋友都能明白我的意思。他们说我的汉语很好！你让我没有信心！不敢说很多话！”老师有点哑然，接着，便苦口婆心地告诉他，纠正他的错误是因为对他负责任，是为了他好，说“不对”“不行”，只是希望能让他印象深刻，不会再犯同样的错误。

法国社会学家波德里拉曾经分析过这种“消极抵抗”，并指出此种抵抗方式是一种制造了“沉默的大众”的“被动”抵制策略，“消极”抵抗比“积极”抵抗的后果更为严重。比如，在国际汉语课堂教学中，有些教师囿于中国传统教育理念，师生的等级观念非常强，以教师为中心或是主体的评价语是树立教师权威的重要保障。西方的教育理念则强调师生平等，学生早已习惯了自由、民主的课堂氛围。所以，处于被支配地位的学生主体便要反抗，对张口就是“必须怎样”或“应该怎样”的教育方式进行抵制和抗议。他们会抗议课堂说话的机会太少、作业太多、娱乐太少，会说他们也有选择和调整的权力，这些抵制情绪导致他们课堂上不好好听课；而另一些学生可能表面上毕恭毕敬，做出认真听课的模样，实际上两耳空空什么也没听进去，只是筹划着去哪个酒吧找人聊天，或是该去哪个地方旅游。

2. 意义拒斥

无论是上文提到的学生们的“积极”抵抗，还是“消极”抵抗，实际上都是学生对教师的意义拒斥。有些国际汉语教师用含蓄的方式来解决问题，因为教师要面对来自不同国家的学生，他们有着不同的文化背景，情况较为复杂。在访谈中，这两位教师指出，如果面对中国学生，他们一定会“直言不讳”，但是在教授留学生时，他们会考虑到跨文化交往的因素，“学生来自异国他乡，会有很多的不适应，很怕挫伤学生汉语学习的积极性，应该给学生‘留点面子’”，但是“没想到外国学生如此没有礼貌”。不仅是文中提到的教师，很多国际汉语教师在给予学生评价时，都会考虑到很多因素，都会小心翼翼。然而，这种以学生为出发点的小心翼翼往往会在不经意间使自己变得过于含蓄，在学生头脑中留下了中国人面对问题时总是躲躲闪闪、含糊其词的印象。学生们并没能理解含蓄的意义之所在，相反更多的是对意义的拒斥，教师们也难以接受学生如此直截了当的“批评”。而总是用“不对”“不行”等评价语的老师也是因为受到中国传统文化的影响，以这种严厉的评价方式加深学生的印象，以减少学生的错误率。但是，在鼓励式教育环境下长大的西方学生很难理解中国教师此种评价语的意义。同样，留学生们也难以理解师生等级制度的构建对树立教师权威的意义。波德里拉指出：“这种意义上的拒斥和抵抗，是把系统传递过来的意义像镜子般的折射回去，不作吸收……所拒斥的不是能指即符号，而是所指即意义。”（陆扬、王毅，2000：129）而意义拒斥产生的根本性原因则是文化差异所导致的文化失语，是教师们跨文化交往意识的缺失。

三、应然选择：教师评价语的合理运用

通过前文的描述，我们不难发现，国际汉语教师们指导性的评价会对学生参与课堂教学活动产生何种影响，在很大程度上取决于教师在此过程中伴随性评价语言产生的情感效果。课

堂上国际汉语教师语言的接受主体是学生，教师自身的情感以及教师对课堂活动的情感化处理，都有可能通过语言这种信息的载体传递给学生，这种情感或是有意识的、积极的，或是无意识的、消极的，但无论怎样，都将引起学生的情感体验。正如苏霍姆林斯基所述："教育的艺术，首先是说话的艺术，同人心交流的艺术。教师的语言是一种什么也代替不了的影响学生心灵的工具"。(苏霍姆林斯基，1983:52)由于国际汉语课堂教学中文化差异的客观存在，中国教师所认可的积极的评价语对于具有异国文化背景的学生而言，有可能是积极的，也可能是消极的。所以，相对于其他学科而言，国际汉语教师课堂评价语的运用策略更为复杂，教师的评价语不仅是点燃学生智慧之光的火种，也是沟通师生心灵、促进文化交融的桥梁。为了避免和减少教师评价语在跨文化交往中所产生的意义拒斥，我们认为教师可以从对话和理解的视角去探寻国际汉语教师课堂里合理运用评价语的方法，具体包括以下三方面。

1. 敞开心灵：教师的包容心

初来中国的留学生对中国文化的了解大多来源于课文或者媒体。他们并没有与中国人有过亲身的长时间的接触，所以难以理解中国文化中含蓄的意义，采取了"积极"抵抗的方式，让教师在课堂上颜面尽失。而习惯了"师道尊严"的中国教师往往会对公然抵抗的学生产生偏见，认为某某国家的学生很没礼貌，完全不尊重教师，从而使矛盾不断激化。实际上，教师在面对意义拒斥时，应首先敞开心扉去了解外国的文化，比如不同国家人的性格特征，美国人比较直率，初次相见，就可能问及许多事情(Woronov, N. & Chi Yunfang, 1986:13)，而英国人显得很矜持，话语不多(吴延迪，1994:314)。作为一名教师，也更应该积极地了解西方的教育理念，如西方文化中师生平等沟通的涵义，在学生的心目中，此种"积极"抵抗并不意味着对教师的不尊重，他们没有受到中国传统文化中"等级观念"的影响，认为学生和教师有着平等的话语权。同时，教师在理解和包容学生的前提下，也要让学生了解中国人含蓄的意义。在跨文化交往中，来自欧美国家的人往往对中国人在表达意思时的模棱两可、不置可否感到摸不着头脑(庄恩平，1993:70—71)。可是，教师的这种含蓄并非学生所理解的"中国人没有原则"，而只是教师对学生的一种包容。另一方面，国际汉语教师为了不挫伤学生汉语学习的积极性，应该平易近人，性格开朗，不过于严肃和严厉，努力创造一种和谐民主的课堂气氛。但是，这些并不等于不严格，正如很多留学生所述，他们明白而且欣赏"严师出高徒"这句中国俗语的含义。

2. 走进心灵：意义协商

一些留学生最怕老师说"不对""不行"，一些学生甚至认为"中国教师总是喜欢批评学生"。实际上，在跨文化交往过程中，师生间需要进行意义协商，所谓的意义协商就是教师应该创造一种平等、民主、协商、和谐的氛围，在这种氛围中不同的文化属性才能得以并敢于彰显，从而实现异文化之间的相互理解，实现共通与共识。正如前文所述，西方学生难以理解中国教师批评式的教育方式，而这种教育方式并不意味着教师是不合格、不优秀的。只是因为在中国传统文化中，教师有着特殊而崇高的地位，这种师生间的权力格局让某些国际汉语教师难以带着平等和民主走向学生，将学生当作独立的、有尊严的个体看待，所以，他们很少有鼓励性的评价，很少走下讲台，"走进"学生。这也正是造成很多中国学生在大庭广众面前讲话发憷、怕丢面子的主要原因。西方的教育理念则是以鼓励为主。在一些欧美人研发的汉语教学多媒体课件中，学生练习出现错误时，电脑上不会出现“答错了”这样的句子，而是“再想一想”“再看一遍”；学生答对了，电脑上也不只是出现“答对了”，而是“很好”“太棒了”“你真棒”。汉语对于留学生而言，尤其是欧美学生，由于与其母语语系截然不同，学习的难度较高，学生们经常会出现错误。所以，教师在评价时，可以采用知识性评价和情感性评价相结合，也就是说教师不能只注重对学生做出认知方面的信息反馈，也可以给予情感上的影响。这样一方面可以加强师生之间的人际互动，减少由于评价产生的种种消极的内心体验以及对后继行为的影响；另一方面，也可以提升学生汉语学习的动力和热情，培养他们对汉语学习以及对自我的积极态度。著名语言学家纽南(D. Nunan)通过研究表明，教师在给予积极反馈(positive feedback)时，不仅能使学习者知道他们正确地完成了任务，同时还能通过赞扬增强他们的学习动机，因此积极反馈比消极反馈(negative feedback)更有利于改进学习者的行为。(D. Nunan，1991)

3. 完善自我：生成与发展

国际汉语教师面对跨文化交往的意义拒斥时，对话和理解的过程也正是自我不断完善的过程，是伴随着新的意义的生成，扩大生命维度和丰富文化内涵的过程。教师通过对学生和异文化的理解，结合自己所独有的世界，创造性地生成新的文化以及生命的价值。对话和理解的过程也是教师对固有文化的解读、批判和反思，从而建构和生成新文化的过程。通过教师与学生以及教师与文化之间的互动，厘清自我的思想和教育理念，构建一种新的国际汉语课堂教学文化。正如文化人类学家格尔茨所述，人是“悬挂在由他们自己编制的意义之网上的动物，我把文化看作这些网”(格尔茨著，纳日碧力戈等译，1999)，在同一社会群体中，人们之间的“意义之网”是共享的。国际汉语教师和学生都具有本民族文化所形成的“意义之网”，作为教师应该有超越自我的精神，教学相长，避免跨文化交往中的意义拒斥，使评价语成为对学生学习信念和兴趣的一种激励和促动，使学生成为课堂教学的主角，获得真正意义上的自由，把国际汉语课堂编织成一个师生了解世界多国文化的“意义之网”。因此，评价语的合理运用既是教师教学方法、教学能力、教育艺术和教育理念的展现，也是教师不断充实和提升自我的过程。

附注

① 感谢《国际汉语教育》匿名审稿专家对本文提出的修改意见。

参考文献

[1] 格尔茨著，纳日碧力戈等译.文化的解释.上海：上海人民出版社，1999.

[2] 刘铁芳.语言与教育.河北师范大学学报(教育科学版)，2001(3).

[3] 陆扬，王毅.大众文化与传媒.上海：上海三联书店，2000.

[4] (苏)苏霍姆林斯基著，肖勇译.教育的艺术.长沙：湖南教育出版社，1981.

[5] 王添淼.文化定势与文化传播——国际汉语教师的认知困境.中国文化研究,2011(3).
[6] 王枬.教师印迹:课堂生活的叙事研究.北京:教育科学出版社,2008.
[7] 吴延迪.英国风情录.北京:知识出版社,1994.
[8] 庄恩平.走出误区——中美交际文化差异实例分析.北京:世界图书出版公司,1993.
[9] Nunan,D. Communicative Tasks and Language Curriculum. TESOL,Quarterly 2,1991.
[10] Woronov,N. & Chi Yunfang. *Modern American English : Living and Learning in the West*. Shanghai :Shanghai Foreign Language Education Press,1986.

(作者简介:王添淼,北京大学对外汉语教育学院副教授,博士,硕士生导师,主要研究方向为教师发展、跨文化交往、对外汉语教学法。)

Animacy and Relative Clause Type: at an Acquisitional Interface

Jin Wenhua

Abstract: Recently, there has been a growing interest in decoding a multitude of factors that are involved in the processing of L1 relative clauses. However, such research in the field of second language acquisition, especially in L2 Chinese, has been extremely rare. This study examines whether the animacy feature of noun phrases plays a role in the second language acquisition of different types of Chinese relative clauses (RCs). Through the analysis of the data elicited from both comprehension and production tasks, this article reveals the facilitative effect of "subject = animate" and "object = inanimate" features in the acquisition process, the modulation effect of various animacy configurations on different types of RCs, and the overriding effect of the syntactic factor over the animacy factor at the acquisitional interface. This study also sheds new light on the understanding of the ongoing debate on the relative ease of subject-extract vs. object-extracted relative clauses in Chinese.

Key words: Animacy; Relative clause; L2 Chinese; Language acquisition

1. Introduction

In the past two decades, there has been a growing interest in decoding the multitude of factors that are involved in the processing of L1 relative clauses (RCs), including, but not limited to, syntactic, semantic, and pragmatic information (Dahan & Tanenhous, 2004; Fox & Thompson, 1990; Gennari & MacDonald, 2008; Gibson, 1998; Mak, Vonk, & Schriefers, 2002; Tao, 2002). However, research on how such information affects the processing of RCs in the field of second language acquisition, especially L2 Chinese acquisition, has been extremely rare.

In an effort to uncover some of the interactions in the L2 RC processing, this paper focuses on two factors from the semantic and syntactic domains in the acquisition of L2 Chinese: one is the animacy of the head noun and the noun phrase within the RC, and the other is the type of relative clauses depending on the syntactic function of the head noun in the matrix clause (subject or object) and the extracted position within the relative clause (subject-extracted or object-extracted, hence SR or OR). While all these different types of relative clauses exist in Chinese as in English, Chinese differ from English in the headedness of relative clause formation as shown in the following example, Sentence 1.

1. Mama zuo de yifu hen piaoliang.
   Mother-make-REL-clothes-very-pretty
   'The clothes that mother made were very pretty.'

As we see from the example, Chinese RCs are right-headed with the head noun (underlined) following the modification clause (*de* is the relative marker in Chinese), while English RCs are left-headed with the head noun preceding the modification clause, so relative clauses often constitute a very challenging topic for English-speaking learners of Chinese. Given the typological uniqueness of Chinese, research on Chinese RCs will provide critical information for the cross-linguistic generalization on RC processing.

2. Previous research

Previous studies on RC-left-headed languages such as English, German, Dutch, etc. have made two general findings on RC processing: one is that SRs are easier to process than ORs, which has been well established in the literature with various research methods, including lexical task, self-paced reading, event-related potentials, functional magnetic resonance imaging, positron emission tomography, and eye-movement monitoring (Ford, 1983; Frazier, 1987; Gibson, Desmet, Grodner, Watson, & Ko, 2005; Just, Carpenter, Keller, Eddy, & Thulborn, 1996; King & Just, 1991; King & Kutas, 1995; Schriefers, Friederici, & Kuhn, 1995; Stromswold, Caplan, Alpert, & Rauch, 1996; Traxler, Morris, & Seely, 2002). The similar cross-linguistic pattern observed in RC processing made many people believe that SR preference might be a universal phenomenon.

The second finding made for the RC-left-headed languages is the existence of a correlation between head animacy and RC type. Mak, Vonk and Schriefers (2002) found in their Dutch and German corpus analyses that ORs almost exclusively occurred with an inanimate head and an animate RC-internal noun phrase. SRs tended to occur more commonly with an animate head and an inanimate RC-internal noun phrase, though the extent of the preference was not as strong as ORs. Roland, Dick, and Elman (2007) made similar finding in their random sample of 100 relative clauses each from the Brown and Switchboard corpora: when the head noun was animate, the relative clause was usually an SR; when the head noun was inanimate, the relative clause was more likely to be an OR.

Should the RC distributional frequency in corpora be correlated with the ease of sentence processing (Hawkins, 2004; MacDonald & Christiansen, 2002), we would expect the preferred noun phrase animacy to facilitate the actual RC processing. Indeed, Mak, Vonk and Schriefers (2002, 2006) found that ORs with animate heads were harder to process than ORs with inanimate heads and ORs were as easy to process as SRs when the ORs had inanimate heads. Similar findings were reported by Traxler, Morris and Seely (2002). Also, in a gated sentence completion task study, Gennari and MacDonald (2008) found that sentence fragments starting with an animate head were completed with an SR 90% of the time, while those starting with an inanimate head were completed with an OR 65% of the time. Thus, we could see from the corpus analyses and processing studies that there was a clear modulation effect of head animacy on the distribution and processing of left-headed RCs.

However, studies on RC-right-headed Chinese presented a more complicated picture. First, on the relative ease of processing of SRs vs. ORs, the existing studies generally fell into two opposing camps: one camp (represented by Chen, Ning, Bi, & Dunlap, 2008; Hsiao & Gibson, 2003; Lin & Garnsey, 2011; Packard, 2008; Packard, Ye, & Zhou, 2011; Qiao, Shen, & Forster, 2012; etc.) claimed that ORs were easier to process than SRs. The other camp (represented by Chen, Li, Kuo, & Vasishth, 2010; Lin & Bever, 2006; Wu, Kaiser, & Andersen, 2011; etc.) argued that SRs were easier to process than ORs. Moreover, most of the studies adopted the self-paced reading method (Qiao et al. and Packard, et al. collected the evidence from a maze task and event-related brain potentials respectively). In one word, research on the ease of different types of Chinese RCs remains inconclusive.

Secondly, on the issue of animacy effect, available studies on Chinese corpora found similar patterns as observed in the corpus studies of left-headed RCs. Pu (2007) and Wu, Kaiser, and Andersen (2011) found that SRs more commonly occurred with an animate head and ORs more commonly occurred with an inanimate head, which was consistent with the reports in Mak et al. (2002). Also, RCs with contrastive animacy configuration were found to be more frequent than those in non-contrastive animacy configuration in the Chinese corpora (Wu, 2009; Wu et al., 2011). The limited number of studies on the animacy effect in the processing of Chinese RCs, however, presented contradictory results. Lin and Garnsey (2011) pointed out that when the two noun phrases involved were all animate, the difficulty of SRs persisted throughout the sentence, but when the two noun phrases differed in animacy, i.e. one was animate and the other was inanimate, the difficulty of SRs did not persist. Overall, ORs were processed more easily than SRs. However, Wu, Kaiser and Andersen (2011) found that when RCs had animate subjects and inanimate objects, SRs and ORs were equally easy to process, but when RCs had the reversed animacy configuration, i.e. an inanimate subject and an animate object, ORs were more difficult than SRs, so overall, ORs were harder than SRs, contradicting the finding made by Lin and Garnsey (2011).

Given the observed correlation between animacy and RC type in corpus studies and the contradictory findings in the Chinese processing studies, more empirical research on Chinese RCs is needed. Thus, the purpose of this paper is to examine the modulation effect of different animacy configurations in the acquisition of different types of RCs in L2 Chinese.

3. Method

3.1 Subjects

Participants of this study were recruited from the second- and third-year Chinese classes at the department of Modern Languages on the campus of the Georgia Institute of Technology. Of the total 32 participants, two were determined to be bilingual in Chinese and English and were thus removed from the analysis. Of the remaining 30 subjects (aged between 19–22), 10 were US-born Chinese heritage students with English as their native language and 20 were English-speaking non-heritage students. All the subjects were naive of the specific purpose of the study and were paid for their participation.

3.2 Research design and materials

This study used a combination of production and comprehension tasks in the experiments, with the understanding that difficulty may manifest differently depending on the type of test task (Prideaux & Baker, 1986). More specifically, two tasks were implemented to tap into the learners' production ability and comprehension ability: English to Chinese sentence translation and Chinese listening comprehension. Subjects took about 45 minutes to finish the tasks.

3.2.1 Sentence Translation

This section included 16 English sentences to be translated into Chinese, coding two factor groups: the animacy feature of the noun phrases and the type of RCs as listed below.

Animacy feature of the noun phrases:

Animate head noun + Animate noun phrase within the RC

Animate head noun + Inanimate noun phrase within the RC

Inanimate head noun + Animate noun phrase within the RC

Inanimate head noun + Inanimate noun phrase within the RC

Type of RCs:

Head noun is subject of the matrix clause and relative clause is subject-extracted (SS)

Head noun is object of the matrix clause and relative clause is subject-extracted (OS)

Head noun is subject of the matrix clause and relative clause is object-extracted (SO)

Head noun is object of the matrix clause and relative clause is object-extracted (OO)

Although we have seen reports in corpus studies that head nouns in SRs modifying matrix subjects were predominantly animate, whereas head nouns in ORs were predominantly inanimate (Pu, 2007; Wu et al., 2011), we still coded all the possibilities to examine their effects on L2 language acquisition. So the combination of the two factor groups leads to 16 (4×4) different configurations as listed below:

a. SS & Animate Head Noun + Animate NP in RC
b. OS & Animate Head Noun + Animate NP in RC
c. SO & Animate Head Noun + Animate NP in RC
d. OO & Animate Head Noun + Animate NP in RC
e. SS & Animate Head Noun + Inanimate NP in RC
f. OS & Animate Head Noun + Inanimate NP in RC
g. SO & Animate Head Noun + Inanimate NP in RC
h. OO & Animate Head Noun + Inanimate NP in RC
i. SS & Inanimate Head Noun + Animate NP in RC
j. OS & Inanimate Head Noun + Animate NP in RC
k. SO & Inanimate Head Noun + Animate NP in RC
l. OO & Inanimate Head Noun + Animate NP in RC
m. SS & Inanimate Head Noun + Inanimate NP in RC
n. OS & Inanimate Head Noun + Inanimate NP in RC
o. SO & Inanimate Head Noun + Inanimate NP in RC
p. OO & Inanimate Head Noun + Inanimate NP in RC

The 16 sentences in the translation task exemplified each of the above configurations. See example sentences (2-5) for different animacy configurations in the OS type. Since all the participants were recruited from second- and third-year Chinese classes, the vocabulary were limited to those occurring in the first- and second-year Chinese language curriculum at the Georgia Institute of Technology. Also, as character writing was beyond the scope of this study, Pinyin was allowed for characters that the participants did not know.

2. Little Gao saw the woman who held a baby. (animate HN + animate NP)
3. The younger sister found the boy who played ball. (animate HN + inanimate NP)
4. Little Li listened to the recording that introduced daddy. (inanimate HN + animate NP)
5. Grandma went to the store that sells shirts. (inanimate HN + inanimate NP)

3.2.2 Listening Comprehension

This section included 16 Chinese sentences coding exactly the same 16 configurations as listed in the translation task. Great care was taken in the design to make sure that these sentences matched with those of the translation task in terms of sentence length and difficulty. Each sentence was read three times by the researcher in standard Mandarin Chinese at normal speech rate, after which there was a 3-second pause for the participants to choose one statement (between a & b in English) that was consistent with the original Chinese sentence that they had just heard. For example, subjects would hear:

6. Laoshi xihuan de xuesheng fanyi le wenzhang
   Teacher-like-REL-student-translate-ASPECT-article
   'The student whom the teacher likes translated the article.'

They would then circle one of the two options printed on the test paper:

a. The teacher translated the article. b. The student translated the article.

All the tests were scored by the researcher by assigning 1 point for a correct answer and 0 points for a wrong answer. In the translation section, errors involving tense, aspect, character writing, etc. were ignored as long as they did not pertain to the formation of the RC. Also, if a translated Chinese sentence faithfully conveys the meaning of the original English sentence but did not use an RC structure, it was excluded from further analysis. Thus, a total of 959 sentence tokens were collected and submitted for the statistical analysis with SPSS 14.0.

4. Results and discussion

4.1 Listening Comprehension Task

This section presents the analysis results for the listening comprehension task. We first look at the animacy effect of the head noun on the acquisition of different types of RCs, and then move on to the animacy effect of the NP within the RC. Finally we examine the effect of different animacy configurations of the head noun and the NP in RC on the acquisition of Chinese RCs.

Table 1 Mean accuracy percentages in listening comprehension task by animacy of noun phrases and RC type

RC Type	Animate HN	Inanimate HN	Animate NP in RC	Inanimate NP in RC
SS	83	63	78	68
OS	87	80	80	87
SO	87	75	90	72
OO	77	95	77	95

If we examine the head noun (HN) animacy effect on the subject-extracted clauses (SS and OS), a clear pattern that we can observe from Table 1 is that the mean accuracy percentage for RCs with an animate HN (SS = 83, OS = 87) was higher than that of RCs with an inanimate HN (SS = 63, OS = 80). The difference was found to be statistically significant for SS ($t = 2.522$, $p = 0.013$), though no similar significance was observed for OS ($t = 0.976$, $p = 0.331$). Since the animate HN functioned as the RC subject in OS and as the subject for both the RC and the matrix sentence in SS, the observed pattern suggests that "subject = animate" feature facilitated the learners' RC acquisition. Given the fact that SRs more commonly occurred with an animate head in Chinese corpora (Pu, 2007; Wu, Kaiser & Andersen, 2011), the observed pattern provides new evidence for a strong correlation between the frequency of corpus distribution and the ease of acquisition for Chinese SRs.

Along the similar line, as object-extracted clauses were found to occur more commonly with an inanimate head as discussed in previous sections, we would expect to see a higher accuracy percentage for ORs with an inanimate HN than those with an animate HN. Indeed, in the RC type of OO, we do see this to be the case: inanimate HN (95%) > animate HN (77%), and the difference was statistically significant ($t = -2.96$, $p = 0.004$). In the RC type of SO, however, we did not find the similar preference for an inanimate head. Instead, the animate HN (87%) was numerically higher than inanimate HN (75%), but the difference was not statistically significant ($t = 1.628$, $p = 0.106$). If we examine the grammatical role of the inanimate HN in SO, we see that the inanimate HN functioned as the object within the relative clause, but at the same time, it was also the subject of the matrix sentence. It seems that the preference for "subject = animate" for the matrix sentence might override the preference for an inanimate HN for SO, i. e. a preference for an object to be inanimate.

Now we examine the animacy effect of the NP within the RC. In Table 1, significant difference between an animate NP in RC and an inanimate NP in RC was detected for two types of RCs: SO, animate NP in RC 90% > inanimate NP in RC 72% ($t = 2.601$, $p = 0.01$); OO, inanimate NP in RC 95% > animate NP in RC 77% ($t = -2.96$, $p = 0.004$), and all the other differences were not statistically significant. For SO, as the animate NP in RC functioned as the subject within the RC, the observed pattern again confirmed the "subject = animate" preference and its facilitating effect on SO acquisition. The higher accuracy percentage of the inanimate NP in RC for OO type, however, presented a counter example as the NP also functioned as the subject within the RC. More detailed inspection of the data revealed the following results as shown in Table 2.

Table 2 Mean accuracy percentages for OO type in listening comprehension task for different animacy configurations

Animate NP in RC		Inanimate NP in RC	
Animate HN	Inanimate HN	Animate HN	Inanimate HN
57	97	97	93

We can see from Table 2 that the lower accuracy percentage for the category of animate NP in RC was basically due to the poor performance in the configuration of "Animate NP in RC + Animate HN". The double-animate configuration has been found to be rare in the corpora of several RC left-headed languages such as English, German, and Dutch (Mak et al., 2002; Roland et al., 2007) and in RC right-headed Chinese as well (Wu et al., 2011). Our finding then suggests that the distribution frequency in corpora reflects the degree of ease of acquisition, and that is, the higher the frequency, the easier the acquisition. Another way to look at the poor performance of the double-animate configuration is the grammatical role of the animate HN in this configuration. It seems that with the role of a double object for both RC and the matrix sentence, the animate feature of the HN in OO might add extra load for processing, hence the increased difficulty.

We now look at the effect of different animacy configurations. Recall that there were four types of animacy configurations cross-tabbing the animacy features of the head noun and the NP in RC, generating two contrastive and two non-contrastive animacy configurations. Results of the analysis showed that the overall accuracy percentage for the contrastive animacy configurations (85%) was significantly higher ($t = 2.563, p = 0.011$) than that of the non-contrastive animacy configurations (76%), suggesting that RCs with contrastive animacy configuration are easier for L2 Chinese learners than those without such a distinction. This finding is consistent with the reported animacy distribution patterns found in the Chinese corpus studies that RCs with two arguments contrasting in animacy occur most frequently (Wu, 2009; Wu et al., 2011), confirming once again the correlation between the frequency of corpus distribution and ease of acquisition.

Within the category of contrastive animacy configuration, there were two types of configurations (animate HN + inanimate NP in RC, inanimate HN + animate NP in RC). Depending on the different grammatical functions of the head noun and the NP in RC, i.e. as the subject or object within the RC, some of them formed a preferred animacy configuration (subject = animate, object = inanimate), while others formed a reversed animacy configuration (subject = inanimate, object = animate). Examination of the effect of these two animacy configurations revealed the following results as shown in Figure 1.

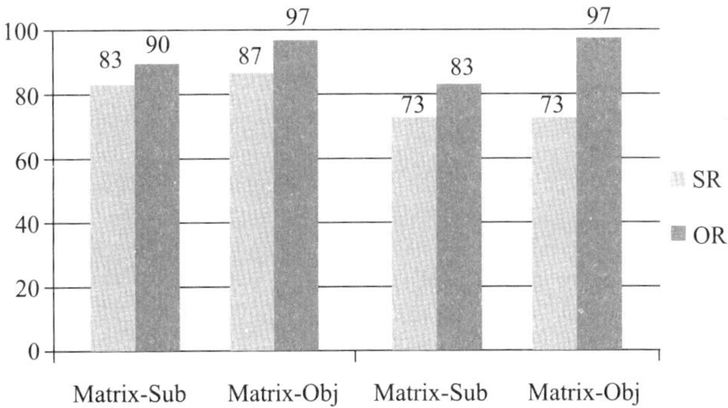

Figure 1 Mean accuracy percentages for SRs and ORs in listening comprehension task by preferred and reversed animacy configurations

As we can see from Figure 1, under the preferred animacy configuration, regardless of the difference in the matrix position of the head noun, the mean accuracy percentage for ORs was consistently higher than that of SRs. Under the reversed animacy configuration, we see the same pattern. Although the statistical analysis showed a significant difference only in the matrix object position under reversed configuration (ORs 97% > SRs 73%, $t=-2.633$, $p=0.011$), the consistency of the pattern that ORs presented higher accuracy rate than SRs was unequivocal, suggesting that ORs are easier than SRs for the L2 Chinese learners. This also suggests that syntactic factor (SR vs. OR) might play a stronger role than semantic factor (animacy) in RC acquisition.

Since ORs were proven to be easier than SRs, the situation was examined where SRs were under preferred animacy configuration, while ORs were under reversed animacy configuration to detect any facilitative effect of the preferred animacy configuration. The results showed that under such a special SR-boosting setting, the mean accuracy percentage of SRs (83%) was as high as that of ORs (83%) when the head noun was in matrix subject position, revealing the existence of facilitation by the preferred animacy configuration on the processing of SRs in matrix subject position. When the head noun was in the matrix object position, however, the mean accuracy percentage of ORs (97%) was still higher than that of SRs (87%), though the difference was not statistically significant ($t=-1.401$, $p=0.167$). We interpret this as an overall higher accuracy for ORs than SRs, suggesting that ORs are easier to acquire than SRs in the listening comprehension task of L2 Chinese.

4.2 Sentence Translation Task

In this section, we examine the results from the English to Chinese sentence translation task. We will examine the effects of head noun animacy, the animacy of the NP in RC, and the preferred and reversed animacy configurations.

Table 3 Mean accuracy percentages in sentence translation task by animacy of noun phrases and RC type

RC Type	Animate HN	Inanimate HN	Animate NP in RC	Inanimate NP in RC
SS	56	65	53	68
OS	60	70	60	70
SO	75	72	75	72
OO	75	67	72	70

From Table 3 we see that for subject-extracted clauses (SS and OS), the mean accuracy percentage for the animate HN was lower than that of the inanimate HN. Although the difference was not statistically significant, it was surprising given that the head noun was the subject of the RC. More detailed examination of the data revealed that this was mainly due to the double-animate feature of the noun phrases.

Table 4 Mean accuracy percentages for SRs in sentence translation task for different animacy configurations

	Animate HN		Inanimate HN	
RC Type	Animate NP in RC	Inanimate NP in RC	Animate NP in RC	Inanimate NP in RC
SS	45	67	60	70
OS	50	70	70	70

As shown in Table 4, the mean accuracy percentage for the category of animate head noun was dragged down by the two lowest scores of 45% (SS) and 50% (OS) that had the feature of "Animate HN + Animate NP in RC". As discussed above in the listening comprehension section, the data in Table 4 indicated again that the double-animate feature constituted a hurdle for the RC acquisition.

For the object extracted clauses (SO and OO), we could see from Table 3 that the mean accuracy percentage for inanimate HN (SO = 72%, OO = 67%) was lower than that of the animate HN (SO = 75%, OO = 75%), which was unusual (though the difference was not statistically significant), given that the head noun functioned as the object of the RC. A tentative explanation for SO is that although the head noun was the object within the RC, it simultaneously functioned as the subject of the matrix clause. It seems that the preference for the subject to be animate overrode the preference for the object to be inanimate, which is consistent with the reports that while subjects have a strong preference for animate agents, objects might have more variation in their animacy patterns (Dahl and Fraurud, 1996; Dahl, 2008). For OO, however, we do not have any explanation. We leave it for future research.

Now we turn to the animacy effect of the NP in RC. If we examine the subject-extracted relative clauses (SS and OS) in Table 4, the mean accuracy percentage for the inanimate NP in RC (SS = 68%, OS = 70%) was higher than that of the animate NP in RC (SS = 53%, OS = 60%). Given that the NP in RC functioned as the object within the RC, the observed pattern suggests that inanimate object facilitated RC acquisition. If we examine the object-extracted relative clauses (SO and OO), we could see that the mean accuracy percentage for the animate NP in RC (SO = 75%, OO = 72%) was higher than that of the inanimate NP in RC (SO = 72%, OO = 70%). This is consistent with the previously observed pattern that subject preferred to be animate and that "subject = animate" feature facilitated RC acquisition. Statistical analysis, however, revealed no significance for all the differences. For SS, the difference tended to be significant ($t = -1.77$, $p = 0.079$). Thus, we say that the observed facilitation was marginal and future expanded research might provide more supportive data.

We now look at the effects of preferred and reversed animacy configurations. Results of the analysis revealed three things as explained below. First, the overall accuracy percentage for the contrastive animacy configurations (70%) was higher than that of the non-contrastive animacy configurations (65%), thought the difference was not statically significant. This is again consistent with the previous finding that RCs with contrastive animacy configuration were easier for the L2 Chinese learners than those without such a distinction and that the frequency of corpus distribution reflects the relative ease of acquisition.

Secondly, as shown in Figure 2, under the preferred animacy configuration, the mean accuracy percentage for ORs was as high as that of SRs in the matrix object position, suggesting equal difficulty between them. This indicates the facilitative effect of the preferred animacy configuration in the processing of SRs, given our finding in the listening comprehension task that ORs were easier than SRs. In the matrix subject position, the mean accuracy percentage for ORs was higher than that of SRs, so ORs showed an overall higher accuracy rate than SRs under the preferred animacy configuration. Under the reversed animacy configuration, ORs showed higher mean accuracy percentage than SRs regardless of the matrix position. Thus, the general pattern that we found in the translation task echoed that of the listening comprehension task. Although the statistical analysis showed no significant differences, the pattern that ORs presented higher accuracy percentage than SRs was consistent, suggesting that ORs were easier than SRs for the L2 Chinese learners.

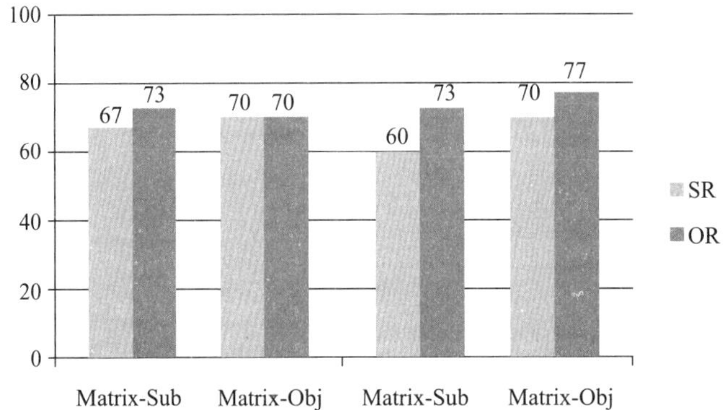

Figure 2 Mean accuracy percentages for SRs and ORs in sentence translation task by preferred and reversed animacy configurations

Thirdly, examination of the situation where SRs were under preferred animacy configuration while ORs were under reversed animacy configuration revealed that the mean accuracy percentage of ORs (73%) was higher than that of SRs (67%) in matrix subject position, and in the matrix object position, ORs (77%) also showed higher accuracy percentage than SRs (70%), though the differences were not statistically significant. Thus, unlike the listening comprehension task, in the translation task, we did not detect any facilitative effect of the special SR-boosting animacy configuration on the processing of SRs.

Thus, we can say that ORs were easier to acquire than SRs for the L2 Chinese learners in both the listening comprehension and the translation tasks. This finding contradicts with the reports from the camp represented by Lin and Bever (2006), but provides new supporting evidence from the acquisitional perspective for the other opposing camp represented by Hsiao and Gibson (2003) that Chinese ORs are easier than SRs.

5. Conclusion

Being one of the first studies, if not the very first, on the effect of noun phrase animacy on the second language acquisition of different types of Chinese RCs, this study sheds new light on the understanding of animacy and acquisition of Chinese RCs, and RCs in general as well.

This study suggests that "subject = animate" and "object = inanimate" are conducive to easier acquisition of Chinese RCs, confirming the universal preference for a subject to be an animate agent and an object to an inanimate patient. This is consistent with the corpus finding that animate subject and inanimate object are more frequent than the other way round. In the case of a conflict between the two preferences, it seems that subject preference might override object preference in animacy.

In terms of the different animacy configurations, this study reveals that RCs with a contrastive animacy configuration for the head noun and the noun phrase within the RC are easier than those with non-contrastive animacy configurations for the L2 Chinese learners. Also, RCs with double-animate configuration seem to constitute an acquisitional hurdle for the learners. Coupled with the fact that RCs with contrastive animacy are more frequent than those without such a distinction and that RCs with double-animate feature are rare in the Chinese corpus (Wu, 2009; Wu et al., 2011), our findings suggests that the frequency in corpus distribution reflects the relative ease of acquisition, i.e. the higher the frequency of distribution in the corpus, the easier it is for L2 Chinese learners. It also suggests that language processing prefers dissimilarity rather than similarity in the animacy setting.

We also see that in both tasks in the study, the mean accuracy score for the object relative clauses was consistently higher than that of the subject relative clauses. This suggests that SRs and ORs impose different levels of difficulty for the acquisition of Chinese relative clauses, and ORs are relatively easier than SRs for L2 Chinese learners. Overall, this pattern was not affected by the preferred or reversed animacy configuration of the noun phrases, suggesting the stronger role of the syntactic category than the animacy feature at the acquisitional interface.

However, the facilitative effect of the preferred animacy configuration on the processing of SRs did exist under limited settings: in the listening task, when SRs of the matrix subject position were under preferred animacy configuration while ORs were under reversed configuration; in the translation task, when the RCs were under the preferred animacy configuration in the matrix object position. Thus, the effect of animacy feature is a factor that needs to be incorporated into any future analysis of RC processing.

References

[1] Chen, B.& Ning, A.& Bi, H.& Dunlap, S. Chinese Subject-relative Clauses are More Difficult to Process than the Object-relative Clauses. *Acta Psychologica*, 2008. 129: 61–65.

[2] Chen, Z.& Li, Q.& Kuo, K.& Vasishth, S. Processing Chinese Relative Clauses: Evidence for the Universal Subject Preference. Unpublished manuscript. 2010.

[3] Dahan, D.& Tanenhaus, M. K. Continuous Mapping from Sound to Meaning in Spoken-language Comprehension: Immediate Effects of Verb-based Thematic Constraints. *Journal of Experimental Psychology: Learning, Memory, and Cognition*, 2004. 30(2): 498–513.

[4] Dahl, O. Animacy and Egophoricity: Grammar, Ontology and Phylogeny. *Lingua*, 2008. 118: 141–150.

[5] Dahl, O. & Fraurud, K. Animacy in Grammar and Discourse. In :T. Fretheim & J. Gundel ed. *Reference and Referent Accessibility*. Amsterdam: John Benjamins Publishing Company. 1996. 47–64.

[6] Ford,M. A Method for Obtaining Measures of Local Parsing Complexity throughout Sentences. *Journal of Verbal Learning and Verbal Behavior*, 1983. 22: 203–218.

[7] Fox, B.& Thompson, S. A Discourse Explanation of the Grammar of Relative Clauses in English Conversion. *Language*, 1990. 66(2): 297–316.

[8] Frazier, L. Syntactic Processing: Evidence from Dutch. *Natural Language & Linguistic Theory*, 1987. 5(4): 519–559.

[9] Gennari, S. P.& MacDonald, M. C. Semantic Indeterminacy in Object Relative Clauses. *Journal of Memory and Language*, 2008. 58(2): 161–187.

[10] Gibson, E. Linguistic Complexity: Locality of Syntactic Dependencies. *Cognition*, 1998. 68: 1–76.

[11] Gibson, E.& Desmet, T.& Grodner, D.& Watson, D.& Ko, K. Reading Relative Clauses in English. *Cognitive Linguistics*, 2005. 16: 313–353.

[12] Hawkins, J. Efficiency and Complexity in Grammar. Oxford: Oxford University Press. 2004.

[13] Hsiao, F.& Gibson, E. Processing Relative Clauses in Chinese. *Cognition*, 2003. 90(1): 3–27.

[14] Just, M.& Carpenter, P.& Keller, T.& Eddy, W.& Thulborn, K. Brain Activation Modulated by Sentence Comprehension. *Science*, 1996. 274(5284): 114.

[15] King, J.& Just, M. Individual Differences in Syntactic Processing: The Role of Working Memory. *Journal of Memory and Language*, 1991. 30(5): 580–602.

[16] King, J.& Kutas, M. Who did what and when? Using Word-and Clause-level ERPS to Monitor Working Memory Usage in Reading. *Journal of Cognitive Neuroscience*, 1995. 7(3): 376–395.

[17] Lin, D. J. C.& Bever, T. Subject Preference in the Processing of Relative Clauses in Chinese. In :

D. Baumer & D. Montero & M. Scanlon ed. *Proceedings of the 25th West Coast Conference on Formal Linguistics*, 2006. 254 – 260. Somerville, MA: Cascadilla Proceedings Project.

[18] Lin, Y. & Garnsey, S. M. Animacy and the Resolution of Temporary Ambiguity in Relative Clause Comprehension in Mandarin. In :H. Yamashita & Y. Hirose & J. Packard ed. *Processing and Producing Head-final Structures: Studies in Theoretical Psycholinguistics*, 2011. 38: 241 – 275. Dordrecht: Springer.

[19] MacDonald, M. C. & Christiansen, M. H. Reassessing Working Memory: A Comment on Just & Carpenter (1992) and Waters & Caplan (1996). *Psychological Review*, 2002. 109(1): 35 – 54.

[20] Mak, W. & Vonk, W. & Schriefers, H. The Influence of Animacy on Relative Clause Processing. *Journal of Memory and Language*, 2002. 47(1): 50 – 68.

[21] Mak, W. & Vonk, W. & Schriefers, H. Animacy in Processing Relative Clauses: The Hikers that Rocks Crush. *Journal of Memory and Language*, 2006. 54(4): 466 – 490.

[22] Packard, J. L. Relative Clause Processing in L2 Speakers of Mandarin and English. *Journal of the Chinese language teachers association*, 2008. 43(2): 107 – 146.

[23] Packard, J. & Ye, Z. & Zhou, X. Filler-gap Processing in Mandarin Relative Clauses: Evidence from Event-related Potentials. In: H. Yamashita & Y. Hirose & J. *Packard ed. Processing and Producing Head-final Structures: Studies in Theoretical Psycholinguistics*. Dordrecht: Springer, 2011. 38: 219 – 240.

[24] Prideaux, G. & Baker, W. *Current Issues in Linguistic Theory: Vol. 46. Strategies and Structures: the Processing of Relative Clauses*. Amsterdam: John Benjamins, 1986.

[25] Pu, M. M. The Distribution of Relative Clauses in Chinese Discourse. *Discourse Processes*, 2007. 43: 25 – 53.

[26] Qiao, X. & Shen, L. & Forster, K. Relative Clause Processing in Mandarin: Evidence from the Maze Task. *Language and cognitive processes*. Psychology Press, 2012. 27: 611 – 630

[27] Roland, D. & Dick, F. & Elman, J. L. Frequency of Basic English Grammatical Structures: A Corpus Analysis. *Journal of Memory and Language*, 2007. 57(3): 348 – 379.

[28] Schriefers, H. & Friederici, A. & Kuhn, K. The Processing of Locally Ambiguous Relative Clauses in German. *Journal of Memory and Language*, 1995. 34:499 – 520.

[29] Stromswold, K. & Caplan, D. & Alpert, N. & Rauch, S. Localization of Syntactic Comprehension by Positron Emission Tomography. *Brain and Language*, 1996. 52(3):452 – 473.

[30] Tao, H. Hanyu Kouyu Xushiti Guanxi Congju de Yuyi He Pianzhang Shuxing (The Semantic and Textual Characteristics of RCs in Chinese Spoken Narratives). *Contemporary Research in Modern Chinese*, 2002. 4: 47 – 57.

[31] Traxler, M. & Morris, R. K. & Seely, R. E. Processing Subject and Object Relative Clauses: Evidence from Eye Movements. *Journal of Memory and Language*, 2002. 47: 69 – 90.

[32] Wu, F. Factors Affecting Relative Clause Processing in Mandarin. Ph. D dissertation, University of Southern California, Los Angeles, CA, USA, 2009.

[33] Wu, F. & Kaiser, E. & Andersen, E. Subject Preference, Head Animacy and Lexical Cues: a Corpus Study of Relative Clauses in Chinese. In: H. Yamashita & Y. Hirose & J. Packard ed. *Processing and Producing Head-final Structures: Studies in Theoretical Psycholinguistics*. Dordrecht: Springer,

2011. 38：173 - 193.

[34] Wu, F. & Kaiser, E. & Andersen, E. Animacy Effects in Chinese Relative Clause Processing. *Language and Cognitive Processes*, 2011 (iFirst). 1 - 36.

（作者简介：金文华，博士，美国肯尼索州立大学人文社科学院助理教授，研究方向为汉语教育与习得、汉语语言学、语言变化、语音与音系学。）

第八届全球孔院大会召开，北外蝉联“先进中方承办院校”

2013年12月7日至8日，第八届全球孔子学院大会在国家会议中心隆重举行。国务院副总理、孔子学院总部理事会主席刘延东，教育部部长袁贵仁，教育部副部长郝平出席会议。刘延东副总理作重要讲话并亲自为获奖集体和个人颁奖。

刘延东副总理在讲话中充分肯定了孔子学院一年来所取得的成绩，针对孔子学院的可持续发展提出四点建议：一是扩大服务范围，提升服务质量，在海外建立师范专业，大力推广慕课教学（大规模开放性在线课程）；二是大力推进“孔子新汉学”计划，发展一批研究型孔子学院；三是打造文化品牌，搞好2014年全球“孔子学院日”；四是加强孔院管理队伍建设，建立“院长学院”。

北京外国语大学2012年获得“先进中方承办院校”表彰，今年蝉联此称号。北外承办的夏威夷大学孔子学院、纽伦堡孔子学院、罗兰大学孔子学院和马来亚大学孔子汉语学院荣获“先进孔子学院”称号，维也纳大学孔子学院外方院长李夏德、巴塞罗那孔子学院中方院长常世儒获得“先进个人”称号。

北外校长韩震受邀在“校长论坛”中作了题为《“孔子新汉学计划”之思与行》的发言，阐述了北外实施“孔子学院汉学计划”的思考与实践。

北外2013年的孔子学院建设工作紧紧围绕学校“十二五”规划，积极实施“孔子新汉学计划”“专职教师储备项目”“孔子学院日”试点活动，得到了国家汉办的充分肯定。

北京外国语大学孔子学院工作处　龚婧供稿

初级汉语教学策略研究

——以法语国家学员为例

张　丹

提　要　汉语作为第二语言教学目前在欧洲方兴未艾，与此同时，也面临众多挑战。其中，初级汉语和汉字的教学法不得当，会加大学习者的学习难度，挫伤其积极性，使不少学习者浅尝辄止。如何帮助法语国家学习者实现汉语学习的可持续发展事关我国汉语国际推广传播事业的可持续发展。基于此，笔者以在法国和比利时从事汉语教学的实践为依据，通过分析初级汉语学习者在语言学习观、语言学习策略和语言学习动机三个层面表现出的外语学习特点，认为科学地引导欧洲学员"入门汉语"是关键，激发并培养他们对汉语及其文化的持久兴趣则是重中之重，为此提出了相应的初级汉语教学策略：兴趣为支点，"交际文化"做路径，激发学生持久的学习热情；汉外对比，揭示汉语特点，破除汉语难学的思维定势；分散学习难点，突出学习重点，树立学好汉语的自信心。

关键词　学员　汉语　兴趣　策略

一、法语国家初级汉语学习者的外语学习特点

20 世纪 70 年代初，发端于欧美的交际教学法（approche communicative）最重要的贡献在于强调语言教学应把学生作为学习的主体，着重培养学生灵活运用所学语言知识、完成有效交际的能力（C. Germain，1993）。而要实现这种以学和学生为中心的教学模式的转变，首先就必须认知学生，包括他们的语言学习观、学习策略、学习动机等（文秋芳，1996），这也是我国自古以来就有的"因材施教"的前提和基础。那么，法国和比利时的初级汉语学习者有哪些共同的外语学习特点呢？

首先，在语言学习观上，也就是学习者对外语学习持有的看法。在多数法国人和比利时人眼中，学习外语是为了通过外语获得其他专业知识，更是为了便于了解和认识目的语国家及其文化，因此他们在外语学习中文化意识非常强，文化兴趣往往胜于对语言形式或技能的掌握。而且，随着语言学习的深入，他们的文化触角愈加敏锐和广泛，这一特点在学习博大精深的汉语言文化的法语国家学员中表现尤为明显，且具有稳定性和交互性。前者贯穿整个汉语语言学习进程，成为持久的汉语学习的源动力之一；后者指他们对汉语言文化的敏感度和兴趣点会在与教师、同学、家长以及社会的接触与交流中产生互为推动的影响。的确，不少法国人先是

接触了中国文化，产生了兴趣，继而开始学习汉语，最终与汉语结下不解之缘，如当代的法国著名语言学家、法兰西公学院名誉院士海然热(Claude Hagège)先生。

第二，在学习策略上，也就是学习者对如何学好第二语言或外语的认识，具体可表现为学习者采用的系列化的外语学习方式方法，包括学习计划的制定、解决困难的措施等等。这里需要指出的是，在法语国家的大学中文系和社会机构的汉语学习者一般都是成年人，有大学生、教师、医生、律师、公务员、外交官、商人，也有退休者甚至失业人员，他们社会背景纷繁，社会阅历丰富，自主管理和自主学习的能力比较强，特别是在欧洲一体化的今天，他们大多都有学习第二外语的经历。但是，丰富的社会阅历和外语学习经历致使有的学员不能正确评估自己的外语学习能力，轻视语言基本功的刻苦训练，一味地寄希望于"做中学"(姜丽萍，2009)；较强的自主管理和自主学习能力导致有的学员过分相信和依赖自己的个人学习风格和个性，缺少外语学习的开放和互动意识；第二外语，主要是英语的学习经历会使得有的学员对汉语学习的开放和任务、特点和难度认识不足，以为语言学习可以"不变应万变"，错将以往学习外语的经验全盘照搬到汉语学习中来。

第三，关于学习动机，外语教学界将之分为融入型(motivation intégrative)动机和工具型(motivation instrumentale)动机两大类。事实上，众多的研究已经表明，外语学习的动机远不止上述两大类[①]，还有其他类型动机，如兴趣爱好型动机和旅游临时性动机。更为重要的是，人们同时发现，第一，学习动机会受语境，即学习环境的影响；第二，现实生活中，学习者很可能同时具备好几种学习动机，或者说，各类学习动机不可能那么泾渭分明，非黑即白，它们"时而结合在一起，时而分界模糊"(刘润清、戴曼纯，2007)。纵观我们这些年在法语国家和中国的教学对象，便能充分印证上述观点。在欧洲语境下学习汉语的人多数是想通过学习汉语认知中国文化和中国人，有的甚至仅仅是为了"自我完善"，但我们能因此将之简单地归结为融入型或工具型动机吗？反过来看，在国内学习汉语的留学生大多懂得利用在目的语国家留学的机会，积极、主动地接触当地社会，亲近当地社群，希望学到"原汁原味的汉语及其文化"。但无论怎样，我们很难就此判断他们具有融入型倾向。也许他们这样做是为了学好汉语，将来能够用汉语代表自己的机构或者国家更好地跟中国打交道呢？从这个意义上说，他们的工具型学习动机似乎更明显。

法语国家汉语学习者的外语学习特点当然不仅限于上述三个层面，但这三个层面应该是最基本和最值得关注的。"教的法子必须根据学的法子"(陶行知，1947)，这对科学地引导欧洲学员"入门汉语"尤为重要。

二、面向法语国家初级汉语学习者的教学策略

如果说对法语国家汉语学习者的外语学习特点进行分析是研究他们怎么学的话，那么，下文讨论的面向法语国家初级汉语学习者的教学策略实际则是引导他们如何学。

1. 兴趣为支点，"交际文化"做路径，激发学生持久的学习热情

爱因斯坦说过，兴趣是最好的老师。我们曾对部分法国和比利时学生的汉语学习动机进

行过问卷调查,结果显示,“觉得汉语有趣”“想去中国旅游”和“对中国历史文化感兴趣”成为选择最多的三项,其中80%的受访者“觉得汉语有趣”。上文对法语国家汉语学习者语言学习观的分析则从另一面印证了兴趣是其选择学习汉语的支点。他们的兴趣源于对中国文化的爱好,源于对汉字的好奇。然而,应当指出的是,学习者对汉语、汉字以及中国文化的兴趣大多起始于偶然,或者受到老师、同学、同事和家人的影响,有的甚至源自于他们以前的语言学习经历,期待新的挑战和新的超越,总之,具有某种程度的下意识性、冲动性、脆弱性和不确定性。由此可见,发现学习者的兴趣点固然重要,更重要的是在他们入门阶段,教师选择相应的教学策略,采取有针对性的措施,使学生偶发和无意识的兴趣转化为主动的、有意识的学习积极性。比如汉字,既是欧洲汉语学习者的兴趣点,他们对这种优美繁复的方块字充满好奇,法国人觉得汉字本身就是一门优雅的艺术,一笔一画给人无限的遐想(白乐桑,2009)。但对习惯于拼音文字的欧洲人来说,汉字又是他们学习的难点,不少学员就是面对汉字,在短暂的热情之后,望而却步的。汉字教学因此成为“对外汉语教学进一步向纵深发展的关键”(李珠、姜丽萍,2011)。我们以“通过汉字联想大自然”“通过汉字认识古代中国”“通过汉字了解中国传统社会文化”“方形汉字与中国传统思维模式”等主题,进一步激发学生学习汉语和汉字的兴趣,让他们切身领略汉字文化的博大精深,因势利导地教会他们学写汉字。

通过汉字联想大自然是汉字的一大特色。中国古代的哲学讲究“观物取象”,即取万物之象,加工成象征的意义符号。例如“旦”,上部“日”,下部是地平线,从地面升起的太阳,表早晨之意。又如“云”,上面两横寓意天空,下面即是云的形状。古人认为,云的功能就是降雨,所谓“云行雨施”,即云一流动就下雨。中国是典型的农业国度,百姓靠天吃饭,雨水及时,收成才好,云崇拜应运而生,常被称作“祥云”。祥云图案在中国人的生活中随处可见。

通过汉字可以认识古代中国。透视汉字构形的本义,可以揭示古代中国的文化奥妙、社会习俗、生活器物等。以“女”“盥”为例:“女”,其字形是一女子双手温文地放在胸前,呈跪坐之势,从“女”字的字形中,可看出妇女在家庭中的地位卑微低下;“盥”为生活用品,下部是装液体的盆具“皿”,上部的中间是“水”,两侧是左右手,表示两手在皿中互相搓洗,说明早在商代古人就有洗手讲卫生的习惯。

通过汉字可以了解中国传统社会文化。汉字的形体构造有着深厚的民族文化心理基础,反映出许多中国古代文化现象。这里不妨以“里”为例:“里”在金文中,上部为“田”,下部是“土”,反映了当时的中国农业社会特征,百姓“恃田而食,恃土而居”。有土就有农业,有农业就有衣食。有土有田才能生活,才能形成居民聚居的地方。“今天,‘里’依然是人们聚居的地点,如北京的平安里、和平里,天津的德厚里、诚原里等等”。(郭锦桴,1993)

方形汉字与中国传统思维模式具有某种联系。在中国古人心目中,地是方的,天是圆的,天圆地方。中国传统思维模式是一种方形模式。所以许多文化现象都被纳入四方形之中,或呈现四方形形状,如:传统建筑、装饰物、印章、汉字等等。汉字方形的形成也与传统审美思想有关,古人以平衡、匀称为美,而方形具有平衡、对称的特征。左右对称的字如“小、山、文”,上下左右对称的字如“田、王、回”。古人喜好方形,并让汉字呈现方形。

法国汉语教育家、汉语总督学白乐桑先生说:“如果没有汉字,我就不会选择学习汉语。”他最初就是把学写汉字作为一种挑战,看看自己到底能写会多少个汉字,而后开始汉语学习,足见汉字的魅力所在。

如前所述,中国文化是法语国家汉语学习者的另一个兴趣点。的确,语言是文化的载体,汉语就是中国文化的载体。但是,通过观察和教学实践分析,我们特别注意到,学习者对中国文化的初始兴趣通常指向外语教学法上所说的“知识文化”(culture savante)[②],即目的语国家的经济、政治、地理、历史、文学艺术等。发现这一点,给我们带来的最重要的教学启示在于:如果我们在汉语教学的入门阶段和初级阶段不及时加以科学引入“交际文化”[③],那么,随着语言教学的深入和难点的增多,学生的学习兴趣及其动力将明显下降。为什么会这样呢? 这与上述两种不同类型文化的特性及其对外语教学的影响密切相关。

根据法国学者加利松(Galisson)的定义,“知识文化”是人们描述、表述出来的一种显性抽象文化,属知识范畴。讲授“知识文化”,旨在“使学生了解和理解目的语文化中那些能够反映其民族文学、历史、地理、艺术和科技等成就及其发展进程的背景性系统知识,如金字塔之于埃及,圣女贞德之于法国,长城之于中国,比尔·盖茨之于美国等”(傅荣,2010)。“知识文化”的第二个特性是,它的缺失和不足一般不会直接影响或者妨碍特定的语言交际活动。与之相反,“交际文化”主要指暗含在语言内的文化因素,以及人们具体实践的日常生活文化,它的缺失和不足则会影响甚至阻碍交际活动的有效进行。由此可见,相对于“知识文化”,“交际文化”和语言的联系更为紧密(李珠、姜丽萍,2011),也就是和语言教学的联系更为紧密。所以说学习包括汉语在内的所有第二语言,不能仅满足于掌握目的语国家的“知识文化”,还必须掌握目的语国家的“交际文化”,这在外语学习的入门阶段和初级阶段尤为重要。李珠、姜丽萍明确指出:“交际文化在汉语教学的开始阶段就要导入”(李珠、姜丽萍,2011)。

在众多的文化教学方式方法中,我们借鉴了法国学者加利松有关“法语文化词汇语用学”(la pragmatique lexiculturelle française)的相关理论,尤其是他主张的从词汇着手,通过词汇学习目的语国家大众共有文化的观念。譬如,“泰山”一词,理性意义为山名,文化附加义有“重要”之义,古人以泰山为高山的代表,用来比喻重大的、有价值的事物和敬仰的人,常说“重于泰山”“有眼不识泰山”,还把“岳父”称为“泰山”。这类例子在教材和生活中比比皆是。如果我们在初级阶段及时科学地导入语言中的“交际文化”,那么学习者的兴趣就会随着学习的深入而增强,汉语学习就会进入一种良性循环状态。

2. 汉法对比,揭示汉语特点,破除汉语难学的思维定势

汉语入门阶段的教学,固然应该十分重视发现学生的兴趣并加以正确的引导和培养,但这只是手段,归根结底还是要落实到语言教学上,因为正像所有的现代外语教学那样,对外汉语教学的根本任务是“培养学生运用所学语言进行交际的能力”(吕必松,1993)。为最终实现这一教学目标,我们认为,在汉语入门阶段,对学员来说,首先要破除汉语难学、汉语学不好的思维定势。的确,在西方传统的社会文化语境中,但凡复杂难懂的问题,人们都习惯地称作“这就像汉语”(C'est du chinois.)。可以想像,抱着这样一种思维定势走进汉语课堂的欧洲学员心里多么忐忑! 为了解决这一观念问题,笔者利用自己法语专业出身、通晓汉法两种语言和文化的优势,采用汉法对比的方法,帮助初次入门的法国和比利时汉语学习者揭示汉语的基本特性,掀开笼罩在汉语身上的种种神秘的面纱,使他们认识到:世界上的“语言和语言之间没有质

(nature)的差异,只有结构(structure)上的不同"(蓝纯,2009);世界上所有的语言既有与其他语言相通的共性,又有其独特的个性(卢福波,2001),汉语也不例外。比如,跟法语相比,汉语词类似乎更简单,因为它们没有形态变化,名词没有阴阳性,动词也没有变位形式;又如,汉语的一般疑问句跟法语几乎一样简单,只需在陈述句的句尾加疑问语气词"吗"即可(他学汉语吗?),正如法语的"est-ce que"置于陈述句句首便构成一般问句(Est-ce qu'il apprend le chinois?);汉语的特指疑问句无需改变语序,疑问代词"谁""什么""哪儿"等在句中的位置往往就处于所提问的那个词的位置上,仅在句尾加问号"?"。法语也有类似的表达,所不同的是,汉语的特指疑问句无论用于口语还是书面语,都仅此一种句式,而法语则还有另两种相对规范的表达形式。汉语量词非常丰富,这是汉语的一大特点。法语虽然没有量词这一词类,但也有不少计量事物的大小和多少的语言表达形式,如:une tasse de thé(一杯茶),une bouteille de vin(一瓶酒)。可见法语跟汉语在表达量的方面有相同之处。至于汉语量词所具有的其他特征,如临摹性等,则要跟它所修饰的名词的形状、特点结合起来学习(如:一条河,一轮明月)。另外,汉语语序不仅是表达语法意义的重要手段,而且还体现了中国人的思维习惯,跟中国人的"思维之流完全自然地合拍"(卢福波,2001)。例如,时间、地点从大到小:2012 年 3 月 15 日、北京市海淀区魏公村路;整体先于部分:市中心广场;特别是汉语比许多其他语言更直接、更普遍、更一贯地按事件发生、发展的先后顺序叙事(卢福波,2001),这是汉语最重要的特点之一,抓住这个特点进行教学,能够吸引学生,增强记忆,将大大减少诸如"她借书去图书馆""我睡觉晚上十点"之类的典型的西式汉语。

3. 分散学习难点,突出学习重点,树立学好汉语的自信心

我们讲破除汉语难学的思维定势,并不是说学习汉语没有困难,恰恰相反,对习惯于拼音文字的非汉字文化圈的法语国家学生来说,入门本身就不是件轻松的事情,这正应了中国那句古话:万事开头难(C'est le premier pas qui coûte.)。但是,我们应当像毛泽东倡导的那样,"战略上要藐视敌人,战术上要重视敌人"。换言之,我们要在观念上改变汉语难不可学的思路,而在行动上必须按照汉语自身的规律办事,讲究教学策略和实效。就此而论,教师的主导作用不可或缺,或者说导学作用不可或缺。作为教学过程的组织者,我们在汉语入门阶段最常采用的教学策略就是注意分散学习难点,突出学习重点,让初学者分阶段分步骤地学习汉语、感知汉语,使每一堂课都学有所获,从而享受成功的喜悦,树立"我能行"的学好汉语的自信心。

对于零起点的法国、比利时汉语学习者来说,入门时的难点是语音和汉字同时出现、同步学习。汉语语音的声调,舌面音 j q x、舌尖前音 z c s、舌尖后音 zh ch sh r、送气音与不送气音、前后鼻韵母等等都是难点;而汉字对于他们就是一幅幅图画,或是复杂凌乱的线条符号,不知从何下手。采用"语"和"文"同行不同步是一个分散学习难点的行之有效的教学策略。具体做法是:

第一阶段,口语教学先行约一个月。我们以用汉语拼音教基本口语和课文内容为主(课堂板书、课堂练习和课后作业均使用拼音)。这样,习惯于拼音文字的学员能够及早开口说话,小有成就感。与此同时,辅以汉字知识启蒙,用学生母语或英语介绍汉字的起源、造字原理及其形体演变;用法汉比较的方式告诉学生:法语再复杂的词超不过 26 个字母,汉语成千上万的方块字不外乎由5种基本笔画组合而成，从这个意义上说，汉字应该比法语还容易。用这5个基本笔画，按照笔顺规则，写出独体字“人、大、天、木、日、月、女、水”等，引导学生建构起“笔画—笔顺—字”这样一个初步书写方块字的新概念。再教由它们演变来的偏旁及其合体字：人→亻→你、他、们，女→女→妈、姐、妹，日→日→明、晴、旱，水→氵→江、河、海，使学生初步感受汉字的方形概念以及形体与意义结合的概念。我们始终要求学生用田字格本子学写笔画、简单的独体字和合体字，让他们切身体验汉字的方形结构，加强方形概念。这样的教学组织张弛有度，既缓解了语音学习阶段的枯燥和操练口语的辛苦，又使学生比较轻松地获得了一些汉字的基本知识和感性认识，为以后的汉字教学做了铺垫。

第二阶段，我们要求学生借助拼音认读汉字，内容为语音阶段已学过的词语和句型，有选择地出现课文新词。课堂板书拼音汉字并存，同时教授与新字相关的汉字知识。

第三阶段，学生逐步丢掉拼音，每课词语、句型和语法的教学尽量使用学过的汉字，以滚雪球的方式，“旧字”带“生字”，循序渐进地进行“纯汉字”教学。

三、结语

汉语作为第二语言教学目前在欧洲方兴未艾，与此同时，也面临诸多挑战。其中，初级汉语和汉字的教学法不得当，会加大学习者的学习难度，挫伤其积极性，使不少学习者浅尝辄止。如何帮助法语国家学习者实现汉语学习的可持续发展，是值得学界和决策层面高度重视和深入研讨的问题，因为这实际上事关我国汉语国际推广与传播事业的可持续发展。基于此，本文通过分析法语国家初级汉语学习者的外语学习特点，认为科学地引导欧洲学员“入门汉语”是关键，激发并培养初学者对汉语及其文化的持久兴趣则是重中之重，同时提出了相应的初级汉语教学策略。

附注

① 语言学家Clement在对加拿大魁北克100名学生的英语学习情况调研后，得出了4种学习动机，分别是：友谊、旅游、身份、知识/尊重。

② 法国学者加利松(Robert Galisson)又称之为“体制文化”(culture institutionnelle)。参见Robert Galisson. *Dictionnaire de Compréhension et de Production des Expressions Imagées*. CLE International, 1984.128 .

③ 法国学者加利松(Robert Galisson)称之为“行为文化”(culture comportementale)、“大众共有文化”(culture partagée)。同上。

参考文献

[1] 傅荣. 外语教学中文化教学法的演变与分类. 法国研究，2010(3).
[2] 郭锦桴. 汉语与中国传统文化. 北京：中国人民大学出版社，1993.
[3] 何九盈. 中国汉字文化大观. 北京：北京大学出版社，1995.

[4] 蓝纯.语言学概论.北京:外语教学与研究出版社,2009.
[5] 李珠,姜丽萍.怎样教外国人学汉语.北京:北京语言大学出版社,2008.
[6] 刘润清,戴曼纯.中国高等外语教学改革——现状与发展策略研究.北京:外语教学与研究出版社,2007.
[7] 吕必松.对外汉语教学研究.北京:北京语言学院出版社,1993.
[8] 卢福波.针对汉语特性,确立对外汉语教学策略.语言教育问题论文集,2001.
[9] Robert Galisson. *Dictionnaire de Compréhension et de Production des Expressions Imagées*. Paris: CLE International, 1984.

(作者简介:张丹,北京外国语大学副教授,硕士研究生导师,比利时列日孔子学院中方院长,曾赴法国巴黎东方语言学院中文系任教,主要研究方向为对外汉语基础教学、对外汉语语言文化教学法。)

日本本土汉语教材特征分析

——以三套日本初级汉语教材为例

辛 平

提 要 本文选取了三套有代表性的日本初级汉语教材，基于对比的视角，从三个方面探讨了日本本土汉语教材的特征。通过考察分析，我们发现日本本土教材具有如下特征：(1)重视语言知识，尤其是语音和语法知识；(2)说明方式易懂，针对性强；(3)不重视课文及生词。文章最后探讨了国外本土汉语教材的特征对国别化教材编写的启示。

关键词 汉语教材 国外本土教材 日本汉语教材

一、引言

近年来教材的国别化研究逐渐引起研究者和教材编写者的关注，国外本土教材的分析研究无疑会给国别化教材的编写提供切实的参考依据。日本汉语教材的研究开始出现于上世纪末、本世纪初，比较有代表性的有王顺洪(1991)、张英(2001)、石汝杰(2004)、岛美红(2009)、津田量(2010)等学者的研究，张英(2001)比较全面地分析了日本汉语教材的出版现状以及教材的词语、语法的难度等级问题，津田量(2010)介绍了1998—2007年日本汉语教材的出版及销售情况，分析了日本课内汉语教材和课外学习材料的两级分化状态并提出完善两类教材的建议。岛美红(2009)选取了三部日本的初级汉语教材，对比分析了课文题材及体裁、课文长度、生词量、生词等内容。

本文主要是从国内教材与日本汉语教材对比的视角出发，对日本汉语教材的语音、语法、课文、词语、练习五个部分进行描述和分析，探讨日本汉语教材的本土特征，以期为国别化教材的编写及国际汉语教学提供参考。

本文分析的三部教材为日本国内出版的供大学使用的初级汉语教材，作者或主要作者均为日本人，使用的大学比较多，具有一定的影响力(岛美红，2009)，具体情况见下表：

表 1　三部教材的基本情况

教材名称	作者	出版(再版)时间	出版单位
《汉语初阶》(《チャイニーズ プライマー》)	古川裕	2009	东方书店
《一步一步学汉语》	清原文代等	2011	白帝社
《一年级的时候》(《一年生のころ》)	相原茂等	2002	朝日出版社

二、三部教材的结构及特征

1. 教材的二分式结构

这三部教材在内部结构上都可以分成两个相对独立的部分，即语音部分和主体部分，主体部分包括语法、课文、词语及练习部分。教材的第一部分都是语音部分。《汉语初阶》目录中明确标明教材分为两部分：语音篇、初级篇；《一步一步学汉语》目录中分成语音篇和语法篇两部分，其中的语法部分即为包括课文、语法、练习的主体部分；《一年级的时候》共包括 5 单元，其中第一单元是语音内容。

三部教材中两部分内容所占的篇幅比例如下：

表 2　三部教材内容结构及比例

教材名称	内部结构			
	语音篇篇幅及比例		语法、课文、练习篇篇幅及比例	
《汉语初阶》	33 页	28.8%	81 页	71.2%
《一步一步学汉语》	24 页	21.23%	89 页	78.77%
《一年级的时候》	28 页	21.54%	102 页	78.46%

从上表中可以看出，三部教材中，语音部分所占比例在 24—33 页之间，占整本教材的五分之一以上，与国内编写的初级汉语教材相比，语音篇所占比重较大。《博雅汉语：初级起步篇 1》中的语音部分所占比例为 7.0%(语音部分 15 页；主体部分 199 页)，《当代中文》(初级)的语音部分所占比例为 5.6%(语音部分 10 页；主体部分 167 页)。

2. 教材主体部分的内容及呈现方式分析

《汉语初阶》的主体部分由学习目标(语法知识)——课文(会话)——语法——练习四部分组成。

《一步一步学汉语》分为语音部分和语法部分，语法部分由以下几部分构成：语法学习内容提示——例句——生词——语法、练习——练习——课文(会话)。

《一年级的时候》各部分组成顺序为：生词——课文(会话)——语法——对话重复(无拼音)——语言点及练习——补充词语。

三部教材主体部分的内容和呈现方式各不相同，各具特点，共同具有的内容为语法、语法练习以及课文会话部分。《一步一步学汉语》的生词部分采用旁注的形式呈现，没有集中的词汇表；而《汉语初阶》中没有生词部分。课文位置不固定，《一步一步学汉语》中的课文部分放在最后。

下面我们将分别考察教材的语音部分和主体部分。

三、三部教材中语音部分特征分析

我们考察了三部教材中的语音部分，发现三部教材的语音部分所包括的内容基本相同，所占篇幅也差异不大。下面我们具体描述三部教材语音部分的内容、说明方式以及语音练习，进而探讨三部教材中语音部分的特征。

1. 三部教材中语音部分的特征

(1)《汉语初阶》的发音部分包括 8 课，分别介绍了汉语语音中的音节构成、声母、声调（包括轻声）、单韵母、声母、复韵母、鼻韵母、变调以及儿化等，每一部分多使用有意义的题目，如“单韵母”一课的题目是“我也饿了”，这个四字的拼音都是单韵母。“变调”一课的题目是“英雄好汉”，四个字包含四个声调。“儿化”一课的题目是“好好学习，天天向上”，设计巧妙，有趣味性。

语音部分介绍较为系统、详细，在语音部分开篇，提出汉语语音的结构是 IMVE 式，即 initial（声母）、medial（介音）、vowel（主要韵母）、ending（韵尾）。

在鼻音韵尾部分介绍了 n 和 ng 在发音方法上的区别（在日语中这组音有时没有区别作用），并指出相对应的日语语音。

说明用语全部为日语，说明的方式基本采用比拟方式说明语音特点，比如在声调部分，用日语分别说明四个声调的发音特点，比如说明汉语拼音中的一声时，指出“一声好像收音机中报时的声音”①，而轻声“不保持自身的声调，受前字声调的影响，轻而且短，好像日语中的骂人的话“ばか”一样，而“e”是“从喉咙里发出的“ぉ”，“好像有人把刀扎在你的后背上，你突然发出的声音”。有的说明也使用比拟的方式说明发音方法，比如发“ü”时，“口型好像吹笛子一样突出来”。进行语音说明时注重和日语的语音进行对比，比如介绍“a”的发音方法时，指出“a”比日语中的“ぁ”更清楚。

语音练习部分采用的是有意义的材料，比如说单韵母的练习使用“他饿了，你呢？我也饿了”等句子。用“一路平安”“一言为定”“一举两得”“一见钟情”等四字词语练习“一”的变调。用“妈妈、爷爷、奶奶、爸爸”练习轻声，这四个称谓正好体现了四个声调后字轻声的差异。

在语音练习部分学习了数字 1—100 的读法、中国的地名、常见的寒暄语。

(2)《一步一步学汉语》语音部分一共四课，内容包括：①声调、单韵母、复韵母、声调标法；②声母；③声调组合及变调；④音位变体现象以及轻声和儿化。

说明语言均为日语，语音的说明侧重发音方法的讲解，但是没有使用专业术语，而是使用日常生活中常见的现象、事物、行为作为比况物，比如说明“h”的发音时，说明“气从喉咙后面出来，摩擦音，好像冷的时候哈气暖手的样子”；在介绍“ch”的发音时指出“舌头的形状像平放的勺子”。

在发音练习中，练习了中国各省的名称、简单的寒暄用语等。

《一步一步学汉语》与《汉语初阶》的语音部分相比，内容有所减省，一些日本人易混淆之处没有着意说明，如 u 和 ü、n 和 ng；对于日语中没有的“r”的说明也比较简单：“发 sh 时，声带不振动，发音方法、部位不变，声带振动，发出的声音即为‘r’，好像日语的り一样”。

(3)《一年级的时候》使用了日本汉语教学界广泛使用的“相原茂语音体系”。语音部分包括 5 个单元：第一单元介绍了声调、单韵母；第二单元介绍了汉语音节构成；第三单元介绍了鼻音，a/e 系列的鼻音，e 的音位变体；第四单元介绍了变调，包括轻声、儿化等；五单元是语音小结，总结了声调，汇总练习了日本人的难点语音等。

解释说明全部使用日语，讲解的方式有以下三种：

(1)从与日语发音对比的角度说明发音方法，如“a ”比日语的“ぁ”舌位往下、清楚；“o”比日语的“ぉ”唇要圆、突出；“e”是发“o” 音后，唇保持圆形，舌位不变，唇稍稍左右伸展，喉咙深处发出类似日语“ぉ”的声音；“er” 是用“a”的口型，说“e”，同时，舌尖上卷，好像两个日语假名“ァル”不分开的声音。

(2)采用了比拟性的说明方式，如四声像乌鸦的叫声。

(3)使用了很多漫画风格的插图，说明发音的要点。

总的看来，《一年级的时候》的语音部分较为系统，而且还单设了语音小结单元，汇总了日本人的发音难点，并设计了相应的练习，在语音说明上更侧重与日语发音的对比。

2. 三部教材中语音部分特征分析

(1)日本教材重视语音部分，教材中语音知识全面、系统，切分细致，通俗易懂，反映了教材编写者对于语音学习的重视。

(2)讲解的方式富有特色，发音方法的说明方式主要有三种：①基于语音对比角度的说明，比如，“a”比日语中“ぁ”要清楚，“o”比日语的“ぉ”唇要圆，发“u”这个音时，嘴要比日语的“ぅ”更圆、前突等；②使用比拟的方式解释发音方法；③用比拟的方式描述语音特点，比如四声“像乌鸦的叫声”，“h”要像“冬天用嘴里的哈气暖手”那样，“e”像“有一把刀突然扎到你的后背，你发出吃惊的声音”。当然这类解释方式有时也不十分准确，有的甚至可能会造成日本人特有的发音偏误。

(3)针对性强，突出日本人的语音难点。对日本人难以掌握的语音用不同的解释方式说明讲解，比如 e/ch/r 等使用了三种说明方式，同时还设置了有意义的有针对性的练习。

语音部分往往是汉语学习者最初接触到的汉语语言现象，语音学习会在很大程度上影响学习者学习汉语的效果和继续学习的兴趣，因此语音部分的内容以及呈现方式是关乎教材是否成功的重要因素之一，日本汉语教材中语音部分的处理对于我们编写国别化教材确有可资借鉴之处。

四、教材主体部分的特征描述及分析

1. 三套教材主体部分的特征描述

我们主要考察了三部教材主体部分中的课文、语法、练习、生词四个方面的内容。

1.1 《汉语初阶》主体部分的特征

(1)总体结构

《汉语初阶》主体部分的呈现顺序是:学习目标——课文——语法——练习。

每课前都简单介绍要学习的语法项目、主要学习内容以及对话的场景。

(2)课文部分的特征

课文形式为对话,对话部分较长。对话的角色很多,都是日本大学生活中常见的角色,如中国留学生、老师等。课文在内容上没有连续性,对话背景是在日本。对话比较重视真实性,与国内的汉语教材相比,内容比较丰富,如第一课寒暄中,出现了“不要客气,请随便”“我姓杜,杜甫的杜”“我们说话不用‘您’,还是用‘你’吧”“这茶味道很好,包你满意”“找你一百三十块,请点一下”等内容,这些句子在国内编写的初级对话中,一般很少出现。

(3)语法及练习部分的特征

语法部分讲解详细,有汉语例句、日文讲解说明,每个语言点下都设有3—4种练习,练习除了完成句子、翻译外,出现了“借文练习”② 的形式。

课文后有一个应用练习,形式主要是模仿课文对话,把一段日语对话翻译成中文。教材没有生词的部分。

总的来看,这本教材主体部分的特点是:①对话是以语法知识为纲编排的,课文背景在日本,对话人物非常多,故事不连续,比较重视对话细节上的真实性;②语言点练习丰富,语言点下有多种形式的练习,是教材的重点;③没有生词表,也没有关于词语的练习。

1.2 《一步一步学汉语》主体部分的特征

(1)总体结构

这本教材分为语音部分和语法部分,语法部分由以下几部分构成:语法学习内容提示——例句——生词——语法、练习——练习——会话,其中的例句由一两个句子构成。

(2)课文部分的特征

课文是对话形式,出现的位置是在练习之后,对话中包含了学习的语法知识,对话有拼音和日语翻译。对话的背景是在中国,内容是日本留学生在中国的生活。会话后无任何形式的练习,对话中出现的生词采用旁注的形式给出。

(3)语法及练习部分的特征

语法部分所占比重最大,有日文讲解、中文例句。每个语言点下设2—3种形式的练习。在语言点的部分还出现了旁注,内容包括语言知识的延伸,比如在讲解人称代词时,旁注上注明:“在中国南方‘我们’和‘咱们’一般不区分”。同时例句中的生词也采用旁注的方式给出。

除语言点下设的特定练习外,还有补充练习,练习语法知识。

(4)生词部分的特征

这部教材的生词分散在两处:第一处是生词表中,这部分生词是例句中出现的词语,数量较少,说明也很简单;第二处生词是课文中出现的生词,没有集中到生词表中,是采用课文边注的形式出现的,只解释了词语的意思。

总的看来，这本教材的特点是：①以语法为中心，语法所占篇幅长，内容说明细致，练习丰富；②生词分散，地位不突出，生词表内容简单，只是例句中的生词，其他部分的生词只以注释的方式出现，注释内容仅为词语的意思；③课文部分内容少，主体部分的最后为一篇对话，类似语法知识的应用实例，既不突出语言功能也没有任何形式的练习。总之，教材的主体部分相当于语法知识手册。

1.3 《一年级的时候》主体部分特征

(1)总体结构

这本教材各部分组成顺序是：生词——课文——语法要点——对话重复(无拼音)——语言点及练习——词语学习。

(2)课文部分的特征

课文为对话形式，对话背景在日本，内容是在日本的中国留学生和日本同学的生活，对话的角色是固定的，整本教材反映的是三个学生(一名男生，两名女生)的生活，会话中包含一些微妙的爱情因素。

(3)语法及练习部分的特征

语言要点在体例上是日文讲解，中文例句。讲解比较简单。后面有语言点的练习，练习题目用日语给出，每个语言点下都附有练习，练习形式是日译中等。

(4)生词部分的特征

生词部分在这本教材中称为“辞書”，包括内容较多，有拼音、日语翻译的意思、汉语例句、例句的翻译。一些具有语法意义的词也放在生词表中，比如第一课的“吗”、第2课的“吧、也、啊”等，这类词都附有语法意义的说明和例句。因此“辞書”这一部分，在一定程度上承担了说明语法知识的功能。

总的来看这本教材的特点是：

①词语部分内容丰富，甚至包含了部分语法内容；

②对话的内容是一个有连续性的故事，故事相对完整，对学习者有一定的吸引力；

③语言点讲解部分简练，每个语言点下都附有练习。

练习都是针对具体语言点的练习，课文以及词语部分都没有练习。

从分量上看，每一课中生词部分和语言点练习部分内容较多。

2. 三部教材主体部分的特征分析

经过分析，我们发现这三部初级汉语教材有以下特点：

注重语法知识的学习，语法知识讲解清楚，练习丰富。每个具体的语言点下附有数量不等的不同形式的练习，与中国国内出版的教材的语法部分相比，显得尤为突出。

体现语言交际功能的部分基本处于空白状态，缺乏语言功能项目的说明，也没有相应的练习。

对话的背景与日本人的生活相关，或者是发生在日本，或者是日本留学生在中国的生活，不重视课文学习，课文附在一课的最后，也没有针对课文的练习。

三部教材的生词处理方式差异很大，有的没有生词部分，有的生词部分包含了语法知识，有的生词采用旁注的形式出现，都没有词语方面的练习，反映出词语本身并未受到重视。

三部教材在编写体例上也不尽相同，主要表现在两个方面：①主体部分的结构有所不同，比如《一步一步学汉语》中的课文部分安排在一课的最后，生词部分出现在两个不同的位置上，而其他两部教材的课文都安排在语法点之前；②各部分内容的含量也不同，除了语法部分的分量都比较大之外，《汉语初阶》的课文部分篇幅较长，而《一年级的时候》中的生词部分的容量相对较大。

五、日本汉语教材的本土特征及对国别化教材编写的启示

1. 日本本土汉语教材的特征及分析

综合教材的语音部分和主体部分的描述分析，我们认为日本本土汉语教材与国内初级汉语教材相比，有如下特点：

(1)重视语言知识的学习，尤其重视语音知识和语法知识的学习。知识部分所占篇幅最多。知识点划分细致，语言点下设的练习形式多、数量多。

(2)重视选择适合学习者的说明讲解方式，注重与学习者的母语进行对比。

(3)重视日本人学习的难点，从日语和汉语对比的角度对难点进行说明，并设计相应的练习。

(4)会话部分和词语部分处于次要地位，课文为语法知识的应用实例，但课文内容较为贴近日本学生的日常生活，具有一定的实用性。

本土教材上述特征形成的原因较为复杂。一般来说教材的选择者是教师和教学管理者，因此满足教师和教学需要是教材编写者的目标。而对于教师来说，选取教材除了注重其中体现的教学理念以外，还关注教材的操作性以及使用上的便利性。大部分日本本土汉语教师都是日本人，汉语都是外语，因此对汉语语言本体知识有一定需求，而词语部分对于本土汉语教师来说可以用母语讲解，不需要做过多的说明和练习，因为这些原因，教材的编写者自觉地加大语音、语法部分的内容，以方便教师备课。因此可以说教师因素在一定程度上影响了本土教材的特征的形成。

日本汉语教材反映了日本人的汉语学习难点，也比较符合日本人的学习风格，同时也反映了非目的语环境中的汉语教学特点，这些方面都值得我们思考和借鉴。

2. 对编写国别化汉语教材的启示

考察分析日本本土汉语教材的特征，对于国别化教材的编写具有启发意义，表现在以下几个方面：

(1)教材中呈现的语言知识要注意系统性，语法、语音知识要细化，讲解方式要多样、易懂。

(2)进一步研究使用对象所属国的学习者汉语学习上的难点，教材编写者应掌握学习者的母语或者和本土教师合作，教材中应充分利用学习者母语。

(3)国别化教材不仅要关注学习者国家的风俗习惯，还应该了解学习者的认知风格和学习特点。

(4) 国别化教材要考虑到本土教师的特点,便于教师使用。

对日本本土汉语教材的分析,对在日本进行汉语教学也具有一定的启发意义。

附注

① 语音的解释说明方法部分原文为日语,由本文作者翻译成中文。

② 借文练习一般是两个句子组成一组,但两个句子的练习要求不同,比如第一个是翻译成中文,第二个是按照上面的句型,完成句子。

参考文献

[1] 岛美红.日本初级汉语教材分析.中山大学硕士学位论文,2009.
[2] 津田量.日本汉语教材综合研究及分析.汉语学习,2010(2).
[3] 石汝杰.日本的汉语教科书及其出版情况介绍.世界汉语教学,2004(2).
[4] 王顺洪.近十几年来日本的汉语教科书.语言教学与研究,1991(3).
[5] 姚帆.关于日本汉语教材的几点分析.佳木斯教育学院学报,2011(2).
[6] 张英.日本汉语教材及分析.汉语学习,2001(3).

(作者简介:辛平,博士,北京大学对外汉语教育学院副教授,主要研究方向为词汇教学研究、写作教学研究及国际汉语教育研究。)

中英学习型词典插图使用情况对比研究
——以《商务馆学汉语词典》和《朗文当代高级英语辞典》为例

刘　弘　许骏杭

提　要　插图是学习型词典中的一个重要组成部分，对于学习者理解词义也有一定辅助作用，但目前对于学习型词典插图的研究却较为缺乏。本研究通过对两本中英学习型词典《商务馆学汉语词典》和《朗文当代高级英语辞典(第4版)》插图使用情况的定量统计和定性分析，比较了两者在数量、组成、颜色、内容、位置、类别、功能、词类范畴等方面的异同，探讨了《商务馆学汉语词典》在插图设置上的长处与不足，并对今后对外汉语学习型词典的插图编纂提出了一些建议。

关键词　学习型词典　插图　对比研究

一、引言

单语学习型词典对于学生第二语言学习具有重要作用，虽然其编纂和研究的历史不长，但已成为国际辞书界和应用语言学界关注的一个热门课题。英语学习型词典出现于20世纪三四十年代，近几十年来，英语学习型词典编纂和研究的势头已超过普通英语词典，并影响着英语普通单语词典的编纂。而“柯林斯”“牛津”“剑桥”等学习型词典的成功问世对于英语教学也产生了很大影响。

随着对外汉语教学的兴起与研究的深入，越来越多的学者开始注意到学习型词典对于汉语学习者的重要性，学界先后召开了三次对外汉语学习词典学国际研讨会，并将学习型词典看成是对外汉语教材整体建设不可或缺的支撑。然而，与国外英语学习型词典研究热相比，对外汉语学习型词典的建设无论在理论研究、编写队伍还是在已出版的辞书的数量和质量方面，都远远落后，还有很大的发展空间(郑定欧，2004)。

词典的内容包罗万象，由于语言的模糊性、定义的概括性等原因，文字解释常常不能使读者在头脑中形成清晰的形象，而插图可以直接作用于人们的视觉，更接近现实中的事物，更容易表现事物的外部特征，甚至可以辅助说明抽象概念，相对于外语释义、元语言释义、例句或示例释义等释义模式，图示释义模式更加直观简明。插图不仅扩大了词典信息量，而且加强了词典的可读性。目前，配置插图的词典和词典配置的插图都越来越多，这说明编者们意识到了插图的重要性。但是在词典学研究中，与插图有关的研究还是比较薄弱的，多为分析现有英汉词典插图的现状或是进行理论探讨(如冯春波,2009)。而针对英语学习型词典的研究也同样集中在对于宏观原则、特点、体系编排以及释义、例证方面,而对于学习型词典的插图研究很少。周海超(2009)、董琦(2009)、徐海等(2012)研究了英汉学习型词典插图的配置问题,但是他们多是分析插图的作用及表现形式,探讨插图的设置原则和方式,未对词典中插图的设置情况进行定量的分析,而且他们的研究立场多是基于英语教学,而非汉语教学。

在对外汉语学习型词典研究中,对《商务馆学汉语词典》研究论文并不少,可见其作为一本较有影响的单语对外汉语学习型词典在学界受到的重视。其中既有编者对编写原则的介绍(鲁健骥、吕文华,2006),也有对释义方式、功能等进行的总结和梳理(储丹丹,2010;李莉,2011;王艳蕾,2012);既有称赞其在释义和用法说明上的创新(杨金华,2009),对其在例证上体现出的文化传播功能的褒奖(刘晓梅、梁青,2011),也有指出它在释义中存在的问题(夏立新,2013),或是通过与其他词典对比而指出其优缺点(高惠宜,2009;周爱丽,2012)。值得注意的是,郑艳群(2009)对《商务馆学汉语词典》的插图情况进行了评析,指出了其在插图上的优点和缺点,不过该论文着重于分析插图是如何发挥解释词义的功能,对插图可能具有的其他功能并未关注。现有对外汉语学习词典研究的一个不足之处就是很少将汉语词典与英语同类型词典进行对比,笔者认为,单纯地分析对外汉语学习词典并不能帮助学界真正看清楚此类词典的优势与不足,而与外国同类词典比较可能是一个较好的研究思路。国外的英语学习型词典发展历史长,编纂经验丰富,对外汉语学习型词典有必要在比较中进一步明确自己的优点和缺点,提高编纂质量,更好地为汉语学习者服务。

因此,本研究尝试从词典插图这一角度入手,对中英学习型词典的代表作《商务馆学习汉语词典》和《朗文当代高级英语词典》(第四版)进行对比,试图了解以下内容:

(1)这两本词典在插图数量和使用功能等方面有何差异?

(2)这些差异对于我们今后改进汉语学习型词典插图设置有何启发?

二、研究方法

1. 研究对象

研究者选取有代表性的中英学习型词典各一本作为研究对象。英语学习词典为《朗文当代高级英语辞典》(第4版)(以下简称《朗文》),这是英语教学界一本知名的学习型词典,其插图数量相较于《牛津高阶英语学习词典》《柯林斯高阶学习词典》等同类型词典要多。汉语学习型词典为鲁健骥、吕文华主编的《商务馆学汉语词典》(以下简称《商务》),它是国内第一部专门为具有中级汉语水平的外国人编的汉语学习型词典(见陆俭明序)。

2. 分析框架

本研究以《商务》和《朗文》中出现的插图为研究对象,从插图的数量、组成、颜色、内容、位置、类别、功能、词类范畴8个角度入手,逐一编码并且统计相关数据。分析框架参见表1。

表 1　本研究涉及的各维度及其编码

序号	维度	编码
1	插图的组成	11 单幅、12 多幅
2	插图的颜色	21 单色、22 多色、23 彩色
3	插图的内容	31 传统文化、32 一般生活
4	插图的位置	41 词条、42 页边、43 插页(附录)
5	插图的类别	51 素描、52 照片、53 漫画、54 线条
6	插图的功能	61 表示结构、62 表示场景、63 表示组合(其中再分成:631 表示对比、632 表示情景、633 表示列举、634 表示同词异义、636 表示联想)
7	插图的词类范畴	71 名词、72 名词性词组、73 动词、74 动词性词组、75 形容词、76 副词、77 介词、78 其他

三、结果与分析

1. 插图总量和平均插图量

表 2　插图总量和平均插图量(单位:幅)

	《朗文》	《商务》
插图总量	484	630
词条总量	106000	12400
平均插图	1/219	1/20

表 2 显示两本词典插图的基本情况。值得注意的是,《商务》在插图总量和平均插图量上均远远大于《朗文》。在一般人的印象中,中国的词典都不太重视插图,但是《商务》作为一本学习型词典,编者又是对外汉语界知名的学者,显然对于插图对学生理解词汇的重要性有比较深刻的认识。从某种程度上来说,插图的大量使用的确是《商务》的特色之一。

郑艳群(2009)曾指出,《商务》插图主要来自五个方面:(1)来自字头;(2)来自紧随释义后的例词或短语;(3)来自紧随释义后的例词或短语的变形词组;(4)来自构词模式后的例词;(5)直接出自词条。而《朗文》的插图有以下几种:(1)出自词条,如 accordion(手风琴)之后,直接配了手风琴的图片;(2)对词条的细节说明,如 camera(照相机)不仅列出了照相机图片,还分别指出了照相机各个部件的具体名称;(3)来自词条例证,如 arrest(逮捕)词条下的图片是“make an arrest”;(4)展示词条的下位词汇,如在 board game(棋类游戏)词条下面,分别有“chess(国际象棋)”“checkers(西洋跳棋)”“snakes and ladders/chutes and ladders(蛇梯棋)”“Chinese checkers(中国跳棋)”;(5)将本词条与其他词条适当对比,帮助理解该词汇的意义,实际上起到了一定的同义词辨析的作用,如在 acoustic(原声的)之下有一张图片将“acoustic guitar(原声吉他)”和“electric guitar(电吉他)”放在一起对比,而在 audience(观众)词条下,分别画有“crowd(人群)”和“audience(观众)”两幅图片,有的时候,编者甚至用好几张图片来表示几个词汇之间的差别，如 bite（咬）这个词汇下分别有“bite”“chew（嚼）”“peck（啄）”“nibble（啃）”，其中 peck 的图片上是一只鸟，而 nibble 的画面则是松鼠，可以直观地告诉词典使用者这两个词的特殊性。可以看到，《商务》基本上只是将插图作为释义的一种手段来加以应用，其目的主要就是帮助读者理解词条和例证；而《朗文》不仅仅将插图作为辅助理解的一种释义方式，还尝试将其作为扩充语言知识和深入理解词汇具体含义的一种手段，从这点上来说《朗文》的编者似乎对插图功能的理解比《商务》要更加深入一些。

2. 插图组成、颜色和内容

表 3　插图的组成、颜色和内容

		《朗文》		《商务》	
		插图数	百分比	插图数	百分比
插图的组成	单幅	319	65.9%	624	99.0%
	多幅	165	34.1%	6	1.0%
插图的颜色	单色	468	96.7%	0	0%
	双色	0	0%	0	0%
	彩色	16	3.3%	630	100%
插图内容	传统文化	0	0%	138	21.9%
	一般生活	484	100%	492	78.1%

表 3 显示了两本词典在组成方式、颜色和表现内容上的区别。可以看出《商务》中的插图非常单一，99.0%的插图为单幅插图，多幅插图（即一幅插图中包含多个事物）共 6 幅，仅占总数的 1.0%；而《朗文》的单幅插图占总数的 65.9%，多幅插图共 165 幅，占总数的 34.1%。在前文中，笔者曾经指出从插图的数量上来看，《朗文》比《商务》要少很多，但是如果从单幅/多幅的角度来观察，就会发现两者在实际插图使用上的差距不如数据显示的那么大，因为《朗文》的插图中多幅图片占了三分之一，而《商务》则几乎全是单幅图片。这样如果从图片具体展示的事物来看，朗文图片数量虽少，但其所展示的相关内容并不算少。而且由于将若干张图片在一幅插图中展现出来，更加节省空间。

而在插图的颜色方面，彩色插图是《商务》的一大特色，100%的插图为彩色插图；而《朗文》以黑白插图为主，占总数的 96.7%，彩色插图仅占总数的 3.3%。两者均没有双色插图。

在插图的内容方面，《朗文》中没有表现传统文化的插图，所有的插图都表现了现代生活。而《商务》相当一部分介绍了中国的传统文化（占 21.9%）。跟文化相关的插图有这样几类：(1)中国独有的艺术，如“绣花”“顶碗表演”等；(2)中国特有的民俗，如“拜年”“献哈达”“生肖”“爆竹”“春联”“龙船”“龙灯”等；(3)中国的风景名胜，如“天坛”等；(4)中国特有的事物，如“祠”“布鞋”等。

刘晓梅、梁青(2011)曾指出《商务》的例证中包含较多文化因素，本研究发现《商务》在插图上也很注意为文化词语和民俗词语配上插图，或是在插图中加入一定的文化因素。《商务》的编者显然考虑到在缺少外语释义的情况下，外国学生对于这些文化词汇和民俗词汇的理解可能会有一定困难，故特地配上了插图使得原本难以理解的词汇变得具体形象。在插图总量受到词典篇幅限制的条件下，编者不可能为所有词汇都配插图，因而选择为这些文化词汇和民俗词汇配上插图应当是一个比较经济的做法。另外对非汉字文化圈的词典使用者来说，这类插图也可以降低他们对于使用单语词典的恐惧心理。虽然郑艳群(2009)指出有部分词汇的配图不太理想，如表达不清、缺少必要的信息，但是这种利用图片来帮助阐释文化词汇和民俗词汇的尝试还是很值得肯定的。

不过值得我们思考的是，《朗文》中其实也有很多关于英美传统文化的词汇，但是编者没有为这些词语配插图。这反映出英语教学界似乎没有那么强烈的文化传播意识，这可能与英语本身的地位有关，但也可能与词典的编写者将《朗文》这类学习型词典的功能定位于"辅助输出表达"有关。英语词典历来分成理解型和输出型两种，前者如《牛津简明英语词典》《韦氏大辞典》，强调收词全，释义准确，主要为了帮助读者扫除阅读障碍；而像《朗文》这样的词典属于后者，侧重于提供语法信息和词汇辨析内容，其目的在于帮助学生正确表达。因此，《朗文》在篇幅有限的情况下，尽可能将版面留给相关的语法信息，而不是为这些文化词汇或者民俗词汇配上插图。从使用学习者的角度来看，如果单纯想了解词义，学生很可能是检索双语词典，而非学习型词典。笔者认为，《商务》这类对外汉语学习型词典似乎应着重于通过图片来提示某些词汇之间的异同，而不仅仅是展示例证。当然，这个问题比较复杂，值得今后的词典编写者进一步思考。

3. 插图位置以及类别

表 4　插图的位置以及产生的方式

		《朗文》		《商务》	
		插图数	百分比	插图数	百分比
插图的位置	词条	439	90.7%	630	100%
	页边	29	6.0%	0	0%
	插页	15	3.3%	0	0%
插图的类别	素描	31	6.4%	0	0%
	照片	267	55.2%	8	1.3%
	漫画	135	27.9%	620	98.4%
	线条	51	10.5%	2	0.3%

表 4 显示出两本插图在插图位置和类别上的区别。《商务》中的插图的位置非常单一，100%的插图为词条插图，而《朗文》稍丰富一些，有 6.0%的页边插图和 3.3%的插页插图[①]，其中 3.3%的插页(15 页)为整面的彩色插图，内容涉及卧室、汽车、乡间多个方面。词典编写者往往将该环境中所涉及的各种事物或者是同类型的事物放在一整页中，让读者能在比较中加深对于不同事物名称的认识。笔者发现，《牛津高阶学习词典(Oxford advanced learner's English dictionary)》和《柯林斯高阶英语学习词典(Collins COBUILD advanced learner's English dictionary)》都有类似的整页插图，可见这种将多个相关事物放在一个整页中的插图形式是英语学习词典常用的插图形式。这种集中使用场景图的方式，实用且高效，值得对外汉语教学界借鉴。

在插图的类别方面，两者有较大的区别，《商务》的插图以漫画为主，占总数的 98.4%，照片和线条的插图分别仅占 1.3%和 0.3%，没有素描的插图；而《朗文》有 55.2%的插图以照片的方式呈现，仅有 27.9%的插图为漫画风格，线条和素描的插图分别占总数的 10.5%和 6.4%。由此可见，《朗文》的插图呈现方式较为多样，而《商务》中插图的呈现方式与风格则明显单一。虽然漫画风格的插图生动活泼，颇具感染力，但是在事物表达上还有缺陷，容易造成了某些词条释义不清楚的情况。笔者发现，很多易造成误解的插图都与这种漫画风格有关。如"柠檬"这个词条的插图，对事物关键特征的表达显得不太清楚，容易与"土豆"等事物引起混淆，又如"漏"这个词条下给出的"米袋漏了"的插图中，米袋看上去像是某动物的头，上面竖起两个犄角，反而不利于学习者对于词条主题的理解。笔者认为，生活中常见的事物以及一些现象，用照片的方式呈现更清楚，《商务》如有条件可以适当调整。

4. 插图功能

表 5　插图的功能

			《朗文》		《商务》	
			插图数	百分比	插图数	百分比
插图的功能	表示结构		25	5.2%	11	1.7%
	表示场景		11	2.3%	17	2.7%
	表示组合	表示对比	50	10.3%	0	0%
		表示情景	106	21.9%	208	33.0%
		表示列举	227	46.9%	392	62.3%
		表示同词异义	8	1.6%	0	0%
		表示联想	57	11.8%	2	0.3%

从表 5 可以看出，在插图的功能方面，两者有同有异：两本词典均以表示组合的插图为主，但在具体的小类上仍存在较大的区别。具体来说，《商务》中没有插图表示对比组合；而《朗文》有 10.3%表示对比组合。《朗文》中表示联想组合的插图为 11.8%；而《商务》仅为 0.3%。另外，《商务》没有表示同词异义组合的插图；《朗文》中有 1.7%的插图表示同词异义组合。可以看出，《朗文》的组合形式较为多样。

说明词条或者例证的意义或许是设置词典插图的最初的作用，但从《朗文》可以看出，插图发展至今，已经具备阐释同义词、近义词之间的异同，说明词条的用法等多种功能，如果能将相关的近义词在图片中显示出来，并通过图片内容加以区别，就能够帮助词典使用者加深对于词条的理解。《商务》中的插图往往是单幅的，由于缺乏必要的对比，就容易使词典使用者产生误解。如“捧”(见图 1)的释义为“双手略弯曲向上(有时并不一起)托住(东西)”,但该插图看上去易与“托”混淆,若该插图能与“托”对比组合一下,可使学习者清楚两者的差异,提高插图释义的效率;又如“中餐”(见图 2),在《商务》表现的是“中国人在吃饭”,而不是“吃的东西为中式”,该词条如果在编纂时与“西餐”做一对比组合,可使学习者更加清楚地把握主题。

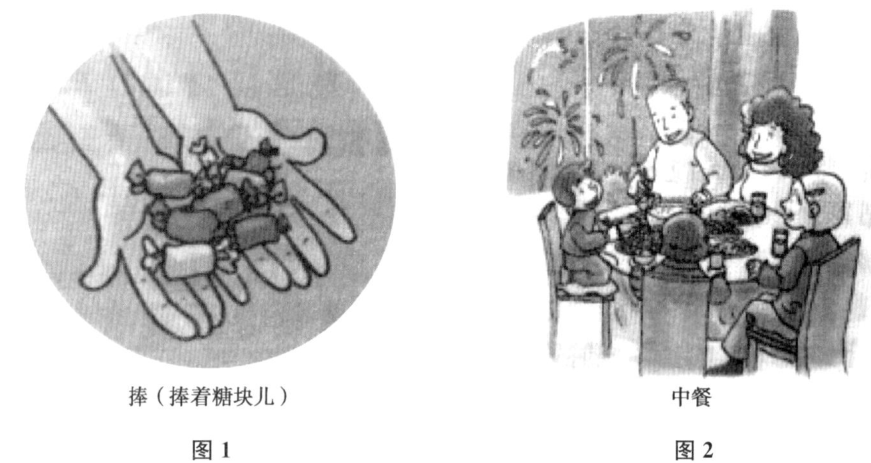

捧(捧着糖块儿)　　中餐

图 1　　图 2

总的来看,《朗文》的编者善于将多个图片组合运用,在比较中将该词条与其他词汇的异同加以展示,提供多种语言信息,而《商务》在这方面还做得不太好,这似乎反映出编者对于插图作用的认识还有局限性。

5. 插图表示的词类范畴

表 6　插图的词类范畴

		《朗文》		《商务》	
		插图数	百分比	插图数	百分比
插图的词类范畴	名词	351	72.5%	412	65.4%
	名词性词组	26	5.4%	43	6.8%
	动词	71	14.7%	31	4.9%
	动词性词组	0	0%	144	22.9%
	形容词	31	6.4%	0	0%
	副词	5	1.0%	0	0%
	介词	0	0%	0	0%

从插图表示的词类范畴来看,两者也是有异有同,相同的是两部词典的插图均以名词和名词性词组为主,表示名词或名词性词组的插图均占总数的 70%以上。但是《商务》插图表示的词性仅限于名词(包括名词性词组)和动词(包括动词性词组)。《朗文》有 6.4%的表示形容词词性的插图,有 1.0%表示副词词性的插图,而《商务》均没有表示形容词和副词词性的插

图。《商务》有 22.9%的插图表示动词性词组,《朗文》没有涉及,而表示动词词性方面,《朗文》有 14.9%的插图,《商务》有 4.9%的插图。

另外《商务》作为汉语学习型词典,考虑到了外国学习者使用中容易产生困难的地方,并且尽量通过插图和插图下的词组给学生以提示。在部分插图中《商务》给出与名词搭配的动词,如"电话"这个词条给出了"(打)电话"的插图;"担子"这个词条给出了"(挑)担子"的插图;"篙子"这个词条给出了"(撑)篙子"的插图。《商务》有 22.9%的插图表示动词性词组,反映出编者试图将那些典型、高频和常用的动词搭配介绍给学习者。《商务》在部分表示名词(或名词性词组)的插图下给出了量词搭配,如插图"一副拐""一捆柴""一篮鲜花"。这种将插图与固定的词组或者结构相配合的方式很少在《朗文》中出现,反映出词典编写者已经关注到汉语学习者的难点和易犯错的地方。

6. 表示的名词及名词性词组的插图数量与比例

表 7　名词及名词性词组插图数量

分类	《朗文》	《商务》	分类	《朗文》	《商务》	分类	《朗文》	《商务》
抽象类	15	9	器物类	80	106	材料类	5	2
事故类	9	6	装饰及服饰类	21	11	时间及状态类	4	0
动物类	29	63	装置及工具类	71	70	器官类	5	18
地点类	36	42	娱乐类	22	20	花果蔬肉类	26	76
人物类	12	11	信息类	1	0	动作类	9	0
量词类	9	2	道路及交通工具类	23	19			

由于两者的插图均以名词和名词性词组为主(均占总数的 70%以上),笔者进一步对名词及名词性词组做二级分类。从表 7 可以看出,这两类插图中主要集中在器物类、装置及工具类。其中《商务》表示名词或名词性词组的插图前三类分别是器物、花果蔬肉类、装置及工具类;而《朗文》则是器物类、装置及工具类、地点类。在表示名词或名词性词组的插图中的一大差别是《商务》在动物、花果蔬肉类上的插图有 139 幅,占总数的 22%;而《朗文》仅有 55 幅,占总数的 11.4%。《朗文》有少量插图表示信息、动作、时间及状态,而《商务》均没有涉及。可以发现,《商务》的插图主要表现具体事物,《朗文》对一些"抽象类""动作类"名词也配置了插图,这类插图的配置难度较大,可是《朗文》的编者仍然尝试配置插图,可见《朗文》在配置插图上较多考虑学生学习的需求。今后对外汉语界的学习词典也应该考虑为这些抽象词汇配置插图。

四、结论与启发

1. 研究结论

通过对两本词典在插图使用数量和功能方面的定量和定性分析,我们可以看到:

(1)《商务》在插图使用总数和平均数上并不少于现行的英语学习型词典(如《朗文》)。

(2)《商务》的插图在传播中国文化和介绍相关语言结构上做了有益的尝试。

(3)《商务》主要是将插图作为词条释义的补充手段，而《朗文》中插图的功能还包括区别近义词、展示下位词汇等，更为丰富。

(4)与《朗文》相比，《商务》在插图的具体设置上存在较为明显的单一化倾向，而《朗文》的插图则较为多样。

2. 启发

通过将《商务馆学习汉语词典》和《朗文当代高级英语辞典》对比，研究者认为今后的词典插图设置需要注意以下几点：

(1)插图数量不是首要追求的目标，要避免插图表达不清楚、不准确、不典型或者有误，做到释义清楚、要点突出、具有典型性，表现方式应多种多样。

(2)可适当减少文化色彩过浓的插图。《商务》插图的一大特色是体现了传统文化特色，但是在今后的编纂过程中要把握度，若过度甚至刻意表现文化内容，可能会对学习者造成一定的困扰。

(3)应考虑通过多种插图组合来提高插图表现的效率。现有的《商务》基本上一图一词，没有充分利用页面空间，也不利于在对比中凸显词汇意义。今后汉语学习型词典可以尝试在一幅插图中展现同一义类下的多个有代表性的个体，通过插图提示词语的语义属性或上下位关系，或者将某些具有紧密联系的概念或事物集中展现在某一幅插图中。

(4)可进一步拓展插图的功能。例如可以考虑对易混淆的词做一个图示对比，使得读者能更清楚地了解其中的区别。配置插图时，除了表现词条的语义信息，还可以尽可能多地体现语法和语用信息。

同时笔者也认为，应加强学习型词典插图设置的相关理论研究及基础调查工作。应该进一步对学习型词典中的插图与语言教学的关系、插图的表现方式及其与语言知识本质的关系、插图与释义的关系、插图与例证的关系、插图如何反映语义及语法信息以及语用信息等进行研究。词典编写者应该加强学习者的使用反馈调查，更多了解学习者对插图设置的意见和看法，改进对外汉语学习型词典的插图设置。本次研究限于条件，只分析《朗文》，今后如有机会，应该进一步检查《牛津高阶英语词典》《柯林斯高阶英语词典》等学习型词典，研究它们设置了哪些插图，提高我们对于插图设置的理性认识，以便为今后的学习型词典插图设置打下良好基础。

附注

① 本研究所使用的《朗文当代高级英语辞典》(第 4 版)有 14 幅(15 页)的整面插图，笔者将其归为插页。

参考文献

[1] 储丹丹. 对外汉语学习型词典的编纂——从《商务馆学汉语词典》与《汉语图解词典》谈起. 长江学术，2010(3).

[2] 董琦.英汉学习型词典插图处理模式研究.西南大学硕士学位论文,2009.
[3] 冯春波.英语词典插图研究.上海:华东理工出版社,2009.
[4] 高慧宜.一部易查易懂的对外汉语学习词典——《商务馆学汉语词典》评论.辞书研究,2009(6).
[5] 李莉.简评《商务馆学汉语词典》中文化词的释义.语文学刊,2011(1).
[6] 刘晓梅,梁青.浅析《商务馆学汉语词典》例证的文化传播功能.辞书研究,2011(4).
[7] 鲁健骥,吕文华.编写对外汉语单语学习词典的尝试与思考——《商务馆学汉语词典》编后.世界汉语教学,2006(1).
[8] 王艳蕾.《商务馆学汉语词典》的语用信息研究.文教资料,2012(1).
[9] 夏立新.《商务馆学汉语词典》释义存在的问题及改进意见.云南师范大学学报(对外汉语教学与研究版),2013(1).
[10] 徐海等.英语学习型词典研究.北京:外语教学与研究出版社,2012.
[11] 杨金华.突出"对外"特性的释义和用法说明——析《商务馆学汉语词典》的释词.辞书研究,2009(6).
[12] 郑定欧.汉语学习词典学亟待构建.辞书研究,2005(4).
[13] 郑艳群.《商务馆学汉语词典》插图评析.世界汉语教学,2009(1).
[14] 周爱丽.基于学习型词典离合词的对比研究——以《商务馆学汉语词典》和《汉语教与学词典》为例.现代语文,2012(1).
[15] 周海超.英汉学习词典插图研究.广东外语外贸大学硕士学位论文,2009.

(作者简介:刘弘,华东师范大学对外汉语学院讲师,研究方向为国际汉语教学;许骏杭,华东师范大学对外汉语学院2009级学生。)

第四届全国汉语国际教育人才培养论坛暨专业硕士培养工作研讨会综述

亓 华

“第四届全国汉语国际教育人才培养论坛暨专业硕士培养工作研讨会”于2012年12月8—9日在北京师范大学隆重召开。本届论坛暨研讨会由北京师范大学国际推广新师资培养基地和汉语文化学院联合举办，有来自全国50所高校的103名代表参加。本届论坛暨研讨会的核心议题为“新形势下汉语国际教育人才的中华文化素养、文化传播能力的培养与培训”，会议由北师大汉语文化学院常务副院长张和生教授主持，北京师范大学党委书记刘川生和国家汉办主任、孔子学院总部总干事许琳分别致辞，北京师范大学汉语文化学院院长、国际推广新师资培养基地主任许嘉璐先生发表重要讲话。许嘉璐先生重申了汉语国际传播进入第二阶段即中国文化传播阶段（2012年元旦晚会为第一次宣告）的观点。汉语国际教育与传播虽仍以汉语教学为主，但要把文化交流提到日程上来，加强文化讲授的比例和深度。许嘉璐先生希望与会者就新形势下的汉语国际教育人才培养的新任务展开深入的讨论。

天津师范大学副校长钟英华、北京大学对外汉语教育学院院长张英、山东大学国际教育学院院长宁继鸣、中国传媒大学逄增玉和北京师范大学的朱瑞平五位教授分别就文化交融和传播的有效性、中文教师的文化意识及教学目标、国际汉语教师文化素养与文化传播能力的培养、中国文化跨国传播的价值论与方法论问题做了大会主题发言，从而贯彻体现了许嘉璐先生关于汉语国际传播进入第二阶段——中国文化传播阶段的主题思想。来自对2013年志愿者需求的信息显示：六大洲75国212个孔院/课堂共1166个职位，其中留任236个，新增930个；886个职位对“中华才艺”有要求，还有53个要求有中医、武术、民间舞蹈等专长。不但要求比例在逐年增加，要求水准也从简单才艺提高到专门文化教学能力。因此，汉语国际传播进入中国文化传播阶段的提议，既顺应了孔子学院/课堂人才市场需求的变化，也是为扭转“孔子学院无孔子”现象、把孔子学院打造成“综合文化交流平台”而采取的积极有效的应对策略，是中国文化自觉融入世界文化，并在世界文化中占据一席之地的必然要求。

本次会议安排了四个分会场，各用三个时段进行了专题发言和讨论，最后由分会场主持人叶军、冯丽萍、李红印和钱玉莲四位教授进行了总结发言。

第一、二分会场的发言集中在文化和跨文化传播方面。报告内容具体而丰富，多结合第一线教学实践。论题集中在汉语国际教育人才文化素质的养成、中华文化的海外传播内容、传播意识及能力、国际汉语教学中文化因素的导入、专业硕士和国际汉语教师培养课程的设置和教法等方面。共宣读论文 34 篇。

在文化素养、跨文化传播意识和能力养成方面，北师大赵宏博以历史文化教学为中心探索了专业硕士文化素养的培养；华师大张建民从多媒体、网络等教育技术角度进行深入的探讨；渤海大学朱红、唐山师范学院高光新和兰州大学白宪娟分别从汉语国际教育人才的国学素养和地域文化素养培养谈了经验。中央民族大学罗莲基于汉语国际教师资格考试对文化与交际能力做了考察研究。北外的张晓慧和北师大的张春燕分别就中华文化传播意识与能力的构成，中华文化海外推广的路径、层次选择与身份认同做了阐述。复旦大学杨蓉蓉探讨了国际汉语教师跨文化能力的内涵。北师大的吕俞辉讨论了中西方思维方式的不同。青岛张淑惠提出在实践中培养学生的跨文化交际能力和文化活动组织能力。北师大的李炜东和冯丽萍分别论述了如何借鉴美国和平队构建跨文化交际培训模式，以及美国学生中华文化认同问题；步延新调查分析了汉语教师在泰国的文化适应。上海交通大学的翟宜疆强调了跨文化敏感性对于汉语国际教育人才文化传播能力的重要性。南开大学白宏钟和北方工业大学刘妍分别从国际汉语教师能力标准和传播学的视角讨论文化传播能力的培训。山东大学的马晓乐介绍了《中华文化与传播》课的教学实践，强调比较和体验的方法。西北大学的杨晓霭提出关于外籍汉语国际教育硕士中华文化专题课的设置、教材和内容。北师大的徐彩华和史芬茹借鉴多元智能理论开展针对海外儿童的中华才艺课教学，对培养教师的美术和音乐素养做了尝试和示范。社会科学院的刘光杰调查分析了三十年来中国文化概论类教材和参考书，发现普遍存在的问题是视角有我无他、缺少历史感、概多论少，这提醒我们：如果想要教师有更好的跨文化视野和素质的话，从大学甚至中小学的文化课程和教材上就要开始创新。

对于文化导入与传播问题，叶军从多元文化方面阐述文化学习的目的和必要性；马燕华从海外教师视角，依据欧洲语言框架体系和课程理论，强调文化实践经验。来自一线的东北育才学校的刘月、谢艳及王冬阳介绍了如何把文化导入课堂、激发学生兴趣的经验。北师大吴成年探讨了当代中国流行文化的传播；李洁和李琳同学分别介绍了如何在英国中小学推广中华才艺的成功经验；亓华结合赴美中小学志愿者教师文化传播案例，从海外教学情景出发，调查了外国中学生对教材文化点的兴趣度，介绍了一些文化体验课教学的成功案例。

此外，在第二分会场语言要素教学讨论中，北师大的丁崇明从语法偏误的案例出发，提出应对偏误的六个环节，并提出通过阅读来提高语感的具体教学策略。刘兰民和李晟宇老师对于汉语基础相对薄弱的专业硕士在汉语语言课和汉语语言学课程中如何更好地选择语言内容和方法，提出了关注点和面，在关注体系性和全面性的同时重视针对性和实用性。浙江理工大学的马春燕从专题入手，讨论了语言、汉字与文化相结合的问题。

第一、二会场代表讨论提出：随着中华文化传播的深入，无论是在面向海外学习者的文化活动的设计中，还是在国际汉语教师的文化和跨文化素养的培养过程中，都亟需从表层的认知和情感层面向深层的行为层面深入，使我们的教师和学习者更好地了解中华文化的内涵和观念。这样的建议正好体现了许嘉璐先生提出的中华文化传播第二阶段的理论。

第三、四分会场的发言主要围绕国际汉语教育师资人才培养而展开，集中探讨了汉语国际教育硕士应具备的基本素质和师资胜任力、职业精神培养、毕业论文写作、教学实习、教育课程改革、国际汉语教师培训大纲以及本土化教师培训问题。共宣读论文34篇。北师大的崔立斌教授重新总结梳理了专业硕士应具备的素质，而语言的、文化的、交际的和心理的素质都很重要，不可偏废；卧龙岗大学的高小平结合海外的师资需求，论述了澳大利亚汉语教师志愿者必备的素质与培养方法。

北师大的王宏丽结合博士论文谈了基于胜任力培养的汉语国际教育硕士师资初选；扬州大学的陈莉谈了汉语国际教育硕士职业精神培养的重要性；中央民族大学的田艳和北师大的张学涛谈了汉语国际教育硕士人文素养培养和语言文化赛事组织与培训能力的培养，结合具体的事例谈汉教硕士体验式的学习与培训。广东外语外贸大学的彭淑莉在跨文化交际及小语种培训方面介绍了教学经验。山西大学的侯立睿介绍地方院校培养汉语国际教育硕士的困惑及其对策。中国人民大学的高永安对比了歌德学院和孔子学院教师培训情况。云南财经大学的陈孟云对海外汉语教师心灵叙事做了探究；广州大学的张晓苏谈了国际学校中文教育对汉语教师培养的启示。李红印教授的研究生李培毓分析了国际汉语教师培训大纲及存在的问题。北京第二外国语学院的王巍以对外汉语教学本科课程改革为主题，提出"以学习者为中心"的汉语教师培养模式。北外的季薇谈了面向国际汉语师资培训的专业教材研发，探索了师资培训教材如何告别传统，实现新的突破之路。中央民族大学的陈作宏对学位核心课"汉语第二语言教学"进行了反思。

云南民族大学的汤亚平探讨了汉语国际教育硕士培养中的实习问题。安徽大学的杨晓黎谈了专业硕士实习的困惑，力求把实习贯穿在全部培养过程；内蒙古师大的李剑冲介绍该校纵横内外、全方位的实习模式。广西师大韩明介绍依托自建的38个海外实习基地，实现全外派汉语实习，并实行全程动态管理，不依靠汉办自行解决实习问题的先进经验。华南师大的王葆华介绍多途径加大本专业学生实践教学比重的经验，如语言伙伴、操练教师工程，还特别介绍了课程分和设计结合、教学实习与学位论文相结合、海外实习和海外推荐就业结合的经验。上海外国语大学的仇鑫奕谈了培养汉语国际教育硕士科研能力的途径，提出应用型不等于不需要科研，分析了本专业学生所需要的能力，即发现、描述问题的能力，向专业老师提问的能力，改进教学方法的能力，记录、总结、撰写专业报告的能力。王继红介绍了北外如何构建"专题研究"类学位论文的评价体系的经验。邓小宁老师介绍了中山大学从全球汉语教材库资源建设到研究生论文撰写，环环相扣，一举多得、高效率的培养思路和成功经验，把教材研究作为研究生科研能力培养和教师科研的重心。南京师大的钱玉莲、山东大学王莹和北师大朱志平老师分别谈了课程设置的系统工程问题，课程安排要考虑学生的海外实习和毕业论文写作，注重科学性、合理性和阶段性。

重庆师范大学的黄洁强调了西南地区结合自身特点培养"本土化"教师，开始关注中国国内的各地区差异与人才培养问题。中央民族大学的江傲霜通过对新手教师在美国中小学面临的挑战的调查研究，探讨了汉语国际教育硕士本土化培养的问题。北师大的汪琦介绍了泰国本土化汉语教师来华培训的经验。北外的方杰介绍了慕尼黑孔子学院利用海内外师资，在本土汉语教师需求分析基础上所做的培训。北师大杨丽姣结合泰国来华高中生中长期项目，介绍汉语教学与文化课程设计实施的情况。北京汉语推广中心的樊泽媛介绍了泰国高中生中长期项目中的文化差异问题，提出人性化的管理策略。

各分会场老师们发言踊跃、讨论热烈，老师们一致呼吁有关部门尽快出台具体详细的专业硕士论文指导规范，尤其是针对海外生源的专业硕士论文的指导规范。老师们普遍认为，目前师资培训的课程内容和教学方式都亟需改革。北京大学李红印教授指出，汉语国际教育硕士就好比是“特种兵”“特殊部队”，应在普通教师中优中选优，而满堂灌式的知识传授难以培养出跨文化沟通适应能力和胜任各种教学任务的素质和能力，因此，汉语国际教育硕士课程在文化内容和理念精神上都亟待改革。与会者普遍感到，海外汉语教学和合格汉语教师的极高的要求与汉语国际教育硕士这种低门槛进入和两年的速成之间存在巨大的落差，使培养者觉得要培养一个合格乃至优秀的汉语国际教育硕士几乎不太可能，希望能通过培养本土化教师等多种渠道来解决海外汉语教师的需求和融入问题。

本次大会最大的特色就是把新形势下汉语国际教育人才的中华文化素养、文化传播能力的培养与培训提到了首位。本次论坛从多侧面、多角度对汉语国际教育人才培养进行了更深层次的探讨，介绍和交流了各校的先进做法和经验，提出并解决了诸多现实问题。关于文化问题的探讨最终回归到汉语国际教育人才培养的问题上，而汉语国际教育硕士到底应该具备怎样的素养，如何平衡国际汉语教师的专业知识、文化素养和中华才艺技能仍然是值得业界人士继续探讨的问题。此次研讨会的胜利召开，标志着汉语国际教育专业人才的培养工作进入了新阶段、迈上了新台阶，汉语国际教育推广和中华文化传播事业必将成为中国和平发展和文化强国战略的有机组成部分。

（作者简介：亓华，北京师范大学汉语文化学院副教授，硕士生导师。）

近八年来外派汉语教师志愿者研究综述

陈妍妍

提　要　当前海外汉语教学项目的发展，既有国家政策的强大支持，又有海外汉语需求的有力推动，外派汉语教师志愿者研究论文从2005年开始，至2012年已呈25倍的增长量。然而在中国期刊网上还没有针对“外派汉语教师志愿者”这个群体及其相关的各个方面研究的文献综述。本文通过整理“汉语教师志愿者”主题及其相关的52篇论文，归纳出现有研究主要在五个方面：志愿者概念界定与角色定位，志愿者培训，外派管理，内在认知轨迹与专业发展，归国保障等。本文根据研究现状，分析其不足，并思考接下来可能的研究趋势，如：应用广义视角，利用横纵向分析，宏微观结合，本土化加强，理论建设强化等。

关键词　外派汉语教师志愿者　角色定位　培训　管理　保障

中国目前越来越重视国家软实力的建设与汉语教学项目的发展，国外对于汉语教师的市场需求也越来越大，因此对于赴外国汉语教师志愿者的研究获得了越来越多的关注，得到了更深入与更全面的发展。汉语教师志愿者项目于2004年得到教育部的批准，2010年比2009年增加40%；截至2012年底，国家汉办已向亚洲、欧洲、美洲、非洲、大洋洲101个国家派出18000余人次[①]。

然而在中国期刊网上还没有针对“外派汉语教师志愿者”这个群体及其相关的各个方面研究的文献综述。本文运用文献法与比较法，通过检索和搜集“汉语教师志愿者”主题及其相关的全部文献，找出各自的异同和差距，归纳出研究重点，分析其不足，思考接下来可能的研究趋势。系统、全面、综合地针对外派汉语教师志愿者管理的各环节、该群体的外在特征与内在动力特点的研究现状进行陈述，探索更为科学、更有利的研究趋势与关注点，有利于外派汉语教师志愿项目的理论建设、科学管理和可持续发展。

笔者利用中国知网中国学术文献网络出版总库、中国博士学位论文全文数据库、中国优秀硕士学位论文全文数据库、中国重要会议论文全文数据库等4种数据库，采用高级检索方式，以“汉语并含志愿者”或者“中文并含志愿者”为主体，检索出从2005年至2013年上半年发表的有关外派汉语教师志愿者的研究文献，得到相关研究文献52篇。外派汉语教师志愿者研究论文从2005年开始，至2012年已呈25倍的增长量。详情见表1。

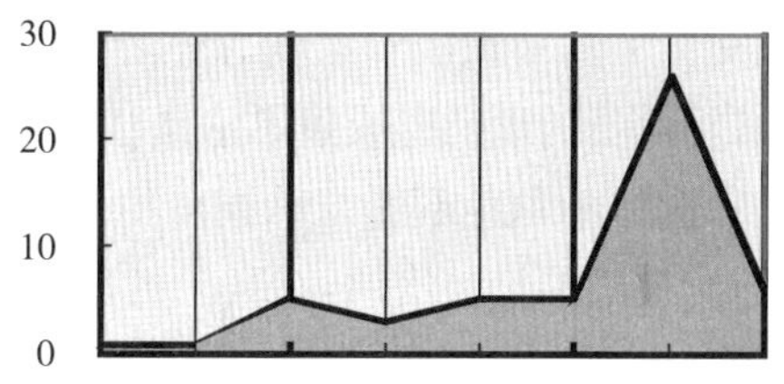

表 1　从 2005 年至今关于外派教师志愿者研究的论文数

通过穷尽性地检索文献发现，目前研究文献实用价值高，重视其研究成果对于项目的反馈和支持；关注面广，从志愿者本身素质到志愿者管理的方方面面，都得到很好的思考与研究。目前学界也对外派汉语教师志愿者发展存在的问题做了较为全面的分析总结。需要指出的是，目前文献多聚集在赴东南亚国家的项目研究上，而比较深入的研究主要集中在针对泰国项目的研究上，因此本文综述中所参考的文献多是针对以泰国为研究对象的文献。

研究方法多以问卷调查为主、个别访谈为辅，并针对相关问题提出建议（吴应辉、郭骄阳，2007）；定量实证研究，提出假设，进行验证，最后结合成果提出改善建议（林德成，2010；祝婕，2011）；以课堂教学案例分析结合调查问卷与访谈反馈，剖析问题所在，针对问题提出对策（刘涛、刘富华，2013）。

学界对外派汉语教师志愿者队伍的探讨主要为以下五个方面：志愿者概念界定与角色定位，志愿者培训及外派管理，内在认知轨迹与专业发展，归国保障等。

一、概念界定与角色定位

汉语教师志愿者项目是中国为帮助世界各国解决汉语师资短缺问题而专门设立的志愿服务项目[②]。本论述所针对的研究对象为符合汉办规定条件并接受岗前培训后被外派到国外各级各类教育机构从事汉语教学工作的志愿者教师。

“外派汉语教师志愿者”常被称为中国名片、汉语老师、文化使者等，角色与一般意义上的志愿者在性质层次、组织管理、经费补助、主要困难等方面都存在着差异（郑蒙，2012）。具体来说，外派汉语教师志愿者有相关生活补贴及工作补贴，地域跨度大，全职工作且时间长，大部分属于随机分配，对赴任岗位环境不可控。何懿、郭广伟、秦静（2012）指出，汉语志愿者群体年龄趋向年轻化，教育程度趋向高学历，招募区域范围更加扩大化，扩展至除西藏、贵州、青海以外的所有地区，赴任国数量大幅增涨，任教机构层次更为复杂。

外派汉语教师志愿者是在新的国际环境中新兴的社会身份，由于其特殊性与复杂性，角色定位和身份认同尚未得到明确表述，研究与关注较少。对“志愿者”概念定义和角色认同的研究，可以帮助“志愿者”对自身志愿工作有科学的认识，以正确的心态去处理工作中的问题，这对于“志愿者”的跨文化适应与心理调适，对于该项目的可持续发展，都有着关键的意义。

郑蒙（2012）对外派汉语教师志愿者身份认同的各个层次进行了剖析，其中社会—文化身份，既有“国家使者”的使命感，又有“外语助教”的工作责任感；既有“异乡人”受到异文化的挑战与影响，又有对己文化的认同与反思。而“成长”是志愿者对自身身份认同的关键词。

刘杨(2012)认为通过现代交流工具来积极参与到志愿者的身份构建中,协助学员完成清醒的身份认知与转型,有助于减轻学员的无助感或焦虑感,减少上岗前后的心理落差。

对外派汉语教师志愿者这一群体的角色剖析与认同分析,对其所需达到的专业标准与评价的科学认识,对其可能有的压力挑战的提前培训,有利于更好地帮助志愿者认识自身的个人价值与社会价值,有利于完善激励机制以及对项目的宣传效果,有利于预防或缓解海外工作的认同危机或心理问题。

二、志愿者教师的培训

从《"国际汉语教师中国志愿者计划"实施办法》[3]规定可以看到,培训应注重目的语本体知识、实际操作技能、跨文化适应能力等。由于汉语教师志愿工作内容牵涉到多学科、多领域,身份特殊而复杂,培训内容的信息量会非常大,对于信息的整合与传授,必然是培训研究所关注的;面对一个来源多元、背景不同的学员群体,采用什么样的培训方法与策略也是非常关键的。

1. 培训内容

志愿者培训学员规模大且背景多元,培训时间短而紧凑,现有课程繁多且杂乱,授课力求面面俱到但重点不明。这就导致了在实际培训中,某些课程的安排头重脚轻,某些课程没有合理结课而是被迫中断授课,或者某些教学观摩由于指导老师时间不够而只流于形式而没有真正给学员起到指导或者反馈作用。

诸多学者采用问卷与访谈的方法,对完成培训开始实地工作的学员进行调查与因果关系研究,得到不少反馈和改善意见,如下。

1.1 侧重"教学技巧和实用性"

黄雯雯(2011)提到,语言课堂教学的基本功、汉语教学词汇、语法、语音的教学实用技巧是学员最感兴趣的。江傲霜、吴应辉、傅康(2011)针对志愿者赴国外的实际教学情况,通过问卷与访谈进行调查,对培训有不少的反馈意见。学员大多认为培训应注重实践性、针对性和应用率,需注重短时间内实际技能的形成,重视设立"即学即用"的培训课程。

刘涛、刘富华(2012)通过研究课堂教学视频案例、调查问卷并结合访谈反馈,证明目前国际汉语教师志愿者的教学能力存在明显不足,呼吁对相关培训的关注。

1.2 提高"针对性"

应针对赴任国的生活工作的不同情况进行培训,如廖银环(2012)指出赴蒙古国志愿者培训应着重引导志愿者学会恰当处理遇到敏感历史问题的情况等,赴泰国志愿者培训应着重引导志愿者了解佛教禁忌等。

江傲霜、吴应辉、傅康(2011)指出应根据教学对象的年龄与受教育程度,针对大学班、中学班、小学班、幼儿园班进行有目的的培训,针对不同国家学生的特点进行课堂管理培训,增加外语培训时间,增加赴任国中小学生心理状况分析课程。

1.3 加强"心理调适与跨文化适应"的培养

黄雯雯(2011)在调查中发现培训者对于出国心理健康与自我保护方面的培训内容的感兴趣指数排在了第三位。林德成(2010)对跨文化培训项目进行检验分析,结果表明,跨文化培训并无显著效果,提出培训要增加比重与时间,要生动化与深入化,增加"知己知彼"的培训内容。

1.4 增强"教学定位"

对外汉语志愿者教师的教学,应以传播文化、普及语言知识和培养兴趣为主,而非讲授高深语言专业知识。课堂专题、内容、设计是教师必备的软实力,是在赴任国教学硬件条件不明的情况下比较可控的因素,因此应重视教学方法以及中国文化知识的培训,尽量压缩针对多媒体运用的培训时间。黄雯雯(2011)指出,对于教具的使用或者现代教育技术的更新在学员中的重视程度是最低的,而对于专题课程和课程设计、教学规划与策略、中国文化知识的重视程度则较高。

1.5 提高研究反思能力④

应通过查阅文献资料、组织教研讨论会等形式来提高反思的水平,并注重培养学员的研究能力(郝雷,2009)。

2. 培训方法与策略

由于学员规模较大且来源多元、背景复杂,目前培训方法考虑到可行性与经济实用原则,主要是大班集中授课,兼有专题讲座和教学试讲等。现有相关文献基本认为,应突出实践性与实用性。"教学观摩、现场体验"由于其直观性、生动性与有效性,在培训方式选择偏好的调查中成为首选。有不少文献根据案例分析、教学反思,提出了不少具有创新意义与实践意义的培训方法与策略。

2.1 "沉浸式培训"

丁安琪(2012)介绍了"沉浸式师资培训模式"。美国夏威夷大学把汉语师资培训与汉语夏令营进行巧妙的结合,以任务型教学法全程参与教学并直接实践,以"基于表现的评估方式"来评估学员的综合教学能力,其培训法既科学系统,又有弹性与创新性,值得国际汉语教师培训借鉴。文中还提出了中外联合培养汉语师资的建议。

2.2 "案例教学"

田艳(2010)认为将 PPP 和 ESA 模式⑤这两种国外课堂教学模式综合使用,既可以有 PPP 模式"实用而规范"的特点,又可以通过运用 ESA 模式来增强师生的互动。

2.3 "远程网络教学"

语言障碍、教材缺乏和课堂秩序难以控制是志愿者教师在泰国汉语教学中面临的主要问题。这方面除了在岗前培训中应有所准备、有所针对之外,在海外管理中,可及时取得学员反馈,进行“远程网络教学”或“定期定点培训”(吴应辉、郭骄阳,2007),以帮助志愿者教师解决困惑或难题。

三、外派管理

1. 任教学校及志愿者的汉语教学情况

对于任教学校汉语教学情况,目前研究比较透彻与全面的是关于泰国的研究,其次是印尼。

江傲霜、吴应辉、傅康(2011)对2010年赴泰国汉语教师志愿者教学情况进行调查,可以看到,志愿者任教学校中,68.5%有固定的汉语教材,50.7%将汉语课设为必修课,10.8%的教师汉语教学经验丰富,9.8%有制定好的汉语课程大纲,5.9%有专门的语音教室。

我们可以看到,志愿者任教学校的汉语教学条件是不断改善和发展的,但是目前泰国汉语教学系统缺乏科学、可行、统一的教学大纲,没有可行度、可信度、有效性高的评分标准,并且存在初级汉语热,而中高级汉语冷的现状。

张聪颖(2012)指出,印尼教育部有统一的教学大纲与汉语教材,主要问题是“志愿者教师的流动性大”“课堂秩序难以维持”和“课时不够”,与泰国的情况类似。也有小部分研究针对赴菲律宾(范启华,2005)、蒙古国(吕友益,2012)、俄罗斯(尚明霞、常利国,2012)、非洲(夏日光、赵辉,2012)等地的志愿者培养及教学情况,但基本缺乏定量定性的实证调查,只是略略提起,结论相似,对策缺乏针对性。

志愿者在实际汉语教学时所遇到的难题主要是“课时任务重,班级人数多,授课时间长,课堂难管理”(吴应辉、郭骄阳,2007),落实到具体班级的课时数少,汉语课间隔时间长,学生遗忘率高(杨薇,2009);造成困难的主观原因主要是志愿者对汉语课定位不清晰,不了解国内外的教学差别,导致教与学没法成功“对接”(江傲霜、吴应辉,2012)。针对所存在的问题,学者们提出相应的对策:强化有“针对性”的培训(吴应辉、郭骄阳,2007);整合资源,开发文化产品与实用教材(杨薇,2009);建立志愿者教学监管机构,开展“传帮带”工作,加强本土化培训(江傲霜、吴应辉,2012)。这一系列的对策对志愿者教师丰富教学手段、提高效率、解决实际问题,有一定的实践意义。

2. 心理状况与跨文化适应

外派汉语教师志愿者个体的心理健康问题直接影响到整个群体的效能及汉语传播目标的实施。科学地分析其存在的心理压力,并深刻分析其成因,探讨解决方法与对策,对于汉语推广事业的可持续发展有着重要的意义。

外派汉语志愿者是一个特殊的群体,长期孤身工作于一个陌生的海外环境并要保持稳定的状态去完成工作,需要志愿者有较强的心理承受力和较高的跨文化适应能力。

宋原(2008)对2007年赴菲律宾汉语志愿者的心理压力进行了分析,认为其心理压力主要来自对异国生活环境的适应问题、对当地人际关系的处理问题、汉语教学工作压力问题、理想与现实的差距问题等。

林德成(2010)对志愿者教师进行了实证考察,验证的假设是随着赴泰时间的增加,汉语志愿者的心理适应程度呈现递减趋势;祝婕(2011)通过实证研究验证出,志愿者获得的社会支持与心理适应负相关。这表明对志愿者心理健康关注应具有持续性,对志愿者的心理健康应具有培养意识。中方与赴任国应开展更多的日常跟进活动,对于赴任国居民的社会支持也要合理看待、正确处理,既要积极与赴任国居民多接触,也要努力提高自身的独立性与生存能力。宋原(2008)根据组织传播学理论,认为进行心理调适的方法有社会支持、非正式传播渠道、调试能力培养。于航(2012)认为应该为海外志愿者搭建人际交流平台,延长与扩大培训,帮助志愿者适应生活和进行工作。毫无疑问,增强跨文化适应的岗前培训,日常跟进并协助志愿者提高心理适应能力,增加志愿者进行情况交流与信息传播的渠道,促进其情感的释放,培养自我调节能力,是调节志愿者心理压力的积极对策。

综合学者们的相关文献,解决问题的主要措施是:在选拔之时采用可行的心理测试方式甄选合适的人选,岗前培训中对个体自我心理调适能力进行有效引导,实地教学中建立简单方便的非正式交流渠道,增强社会各方支持,积极跟踪个体适应情况与调适情况,对有需要的志愿者提供及时的帮助。

3. 师资动力机制

汉语教师志愿者项目作为一个完整系统的工程,把激励作为动力机制,是提高志愿者专业素养,维持师资稳定,保证队伍质量、数量提升与增长的关键。外派汉语教师志愿者与一般的志愿者有别,既有福利又属于全职工作,既是跨国性质又属于长期性质;另一方面,他们与一般教师有别,所面临的困难与环境和国内教师完全不同。

郑蒙(2012)指出"外派汉语教师志愿者"角色与一般意义上的志愿者在性质层次、组织管理、经费补助、主要困难等方面都存在着差异,其社会价值和个人能力发展的意义不言而喻,不应只是群体化、概念化,而应看到不同个体的动机趋向不是单一的,而是多元的。

吴应辉、郭骄阳(2007)在报告中指出:担任汉语教学志愿者是作为谋生手段的约占23%;为了出国观光,开阔眼界的占27%;为了向世界传播汉语,弘扬中国文化的占71%。

林德成(2010)对2009年赴泰任教的志愿者进行大样本调查发现:在183名汉语志愿者里,在性别上,女性为80.3%;在年龄上,20—25岁间的人数最多,占总数的80.3%;在学历上,本科毕业占74.9%;在专业背景上,非对外汉语专业背景的占67.2%。

对群体特殊性的考察,是为了进一步提出具有针对性的对策与绩效考核机制。欧亚(2012)认为针对志愿者这一特殊群体的管理,可运用关键绩效指标法、目标管理法、360度考核等绩效考核方法,构建新的绩效考核体系,为绩效改进、岗位调整、留任或奖惩、进修培训等提供重要的参考与标准,从而增强志愿工作的目标性与动力,促进志愿者的职业发展。

现有的文献主要关注从心理学视角上解释"汉语志愿者"有无区别于其他志愿者的动机特点;从社会学视角解释"汉语志愿者"在性别、年龄、职业、受教育程度等方面有无特点;考虑如何可以保证志愿者行为的持久性与稳定性。

四、志愿者教师内在认知轨迹与专业发展

教学认知，即指教师所知、所思、所信的体系及其对教学实践的影响。对外汉语教学界对于教学认知的研究始于孙德坤(2008)，该研究提供了自己在教师认知研究方面的生动案例。

陶健敏(2005)运用“语言习得理念分类详表”，结合培训实际，对接受汉语教学岗前培训的一期志愿者所持的语言习得理念进行了实证性的研究，既从纵向上观察调查对象本身习得理念的可能的变化，又从横向上将他们与有经验的教师所持的理念进行比较，观察被调查者是否会通过培训逐渐向有经验的教师所持的理念靠拢的可能性。对于重视并纠正志愿者的语言习得信念、并对后续教学工作进行实质性的指导，有实践性的作用。

吴静(2013)通过刺激性回忆叙事进行案例研究，验证的结论是：志愿者的认知发展和专业成长程度都与他们的反思深度和为破解难题所投入的心血和努力成正比。这对汉语志愿者专业发展的启示是：应建构教师实践性知识，也就是说发现问题、拟定教学策略，观察与监控相应的教学实践结果，通过教学反思进一步改正理念、修正实践。

教学反思正是为了促进教师通过自省而实现专业能力的发展。刘涛、刘富华(2013)提出建立教学反思与实践相结合的培训模式；王添淼(2010)提出，应创造条件让“国际汉语教师成为‘反思性实践者’”。

五、归国保障

国家汉办对于外派汉语教师志愿者行前选拔、岗前培训、海外管理及相关激励都形成了较为科学和系统的机制，然而对于归国志愿者的安置或政策支持则还没有一个比较合理的方法。从归国安置来说，可持续性有待提高，长期合作机制建设有待完善(何懿、郭广伟、秦静，2012)。

高爱辉(2012)指出，汉语教师志愿者的归国保障主要有户口、档案、学籍等方面的保障，同等条件优先录用为教师的优惠以及继续教育的机会。虽然于2012年有了制度保障，但制度仍旧不够健全，考虑得不够长远。

何懿、郭广伟、秦静(2012)提出，可成立专门就业处，提高社会对志愿者经历的认可度，提前为归国志愿者推荐工作单位等。

吴应辉、郭骄阳(2007)在报告中指出，94%的志愿者希望国家汉办向政府有关部门争取一些关于志愿者回国后就业、创业、考研等方面的优惠政策。

归国的志愿者，要么面临重新竞争就业的压力，要么有失去国内工作的危机，要么在升学或者政府考试中身份尴尬。对于外派教师志愿者“归国保障”的研究，是对外派汉语教师志愿者项目内容的进一步补充，是人本管理的要求与体现。

六、评述和展望

通过穷尽性地检索文献，可以发现：目前研究文献实用价值高，重视其研究成果对于项目的反馈和支持；关注面广，从志愿者本身素质到志愿者管理的方方面面，都得到了很好的思考与研究。目前学界也对外派汉语教师志愿者发展存在的问题做了较为全面的分析总结。同

时，目前的文献研究也存在一些不足，比如说研究视角与研究方法较为单一，本土化研究不足，理论建设不足等。本文对于外派汉语教师志愿者这一领域的研究评述与展望如下。

首先是广义视角的应用。应超越单一视角、个别领域的束缚，采用广义视角，实现更多跨学科的融合。如从心理学、社会学、经济学的合作研究来探讨汉语志愿者群体的社会属性、行为动机以及市场导向；通过人类学、政治学、管理学与跨文化交际学的相互参考，来更好地完善志愿者队伍的外派管理与国外教学质量的监控。

其次是横向纵向实证分析。对大群体的横截面进行问卷式调查，可以得出不同变数的静态对比，却无法得知纵时发展的变化，对于某些统计结果缺少因果解释。实证分析若能在横向调查的基础上加以纵时跟踪，对被调查对象既有静态观察，又有动态跟踪，既有数据比较，又有因果陈述，必是目前研究深入化更倾向选择的研究方法。

第三，宏观管理与微观观察相结合。实证研究停留在宏观管理与技能表现层面，志愿者行为影响因素细分研究与规模关联因素实证调查不足，缺乏对志愿者内在动机调查及认知发展轨迹的调查。宏观管理需要以微观观察为基础，微观观察需要以宏观认知为导向，这是相辅相成的。对于志愿者的心理情绪、内在动机与专业认知发展的细致划分，结合个案研究与群体调查，必然能够使得研究或调研更加的细致与贴近事实，对于扩大志愿者规模、提高志愿者服务质量有着深远的意义。

第四，强化本土化与国别化。针对目的国教学的本土化与国别化研究做得不足。截至2012年底，国家汉办已向亚洲、欧洲、美洲、非洲、大洋洲101个国家派出志愿者。目前文献多集中在赴东南亚国家的项目研究上，其中泰国项目上就占了50%。研究对象国的数量仅占目前志愿者派往国数量的一小部分；对非洲、菲律宾的研究则停留在背景陈述层面，缺乏实证调查，问题剖析与措施建议缺乏针对性与准确性。这既不利于项目整体的平衡发展，也无法对志愿者进行有针对性的培训与指导。

第五，加强理论建设。郝雷(2009)指出，应该“在教育学、管理学、心理学等理论知识的基础上，构建汉语教师志愿者的管理体系”。应从较全面、科学的理论层面上构建汉语教师志愿者多维度、多方面的理论体系，如概念界定与角色定位、招募标准与甄选机制。

综合对研究文献的整理以及对研究现状的思考，本文认为跨学科合作、横向纵向实证分析、微观观察个体认知发展、项目本土化与专业理论建设是未来研究的趋向。这不仅有利于汉语教师志愿者在语言学领域、管理领域、经济领域与政治领域的理论深化，也有利于扩大其规模、提高其师资力量与教学效果，更好地推动汉语国际推广事业。

附注

① 信息来自汉办志愿者官网 http://www.hanban.edu.cn/volunteers/

② 信息来自汉办志愿者官网 http://www.hanban.edu.cn/volunteers/

③ 信息来自汉办志愿者官网 http://www.hanban.edu.cn/volunteers/

④ 这在“志愿者教师内在认知轨迹与专业发展”部分有进一步的论述。

⑤ PPP指的是课堂教学的三个阶段，即呈现阶段(presentation)、练习阶段(practice)和活用阶段

(production)。ESA 模式包括投入阶段(engage)、学习阶段(study)和活用阶段(activate)。

参考文献

[1] 丁安琪.美国夏威夷大学沉浸式汉语师资培训模式分析——兼谈国际汉语教师培训．课程·教材·教法,2012.

[2] 范启华.汉语教学志愿者"菲律宾模式"探析．云南师范大学学报(对外汉语教学与研究版),2005.

[3] 高爱辉.汉语教师志愿者归国保障机制探讨．全国商情(理论研究),2012.

[4] 郝雷.汉语教师志愿者成立与发展探析．文教资料,2010.

[5] 郝雷.汉语教师志愿者管理研究．河北师范大学硕士学位论文,2009.

[6] 何懿,郭广伟,秦静.东南亚汉语教师志愿者现状分析及对策．河北经贸大学学报(综合版),2012(1).

[7] 黄雯雯.海外汉语教师志愿者的岗前培训需求分析．现代语文(语言教学研究),2011.

[8] 江傲霜,吴应辉,傅康.泰国汉语教师志愿者教学情况调查对志愿者培训工作的启示．民族教育研究,2011(5).

[9] 江傲霜,吴应辉.泰国汉语教师志愿者教学适应能力探析．华文教学与研究,2012(1).

[10] 廖银环.赴蒙初任汉语教师志愿者工作压力与教学效能感研究．山东大学硕士学位论文,2012.

[11] 林德成.赴泰汉语志愿者跨文化适应研究．华南理工大学硕士学位论文,2010.

[12] 刘涛,刘富华.国际汉语教师课堂教学能力培训策略研究．东北师大学报(哲学社会科学版),2013(1).

[13] 刘涛,刘富华.国际汉语志愿者教学能力现状与问题分析．华夏文化论坛,2012.

[14] 刘杨.QQ 群聊中汉语教师志愿者的职前身份构建分析．黑龙江教育学院学报,2012(2).

[15] 吕友益.我国赴蒙古国汉语教师志愿者现状研究．边疆经济与文化,2012(8).

[16] 欧亚.汉语教师志愿者的绩效考核体系研究．山东大学硕士学位论文,2012.

[17] 尚明霞,常利国.在俄罗斯的中国汉语教师志愿者服务研究．西伯利亚研究,2012(1).

[18] 宋原.海外汉语志愿者心理压力分析与对策．重庆科技学院学报(社会科学版),2008(1).

[19] 孙德坤.教师认知研究与教师发展.世界汉语教学,2008(3).

[20] 陶健敏.国际汉语教师中国志愿者计划——志愿者语言习得理念纵深式个案调查．暨南大学华文学院学报,2005(4).

[21] 田艳.PPP 和 ESA 课堂教学模式在汉语志愿者培训中的实践与思考."国际汉语教学理念与模式创新"国际学术研讨会(第七届对外汉语教学国际研讨会)论文摘要集,2010.

[22] 王添淼.成为反思性实践者——由《国际汉语教师标准》引发的思考.语言教学与研究,2010.

[23] 吴静.汉语教师志愿者的教师认知调查与分析.上海外国语大学硕士学位论文,2013.

[24] 吴应辉,郭骄阳.泰国汉语教学志愿者项目调查报告.云南师范大学学报(对外汉语教学与研究版),2007(1).

[25] 夏日光,赵辉.非洲孔子学院汉语教师志愿者的培养．长春工业大学学报(高教研究版),2012(1).

[26] 杨薇.汉语教师志愿者中文教学实际情况及应对分析.读与写杂志,2009(6).

[27] 于航.赴泰汉语志愿者文化适应调查.广西师范大学硕士论文,2012.

[28] 张聪颖.印尼汉语教师志愿者现状调查.中央民族大学硕士学位论文,2012.

[29] 郑蒙.汉语教师志愿者身份认同研究——以山东大学赴法汉语教师志愿者为例.山东大学硕士学位论文,2012.
[30] 朱笑莹.吉林大学2010、2011年赴泰国汉语教师志愿者情况调查.吉林大学硕士学位论文,2012.
[31] 祝婕.在韩汉语教师志愿者跨文化适应影响因素的实证分析.山东大学硕士学位论文,2011.

(作者简介:陈妍妍,暨南大学语言学及应用语言学硕士毕业生,主要研究方向为二语习得,目前以志愿者身份任教于泰国曼谷一所国际中学。)

"汉语国际传播历史"国际学术研讨会暨世界汉语教育史研究学会第五届年会落幕

2013年9月20日至22日,"汉语国际传播历史"国际学术研讨会暨世界汉语教育史研究学会第五届年会在天津外国语大学圆满落幕。本次学术研讨会是由北京外国语大学中国海外汉学研究中心、世界亚洲研究信息中心,联合天津外国语大学国际交流学院、世界汉语教育史研究学会共同举办的。北京外国语大学党委书记杨学义,天津外国语大学党委书记李虹、副校长王铭玉等出席了会议开幕式。

杨学义书记在致辞中强调了世界汉语教育史的研究对于当下汉语国际传播的学科史意义,期待与会的中外学者在研讨会上积极交流,奉献真知灼见。

来自中国、意大利、德国、韩国、日本等国的80余位学者参加了本次研讨会。会议收到关于世界汉语教育史、西方汉语研究与中国语言的变迁、汉语国际教育研究的相关论文80余篇。

会议共举行16个分会场的分组讨论,与会学者围绕历史文献、汉语教材、词典、词汇、语法、国别汉语教育、汉语国际传播等多个主题展开了热烈的讨论。

世界汉语教育史学会作为一个国际性学会,几年来先后在中国澳门、日本、意大利、韩国等地召开研究汉语国际传播历史的学术研讨会,在国际学术界逐渐产生影响,这次会议是世界汉语教育史学会首次在中国内地召开学术研讨会和会员大会,会议规模为历次之最。这表明随着孔子学院在全球的建立、汉语国际传播事业的发展,有关汉语在世界各国传播历史的研究日益引起国内外学术界的关注,成为一个学术发展的新领域。这次会议的成功召开是北京外国语大学落实"中国文化'走出去'协同创新2011计划",在学术上推动中国文化走出去的又一重要成果。

北京外国语大学　中国海外汉学研究中心供稿

English Abstract

The Ability Cultivation of MTCSOL—Sustainable Development of MTCSOL Cultivation Mode ······ 3

Abstract: Ability cultivation is the most important part in the talent cultivation in the 21st century. And it is also true to the cultivation of second language teachers. In order to achieve the cultivation goal of 9 abilities MTCSOL needs, the current cultivation mode needs to be improved further to become sustainable. The three links of the current cultivation mode need to be reintegrated, and training courses will be divided into three classes based on overseas practice and arranged in three stages so as to give consideration to the overall situation. Writing of degree papers and related occupational ability cultivation will be put into effect through overseas guidance and post-practice.

Key words: Ability training; Overseas practice; Training courses

Exploration of "Case-based Teaching" Mode Application—Reflection on the "Language Comparison and Error Analysis" Course for Foreign MTCSOL Students ······ 13

Abstract: Case-based teaching is a teaching method by use of typical examples. Through analysis, discussion and research on representative examples, it can help students better understand and master the theoretical teaching concepts and principles, and on this basis help students cultivate abilities to identify, analyze and solve the problems. In the presence of foreign Chinese teacher cultivation and training task, according to the requirements of teaching purposes, needs of teaching objects and characteristics of the "Language Comparison and Error Analysis" course, we try to apply the "case-based teaching" mode to this course aiming at the actual effect which is better than that of traditional teaching mode. This essay provides the relatively comprehensive reflection on the application of the course mode.

Key words: Case-based teaching; Teaching mode; Foreign Chinese teacher; Cultivation and training; Course reflection

Analysis of Chinese Grammar Teaching Beliefs Held by Non-Chinese Teachers ······ 20

Abstract: Along with the development of Chinese language promotion, Chinese language teaching localization becomes an inevitable trend, which means the localization of Chinese teachers. By now, we still know very little about the non-Chinese teachers overseas. This study investigated the grammar teaching beliefs held by the non-Chinese teachers who teach Chinese abroad. The result shows that: 1) non-Chinese teachers believe that grammar teaching is valuable and both grammar explanation and practice are important while grammar mistakes and errors of the students are acceptable; 2) they prefer using Chinese to mother languages in grammar teaching while mother languages are not rejected; 3) they prefer inductive teaching to deductive teaching and partial correlations analysis also indicates a positive correlation between inductive teaching and communicative exercises, and between deductive teaching and mechanical drills; 4) they believe that correcting students' errors and mistakes immediately is more important than correcting students' every error and mistake. The inspiration for non-Chinese teachers' training abroad is discussed in the paper based on these findings.

Key words: Grammar teaching beliefs; Non-Chinese teachers; Teacher training

Abstract: Based on relevant study results from former researchers, this thesis introduces the syllabus as a whole firstly. Then, some improving advices are put forward as reference to subsequent further revisions. The syllabus pays much attention to training of essential skills, practical course, practice-oriented mode and emphasis of multiple assessment, which are all worthy of our praise. Of course, there is also something that needs to be further improved. As for training targets, some teachers not listed in syllabus also need to receive training. As for training objectives, it will be better if we classify teachers into different groups and set different goals for teachers. As for training courses, we can arrange courses according to teaching stages, teaching targets and teaching methods, and content of courses should be further specified. As for training modes, we should study from existent effective training modes and achievements.

Key words: International Chinese language teachers; Training syllabus; Teacher training

Abstract: Chinese volunteer teachers overseas represent not only their units who dispatch them abroad but also China. In the process of overseas teaching and cultural promotion activities, whether volunteers have the public diplomacy awareness will affect the effect of Chinese promotion. Therefore, great importance should be attached to volunteer Chinese teacher training. This paper analyzes the real cases of volunteer Chinese teachers, puts forward the necessity of building their public diplomacy awareness, and gives some suggestions on the cultivation of the public diplomacy awareness.

Key words: Volunteer; Public diplomacy awareness; Cultivation

Abstract: Teaching practice, an important part of full-time MTCSOL, still has some problems due to the special nature of MTCSOL and lack in training experiences. Improving the teaching practice quality of MTCSOL students is a practical issue that faces each training institute. Teaching practice is an important link in MTCSOL training. As for the types of teaching practice, teaching practice in China and overseas both account for a proportion. In the teaching process, all training institutes strengthen their guidance to students' teaching practice in certain ways. Students practicing home depend mainly on the supervisor's guidance and those practicing abroad depend mainly on the joint guidance of domestic institutes and internship units. The evaluation of the students is mainly given by both domestic and overseas internship units. Based on the existent problems of MTCSOL teaching practice, this paper mainly discusses the purpose, content, time arrangement, location, internship subsequent inspection and management of teaching practice, etc, and relevant advice and suggestions are put forward.

Key words: MTCSOL; Teaching practice; Cultural practice; Teaching practice inspection system

Abstract: This paper took the Chinese speaking course"Learn Chinese by performing a play" opened by Confucius Institute at Hankuk University of Foreign Studies from March 2012 to August 2012 as an example, summarized the purpose of this language course, the idea of the material writing, the organization process of teaching and feedback on teaching achievement, and also analyzed the success factors of this course. Thus, presenting the idea to open a specialized course named "Learn Chinese by performing a play" in the country where people teach Chinese language as a second language, we do hope this would help the students who are learning Chinese language either in China or in their own countries to improve their Chinese speaking abilities in a very short period of time.

Key words: Play performing; Learn Chinese; Specialized speaking language course

Abstract: Setting up the Confucius Institute is the common wish and urgent demand of both China and Italy, as well as an important means to enhance the national cultural soft power. Since its establishment in 2006, Confucius Institute at the University of Rome, relying on its geographic, human relations and academic advantages as well as its public diplomacy strategy, has carried out a series of high-quality Chinese teaching and high-level cultural research activities. It has expanded the scale of teaching with ensuring the teaching quality, carried out high-quality and rich cultural activities with profound social influence. It takes Rome as the center of teaching and then reaches the surrounding and remote areas to build up the top-level model Confucius Institute in the whole world, meanwhile to set up an influential platform overseas to promote Chinese Language and culture, and to serve as one of the main windows to let Italian people know the real China.

Key words: Cultural soft power;Confucius Institute at the University of Rome La Sapienza;Promotion of Chinese language;International cultural transmission

Views on the System Construction of Confucius Institutes—Take the Basic Construction System of Munich Confucius Institute as an Example ······ 60

Abstract: At present, the global Confucius Institutes have gone through nine-year growth. They are moving towards maturity and perfection, and begin to enter a leapfrog stage of development. Therefore, it needs to improve the basic systems and establish a quality assessment system to ensure the healthy and stable development of Confucius Institutes. Taking the basic system construction of Munich Confucius Institute as an example, the article expounds the necessity and importance of the institution building of Confucius Institutes from three aspects of establishing the president responsibility system, improving the financial management system and teaching quality management system.

Key words: Confucius Institute; System construction

Rules and Regulations—Guarantee of the Development of Confucius Institutes ······ 66

Abstract: In 2012, there were two breaking news, which produced much impact: 1. some Chinese teachers working in the United States were ordered to leave the country before the deadline, 2. Spanish police took "Emperor Action", arresting dozens of Chinese merchants residing in Spain. The situation was grim, but Confucius Institute of Barcelona remained calm and quiet due to the complete legality of their operation and rigorous system of rules and regulations (labor, finance, administration, staff and teachers, etc.). This paper aims to highlight the importance of system construction, taking two fundamental rules as an example: labor and finance, as well as introduces its specific rules and application.

Key words: Legitimate operation; Labor system; Financial system; Formulation and implementation

The Comparison between Goethe Institute and Confucius Institute ······ 72

Abstract: This paper illustrates the differences and similarities between Goethe Institute and Confucius Institute in several aspects, including development history, organization form, job duties, objectives, ideas, etc. Goethe Institute and Confucius Institute are both non-governmental language teaching and cultural communication organizations supported by the government. Their job duties include language teaching, cultural spreading and communication and they pursue international cooperation. Goethe Institute has gone through unsmooth development while Confucius Institute has experienced rapid development. Confucius Institute has learned from other similar institutes and employed innovative methods.

Key words: Goethe Institute; Confucius Institute; Teaching the language as a second language; Cultural spreading

Realization of Cultural Recognition in the Process of International Promotion of Chinese Language ······ 78

Abstract: There are two distinct environments for international promotion of Chinese language: domestic and overseas. Although the standpoint of cultural transmission remains the same, the methods and effects will be different in these two environments. Regardless of the environments, our attention should be paid to cross-cultural differences. This help learners overcome communication barriers caused by cultural differences and recognize Chinese culture. To overcome cross-cultural conflicts is the basis of cultural recognition and cultural immersion is the important condition for cultural recognition. And cultural experiencing activities are one significant way to realize cultural recognition. In the process of international promotion of Chinese language, special attention should be paid to helping students learn Chinese language, at the same time, understand and recognize Chinese culture.

Key words: International promotion of Chinese language; Cultural communication; Cross culture; Cultural immersion; Cultural recognition

Abstract: This paper studies the problems of Chinese language training for foreigners in the non-formal education system to stipulate the quality of the service, and the way of evaluation and provides the theoretical basis for establishing *Language Training Services—Basic Requirements for Chinere Language Training*, promoting the introduction of the national standard as soon as possible. And we look forward to regulating the languaging training market, improving teaching quality and management level of Chinese language training institutions, ensuring students learning interests, and promoting the further development of Chinese international education.

Key words: International education of Chinese language; Language training institutions; The basic requirements of Chinese training

Abstract: The main topic of the paper is to investigate and summarize the current situation of teaching Chinese as a second language in Malaysia. The author finds out that many problems in the teaching of Chinese language remain unsolved. Based on this, the author aims to give some suggestions and possible solutions to improve the teaching of Chinese as a second language in Malaysia.

Key words: Malaysia; Teaching Chinese as a second language; Current situation; Problem; Solution

Abstract: This thesis, based on literature review and other information, explores the origin of the emergence of teaching Chinese for specific purposes in modern sense, the process of formation of independent teaching type, and comes up with the periodization of: 1. in the early 21st century, the application-oriented awareness of teaching Chinese emerged; 2. in the early 1960s, the curriculums of Chinese for specific purposes came into being;

3. in the early 1980s, teaching Chinese for specific purposes developed into independent categories of pedagogies and models; 4. in the late 1980s, the theoretical cognition on language for specific purposes took shape.

Key words: Teaching Chinese for specific purposes; History of teaching Chinese as a foreign language; Scientific Chinese; Business Chinese; Medical Chinese

On the Educational Reform of Chinese Language Major for Foreign Undergraduate Students in the Background of Internationalization of Universities ······························ 108

Abstract: Since the implementation of "985 project", many universities take developing a world-class university as a goal. Universities are academic development centers, and also the international talents training base. Whether a university is able to attract outstanding students from all over the world, and the proportion of foreign undergraduate students, will be directly related to a university's popularity and reputation in the world. The innovation of management mechanism for foreign undergraduate education, therefore, should be incorporated into the orbit of system reform in colleges and universities.

Key words: First-class university; Chinese Language for international students; Subject status; Internationalization of education

Rejections of the Significance in Cross-cultural Communication—Study on the International Chinese Teachers' Evaluating Discourse ·· 116

Abstract: Evaluating discourse is an important part of the international Chinese teachers' discourse. This paper is an empirical research about the evaluating discourse. The result proves that some of the teachers' evaluating discourse usually brings about the cultural conflict and rejections of the significance, and directly affects the teaching quality because of the objective existence of the cultural differences between the teachers and foreign students in the international Chinese classes. On the basis of this practical analysis, this paper gives suggestions on instructional strategies of reasonable use of teacher's evaluating discourse according to pedagogy and cross-cultural theories including opening the heart: teachers' compatibility; walking into the heart: meaning negociation; improving ourselves: formation and development.

Key words: The international Chinese teachers' evaluating discourse; Cross-cultural communication; Rejection of the significance; Strategy

Animacy and Relative Clause Type: at an Acquisitional Interface ······················ 122

Abstract: Recently, there has been a growing interest in decoding a multitude of factors that are involved in the processing of L1 relative clauses. However, such research in the field of second language acquisition, especially in L2 Chinese, has been extremely rare. This study examines whether the animacy feature of noun phrases plays a role in the second language acquisition of different types of Chinese relative clauses (RCs). Through the analysis of the data elicited from both comprehension and production tasks, this article reveals the facilitative effect of "subject = animate" and "object = inanimate" features in the acquisition process, the modulation effect of various animacy configurations on different types of RCs, and the overriding effect of the syntactic factor over the animacy factor at the acquisitional interface. This study also sheds new light on the understanding of the ongoing debate on the relative ease of subject-extract vs. object-extracted relative clauses in Chinese.

Key words: Animacy; Relative clause; L2 Chinese; Language acquisition

Abstract: In Europe, teaching Chinese as a second language is in the ascendant, while at the same time it is faced with various challenges. Among these, improper teaching methods of elementary Chinese and Chinese characters will increase learning difficulties, dampen learners' enthusiasm and make many learners stop learning further. How to help learners in French-speaking countries persist in their learning is vital to the sustainable development of international promotion of Chinese language. Therefore, based on the Chinese teaching practice in France and Belgium, the author analyzed the features of learning a foreign language displayed by elementary Chinese learners in three aspects, including language learning beliefs, strategies and motives. The author believes that it is crucial to guide European learners in a scientific way, and it is more important to inspire and nurture their lasting interests in Chinese language and culture. For this purpose, the author has put forward relevant Chinese teaching strategies: interest is the supporting point and "communicative culture" is the route to stimulate the lasting passion of students; Chinese and a foreign language can be compared to reveal Chinese language features and dispel the mindset that Chinese is hard to learn; they should disperse learning difficulties, emphasize the key points and build up confidence to learn Chinese well.

Key words: Students; Chinese; Interest; Strategies

Abstract: The paper chooses three representative Japanese local elementary Chinese textbooks. With the perspective of comparison, features of Japanese local Chinese textbooks are discussed from three aspects. Through investigation and analysis, we find that Japanese local Chinese textbooks have the following characteristics: 1. great importance is attached to language knowledge, especially phonetics and grammar knowledge; 2. the explanation method is easy to understand and suitable to Japanese learners; 3. vocabulary and words are not regarded as important parts. In the end, the paper discusses features of Chinese textbooks written locally in other countries and enlightenment in the writing of country-specific textbooks.

Key words: Chinese textbooks; Local Chinese textbooks overseas; Chinese textbooks in Japan

Abstract: Illustration is an important part of learner's dictionaries and serves as a helping role in understanding the meanings of words for learners. However, research on illustration of learner's dictionaries is scarce. Through qualitative and quantitative analysis on *The Commercial Press Learner's Dictionary of Contemporary Chinese* and *Longman Dictionary of Contemporary English*, this paper has made a comparative analysis on the differences and similarities of the two dictionaries, including the amount, composition, color, content, position, category, function, word category, etc. It also discusses the advantages and disadvantages of illustration in *The Commercial Press Learner's Dictionary of Contemporary Chinese* and gives some suggestions on the illustration of learning Chinese as a second language dictionaries.

Key words: Learner's dictionary; Illustration; Comparative research

Abstract: Currently, overseas Chinese language teaching programs are supported by the national policy and spurred by the big demand for overseas Chinese teacher. Research journals in this field started in 2005 and increased 25 times in 2012. However, China Journal Website has not done any literature review on the theme of Volunteer Chinese teachers to other countries. By sorting out 52 journals related to this topic, this paper has summarized five aspects of the current research: definition and role identification of volunteers, volunteer training, administration of assignment in other countries, internal cognitive path and professional development, guarantee after coming back, etc. Based on the research status, the paper analyzes its shortcomings and tries to find out the following possible research trends, such as application of the broad perspective, use of the horizontal and vertical analysis, combination of macro and micro methods, intensification of localization, strengthening theoretical building, etc.

Key words: Volunteer Chinese teachers to other countries; Role identification; Training; Administration; Guarantee

《国际汉语教育》改版声明

《国际汉语教育》(原名《国际汉语教学动态与研究》)由北京外国语大学海外汉学研究中心、北京外国语大学国际汉语教学信息中心于2002年底创办。

为提升刊物的学术层次和研究深度,更好地服务于汉语国际推广事业,本刊自2012年起调整为半年刊,出刊时间为每年的6月底和12月底,每辑字数约25万字。改版后的刊物仍坚持原有宗旨,并扩充了相关栏目,欢迎海内外学者同仁分享、交流以下方面的研究成果:

● 国际汉语教育人才培养

1. 国际汉语教育人才培养模式、方法研究
2. 国内外汉语师资培训模式研究
3. 汉语志愿者海外实践报告和相关问题研究
4. 汉语教师职业发展的相关研究

● 语言政策与汉语国际传播

1. 汉语国际推广政策、策略等相关问题研究
2. 孔子学院的建设与可持续发展的调查研究
3. 各国政府有关汉语语言文化的政策调查研究
4. 各国政府推广本国语言的政策、途径、模式对汉语国际推广的启示

● 国际汉语教学透视

1. 国外有代表性的汉语教学机构调查与研究
2. 国内外汉语教学新理论、新实践、新方法的思考与研究
3. 各国汉语学习需求的相关调查研究
4. 国内外汉语教学模式和教学方法的相关调查研究
5. 各国汉语学习者习得汉语的特点和规律的相关调查研究
6. 汉语教学与文化教学之关系研究

● 国际汉语教材研究

1. 国内外汉语教材,特别是国别汉语教材的相关调查研究
2. 国际汉语教材推广研究
3. 国内外汉语教学方面各种出版物(教材、教学资源、研究著作等)评介

● 现代化汉语教学资源研究

1. 现代教育技术与汉语教学的结合与创新应用研究
2. 国内外汉语教学测试与评估的调查研究

● 世界汉语教育史研究

1. 西方人早期汉语学习史研究
2. 国别汉语教育史研究
3. 国外早期文献及汉语教材研究
4. 汉语教育历史人物、机构等专题研究
5. 汉语教育史与汉语本体关系研究
6. 汉学研究与国际汉语教育之关系研究

此外,我们也欢迎以下内容的稿件:

1. 国内外汉语教学交流与合作的信息,各类汉语教学学术会议的信息与综评。
2. 孔子学院合作与发展的信息、通讯等。

(注:本刊可接收中文及英文稿件,来稿请附中英文摘要,正文字数10000字以内。)

《国际汉语教育》编辑部联系方式

邮政编码:100089 北京市海淀区西三环北路 2 号 北京外国语大学中国语言文学学院《国际汉语教育》编辑部

电话:0086 - 10 - 88817810

传真:0086 - 10 - 88817810

E-mail:guojihanjiao@gmail.com;wangzulei@bfsu.edu.cn

《国际汉语教育》编辑部

2013 年 12 月

新HSK词汇宝典 1–4级

本书特点：

★ **省时省力，全真模拟：** 单元要点+词语解析+模拟自测+全真模拟训练→**助你21天突破1200词！**

★ **真题出击，直通考点：** 真题分析+考点说明+解题思路+应试技巧→**新HSK考前必备！**

★ **词汇例句，轻松掌握：** 读音+词性+注释+例句→**新HSK考点一网打尽！**

★ **精要补充，举一反三：** 补充+辨析+搭配+近反义→**全方位攻克重点词汇！**

978-7-5135-3068-2 59.00元

SOUND MANDARIN FOR ENGLISH SPEAKERS
读拼音 学汉语

《读拼音 学汉语》是为中介语为英语的汉语学习者编写的零起点初级汉语教材。本教材的最大特色是通过拼音的方式帮助读者学习汉语，以拼音为切入点，通过对比的方式将汉语和英语的发音、语法点、用法联系起来，非常有益于学习者熟悉和了解汉语的语言特点，并使学习者能够快速提高汉语听力、口语水平。教材提供系统规范的汉语语法知识，并通过中英语言对比的方式，帮助读者轻松地掌握汉语语法。同时教材介绍了大量中国现当代文化信息和社会常识，使学习者在掌握汉语的同时，从多元的角度感受和理解中国社会，并提高学习兴趣。

978-7-5135-3078-1 79.00元（含MP3光盘一张）

国际汉语教育

International Chinese Language Education

- **人才培养** 探索汉语国际教育人才培养的教学模式，解析各国汉语师资培训的现状与需求
- **信息传递** 及时获取汉语作为第二语言教学的信息，深度透视国内外汉语教学与研究情况
- **政策研究** 研究世界各国语言学习及推广政策，介绍我国汉语推广政策
- **历史追溯** 深入研究世界汉语教育史和外国人汉语学习史，梳理历史脉络，借鉴历史经验

责任编辑：刘虹艳
向凤菲
封面设计：张　峰

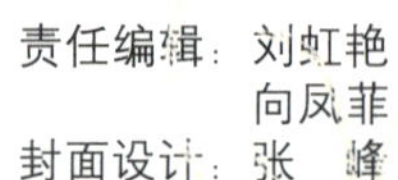

定价：30.00元